Juristische Fall-Lösungen

Sydow

Fälle zum Europarecht

Fälle zum Europarecht

von

Dr. Gernot Sydow, M.A.

Professor an der Westfälischen Wilhelms-Universität Münster

2022

Zitiervorschlag: Sydow, Fälle zum EuropaR

www.beck.de

ISBN 9783406795282

Wilhelmstraße 9, 80801 München
Satz, Druck und Bindung: Druckerei C.H. Beck Nördlingen (Adresse wie Verlag)

Umschlaggestaltung: Martina Busch, Grafikdesign, Homburg Saar

Gedruckt auf säurefreiem, alterungsbeständigem Papier
(hergestellt aus chlorfrei gebleichtem Zellstoff)

Vorwort

Die zwölf Übungsfälle dieser Fallsammlung aus dem Europarecht decken thematisch alle Bereiche ab, die im Jurastudium Gegenstand europarechtlicher Klausuren werden können: die Rechtsquellen der Europäischen Union, die europäischen Grundfreiheiten und Grundrechte, die Kompetenzen, Organe und Handlungsformen der Europäischen Union sowie die zentralen Klagearten des EU-Prozessrechts. Einen gewissen Schwerpunkt bildet das Organisationsverfassungsrecht der Europäischen Union. Mehrere Fälle demonstrieren zudem, wie in einer Klausur Fragestellungen aus dem nationalen Verfassungs- und Verwaltungsrecht mit unionsrechtlichen Themen verbunden sein können.

Das Anspruchsniveau der zwölf Fälle steigt bis hin zu Fällen auf Staatsexamensniveau. Bei ihnen handelt es sich um Original-Examensklausuren, die ich in den letzten Jahren regelmäßig für das 1. Staatsexamen konzipiert habe. Den Fällen liegen überwiegend aktuelle Entscheidungen des Europäischen Gerichts (EuG) oder des Gerichtshofs (EuGH) zu Grunde, darunter mehrere Entscheidungen aus den Jahren 2021 (Fälle 4 und 7) bzw. 2022 (Fall 6).

Diese Fallsammlung ergänzt die beiden ebenfalls bei C. H. Beck publizierten Lehrbücher *Sydow/Wittreck,* Deutsches und Europäisches Verfassungsrecht I – Prinzipien, Institutionen, Verfahren, 3. Aufl. 2022, und *Petersen,* Deutsches und Europäisches Verfassungsrecht II – Grundrechte und Grundfreiheiten, 2. Aufl. 2022. Diese Lehrbücher beruhen auf dem Konzept einer integrierten Darstellung von deutschem und europäischem Recht. Dem Europarecht auf diese Weise ab dem ersten Studiensemester einen zentralen Stellenwert einzuräumen, ist an der Universität Münster mittlerweile zur Selbstverständlichkeit geworden. Das entspricht der realen Bedeutung des Europarechts und bietet für Studierende große Vorteile: nämlich eine frühe Vertrautheit mit dessen Strukturen, so dass das Europarecht nicht erst in höheren Semestern vor der Folie des deutschen Rechts wahrgenommen wird und dann schnell als ungewohnt, anders und sperrig erscheint. Man kann die Fallsammlung aber selbstverständlich auch in Verbindung mit anderen Lehrbüchern mit Gewinn nutzen, beispielsweise als Ergänzung zu *Oppermann/Classen/Nettesheim,* Europarecht, 9. Aufl. 2021.

Bei der Erstellung dieser Fallsammlung haben mich Mitarbeiterinnen und Mitarbeiter meines Lehrstuhls intensiv unterstützt und dabei jeweils auch die Perspektiven von Studierenden und Leiterinnen und Leitern von Arbeitsgemeinschaften eingebracht. Mein Dank dafür gilt Fiene Kohn, Nicholas Otto, Lena Westphal, Philipp Ziemons und insbesondere Maike Herrlein.

Das Manuskript zu dieser Fallsammlung wurde am Gedenktag des Hl. Benedikt von Nursia abgeschlossen, den Papst Paul VI. mit dem Apostolischen Schreiben *Pacis nuntius* (Friedensbote) zum Schutzpatron Europas erklärt hat.

Münster, am 11. Juli 2022 *Gernot Sydow*

Inhaltsverzeichnis

Teil A. Einführung

Teil B. Fälle und Lösungen

Teil A. Einführung

I. Praktische Bedeutung und Klausurrelevanz europarechtlicher Fälle

Eine deutsche Ministerin war „in Brüssel" und hat dort für die Verlängerung der Zulassung des Unkrautvernichtungsmittels Glyphosat gestimmt. Der nächste deutsche Minister, der „in Brüssel" war, konnte sich dort nicht mit seiner Position durchsetzen, dass Gaskraftwerke nicht als ökologisch nachhaltig eingestuft werden dürften. Zwei reale Fälle. Aber wo waren die beiden überhaupt? Nach ihren Äußerungen war ihnen das wohl selbst nicht ganz klar. Den richtigen Sitzungssaal in Brüssel haben sie zwar gefunden. Aber welches Gremium tagte da eigentlich: der Ministerrat oder vielleicht ein Komitologieausschuss? Und was haben sie dort erlassen? Eine EU-Verordnung? Einen Beschluss? Eine Durchführungsverordnung? Müsste nicht auch das Europäische Parlament beteiligt werden? Typische Fragen organisationsrechtlicher Fälle auf EU-Ebene. 1

Im Vergleich zur großen Anzahl von Übungsfällen aus dem deutschen Staatsorganisationsrecht gibt es bislang nur wenige ausgearbeitete Falllösungen, mit denen Studierende solche Fälle üben könnten. Aber warum sollten sich Studierende überhaupt mit organisationsrechtlichen Fallkonstellationen im EU-Recht beschäftigen? 2

- Erstens, weil es sie interessieren könnte. Denn die einen engagieren sich im Bereich von Migration oder Klimaschutz, die anderen für Datenschutz, die dritten interessieren sich für Währungspolitik oder Glyphosat. Für alle diese Dinge ist die Europäische Union zuständig. Es liegt daher nahe zu fragen, wer „Brüssel" eigentlich ist und wie es um Institutionen, Entscheidungskompetenzen und Verfahren auf EU-Ebene steht.
- Zweitens, weil Kenntnisse über die Rechtserzeugung und die Auslegung von EU-Recht inzwischen zum Handwerkszeug nicht nur von Europarechtsspezialisten und Wissenschaftlerinnen gehört, sondern auch von Anwälten, Richterinnen und Verwaltungsbeamten.
- Und drittens, weil die Examensrelevanz des Unionsrechts zunimmt und mehr und mehr europarechtliche Examensklausuren gestellt werden.

Wer die Fälle dieser Fallsammlung durcharbeitet, wird sehen: Sie zu lösen ist erst einmal herausfordernd, weil vieles ungewohnt ist, weil die anzuwendenden Normen nicht alle große Bekanntheit haben und die Prüfungsroutinen oft noch nicht vertraut sind. Aber letztlich sind ein Organstreit und eine Normenkontrolle auf EU-Ebene auch nicht anspruchsvoller als im nationalen Recht. Warum sollten sie es auch sein? Allenfalls wegen fehlender Gewohnheit und Vertrautheit, die man durch Üben genauso wie im deutschen Recht erreichen kann. Wie im deutschen Recht gilt auch hier: Der Übungseffekt ist umso größer, je mehr Struktur- und Sachwissen vorhanden ist, dessen Anwendung in konkreten Konstellationen dann durch Falllösungen geübt werden kann. Anders herum funktioniert es nicht: Durch das Lösen von Fällen allein stellt sich kein strukturiertes Wissen ein, egal wie viele Fälle 3 durchgelöst werden. Die Fallsammlung ist also als Ergänzung von Lehrbüchern zum Europarecht konzipiert; sie kann das Durcharbeiten von Lehrbüchern nicht ersetzen. Die Lösungen der zwölf Übungsfälle verweisen dementsprechend auf entsprechende Lehrbuchpassagen.[1]

II. Europarechtliche Fallkonstellationen

1. Überblick über den europarechtlichen Prüfungsstoff

4 Das Unionsrecht ist eine Rechtsschicht, die mittlerweile in (nahezu) allen Rechtsgebieten von Bedeutung ist. Beispielsweise beruht das Verbraucherschutzrecht des BGB weitgehend auf europäischen Richtlinien. Grundsätzlich kann daher jede zivil-, straf- oder öffentlich-rechtliche Klausur europarechtliche Fragestellungen enthalten. Im Falle der Umsetzung europäischer Richtlinien fällt dies nur nicht unmittelbar auf, weil dann in der Klausur das deutsche Umsetzungsgesetz – also beispielsweise das BGB – und nicht die zu Grunde liegende Richtlinie anzuwenden ist. Es ist unwahrscheinlich, dass es in einer Klausur auf eine richtlinienkonforme Auslegung einer deutschen Norm ankommt und daher auf die zu Grunde liegende EU-Richtlinie zurückgegriffen werden muss.

5 Als „Fälle zum Europarecht" werden vor diesem Hintergrund Fallgestaltungen bezeichnet, in denen es um spezifisch europarechtliche Fragestellungen geht, nicht um die allgemeine Überlagerung sämtlicher Rechtsgebiete durch eine unionsrechtliche Rechtsschicht. Die Juristenausbildungsgesetze und Prüfungsordnungen zählen als spezifisch europarechtliche Rechtsgebiete – mit gewissen Abweichungen zwischen den Bundesländern – diese Rechtsgebiete auf:[2]
- Rechtsquellen der Europäischen Union,
- Grundfreiheiten und ihre Durchsetzung,
- Entwicklung, Organe, Kompetenzen und Handlungsformen der Europäischen Union,
- Verhältnis des Unionsrechts zum nationalen Recht,
- einzelne Klagearten, insbesondere Vertragsverletzungs- und Vorabentscheidungsverfahren.

6 Die Erwartungshaltung ist darauf beschränkt, dass zu diesen Gebieten Kenntnisse „im Überblick" vorhanden sind. Das bezieht sich auf:
- Kenntnisse der gesetzlichen Systematik,
- Kenntnisse der wesentlichen Normen und Rechtsinstitute
- ohne vertiefte Kenntnisse von Rechtsprechung und Literatur.[3]

---

1 Verwiesen wird durchgängig auf *Sydow/Wittreck,* Deutsches und Europäisches Verfassungsrecht I, 3. Aufl. 2022, für Fragen der europäischen Grundrechte und Grundfreiheiten auf *Petersen,* Deutsches und Europäisches Verfassungsrecht II, 2. Aufl. 2022, weil der vorliegenden Fallsammlung und diesen Lehrbüchern ein Gesamtkonzept zu Grunde liegt. Selbstverständlich kann man auch mit anderen Lehrbüchern arbeiten.

2 Hier nach § 11 Abs. 2 Nr. 11 JAG NRW.

3 Teilweise explizit gesetzlich angeordnet, § 11 Abs. 2 Nr. 11 i. V. m. Abs. 4 JAG NRW.

2. Fälle mit spezifisch europarechtlichen Fragen und Fallkonstellationen

a) Organisationsrecht der Europäischen Union

Klausurfälle zum Organisationsrecht der Europäischen Union, also zu den Organen, Kompetenzen und Handlungsformen der Europäischen Union, waren lange Zeit selten. Das ist an sich erstaunlich, weil es eine unüberschaubare Vielzahl von ausgearbeiteten Fällen und Musterlösungen zum deutschen Staatsorganisationsrecht gibt und auf europäischer Ebene strukturell ohne weiteres vergleichbare Konstellationen bestehen. Daher können ohne Weiteres Klausuren zum EU-Organisationsrecht konzipiert werden, die realistischen Anforderungen entsprechen und als Klausuren – auch im Staatsexamen – gut geeignet sind. Es spricht viel dafür, dass die Anzahl entsprechender Klausuren zunehmen wird. Denn immer mehr wesentliche politische Entscheidungen werden nicht in den Mitgliedstaaten, sondern auf EU-Ebene getroffen. Und natürlich streiten dann die Beteiligten (Mitgliedstaaten, EU-Institutionen, Zivilgesellschaft auf EU-Ebene) auch darüber, wer was darf, in welcher Form und in welchem Verfahren eine Entscheidung zu treffen ist etc. Bei gewissen Grundkenntnissen über das institutionelle Gefüge der Europäischen Union lassen sich solche Fälle anhand der einschlägigen Normen lösen, ohne dass dazu Detailwissen nötig wäre, wie Studierende es zu den entsprechenden Normen des Grundgesetzes für vergleichbare deutsche Fallkonstellationen erwerben. 7

b) Grundfreiheiten

Fälle zu den Grundfreiheiten gehören zu den Klassikern europarechtlicher Fallgestaltungen. Mit solchen Fällen, in denen eine primärrechtliche Grundfreiheit als Prüfungsmaßstab dient, ist trotz der bereits großen Zahl an gestellten (Examens-) Klausuren auch weiterhin zu rechnen. Unter den Grundfreiheiten kommt dabei der Warenverkehrsfreiheit sehr deutlich die größte Bedeutung zu, gefolgt von der Dienstleistungsfreiheit. 8

Für die Lösung solcher Fälle sind Kenntnisse zur einschlägigen EuGH-Judikatur nützlich, weil sich entsprechende Fälle nicht ganz ohne erlerntes Wissen allein anhand des Wortlauts der Normen – beispielsweise Art. 34 AEUV – lösen lassen. Auch bei solchen klassischen Fällen, für die Prüfungsmaßstab unmittelbar die primärrechtlichen Grundfreiheiten sind, gilt aber, was stets für Klausuren gilt: Die Falllösung darf nicht auf der „*Keck*-Rechtsprechung" oder auf der „*Dassonville*-Formel" beruhen. Ausgangspunkt der Falllösung muss stattdessen immer die entscheidungserhebliche Norm sein, deren Wortlaut auszulegen ist (was bei Kenntnis der einschlägigen EuGH-Rechtsprechung einfacher geht als ohne solche Kenntnisse). Auch bei den Grundfreiheiten steht viel im Vertragstext drin, wenn man die einschlägige Norm in der Klausur nur heranzieht. 9

Beispiele: Nicht selten übersehen werden in Klausuren beispielsweise Art. 35 AEUV (Parallelvorschrift zu Art. 34 AEUV, nur zur Ausfuhrkonstellation),[4] Art. 36 AEUV (Ausnahmeklausel für das Verbot von Maßnahmen gleicher Wirkung), Art. 57 AEUV (Legaldefinition des Dienstleistungsbegriffs), Art. 54 AEUV (Niederlassungsfreiheit nicht nur für natürliche Personen, sondern auch für Gesellschaften), Art. 62 AEUV (Verweis auf die Ausnahmevorschriften der für die Niederlassungsfreiheit normierten Art. 51 ff. AEUV auch bei Dienstleistungen, wichtig insbesondere wiederum Art. 54 AEUV).

[4] Zur Übung: *Aust/Reglinski,* JuS 2021, 661 ff.; *Motzkus,* JuS 2018, 1226 ff.

10 Teilweise scheinen die Erstellerinnen und Ersteller von Europarechtsklausuren oder entsprechender Fallsammlungen der Annahme zu sein, dass eine Europarechtsklausur nichts anderes als eine Klausur zu den Grundfreiheiten sein könne. Eine solche Annahme ist historisch oder entwicklungsgeschichtlich für die Europäische Union verständlich, überzeichnet aber die heutige Bedeutung der primärrechtlichen Gewährleistung der Grundfreiheiten. Denn die primärrechtlichen Grundfreiheiten und ihre Entfaltung in der Rechtsprechung des EuGH hatten ihre große Zeit in der Phase der schrittweisen Realisierung des Binnenmarktes, als es noch wenig Sekundärrecht gab. Die Dassonville-Entscheidung des EuGH stammt von 1974, die Cassis-de-Dijon-Entscheidung von 1979, die Keck-Entscheidung von 1993. Es ist daher an sich kaum einzusehen, warum die auf den älteren EuGH-Urteilen basierende Dogmatik heute immer noch in derselben Intensität gelehrt und geprüft wird wie in den Jahren nach 1974, 1979 oder 1993, als diese Urteile bahnbrechende Neuerungen für die Fortentwicklung des Unionsrechts waren.

11 Denn der europäische Binnenmarkt ist heute vorrangig im Wege der Rechtsangleichung verwirklicht und wird durch europäische Gesetzgebung weiterentwickelt (Art. 26 Abs. 1 AEUV). Zahlreiche Normen sehen das vor: Art. 46 AEUV (Gesetzgebung zur Herstellung der Arbeitnehmerfreizügigkeit), Art. 48 AEUV (gesetzgeberische Maßnahmen im Bereich der Systeme der sozialen Sicherung), Art. 50 AEUV (Richtlinienerlass zur Verwirklichung der Niederlassungsfreiheit), Art. 59 AEUV (Liberalisierungsgesetzgebung für Dienstleistungen) und insbesondere Art. 114 Abs. 1 S. 2 AEUV (allgemeiner Kompetenztitel für die Binnenmarktgesetzgebung). Sobald es solches Sekundärrecht gibt und die Europäische Union damit einen Binnenmarktbereich umfassend sekundärrechtlich geregelt hat, kommt es auf die primärrechtliche Grundfreiheit nicht mehr an.

12 Im Vergleich zur Dogmatik der Grundfreiheiten ist es daher heute mindestens ebenso wichtig, Art. 114 Abs. 1 S. 2 AEUV als Kompetenzgrundlage für die EU-Binnenmarktgesetzgebung zu kennen und mit einem Fall umgehen zu können, in dem es um aktuelle EU-Rechtsetzung zum Binnenmarkt auf der Basis dieses Kompetenztitels geht. Ein solcher Fall kann beispielsweise Kompetenzfragen der Europäischen Union (Prinzip der begrenzten Einzelermächtigung, Art. 114 Abs. 1 S. 2 AEUV als Kompetenztitel, Subsidiaritätsprinzip, Verhältnismäßigkeitsprinzip für die EU-Gesetzgebung) und Fragen des EU-Gesetzgebungsverfahrens (Verfahren nach Art. 293, 294 AEUV) thematisieren. In einem solchen Fall geht es dann inhaltlich durchaus um den europäischen Binnenmarkt; aber es ist kein Fall, in dem als Prüfungsmaßstab eine Grundfreiheit und die dazu ergangene EuGH-Rechtsprechung gebraucht würden.

c) Europäische Grundrechte

13 Klausurfälle zu den europäischen Grundrechten sind selten, insbesondere im Vergleich zu der recht großen Zahl von Klausurfällen zu den Grundfreiheiten. Das galt schon immer für die EMRK und hat sich nicht grundlegend geändert, seit die Europäische Union mit der GRCh über ein eigenes Grundrechtsdokument verfügt. Es ist nicht ausgeschlossen, dass sich dies künftig ändert. Denn nach der Judikatur des Bundesverfassungsgerichts sind bei unionsrechtlich vollständig determinierten Rechtsfragen jetzt die Unionsgrundrechte – und nicht mehr die Grundrechte des Grundgesetzes – Prüfungsmaßstab auch in nationalen Verfahren, insbesondere also

auch in den Verfahren vor dem Bundesverfassungsgericht.[5] Weil die europäischen Grundrechte nach der Rechtsprechung des Bundesverfassungsgerichts in diesen Fällen gerade auch im Rahmen nationaler Verwaltungs- und Gerichtsverfahren den Prüfungsmaßstab bilden, könnten sich solche Konstellationen grundsätzlich recht gut für die Konzeption von Klausuren eignen. Denn der Sachverhalt bedarf dafür keiner unionsrechtlichen prozessualen Einkleidung, sondern kann im Rahmen gewohnter Verfahren des deutschen Rechts angesiedelt werden (Anfechtungsklage, Verfassungsbeschwerde o. ä.).

Beispiele: Unionsrechtlich vollständig determiniert sind beispielsweise die Regelungen zur Schlachtung von Tieren; die Normen der einschlägigen EU-Verordnung[6] berühren durch das grundsätzliche Betäubungsgebot und die Schlachthofpflicht für rituelle, betäubungslose Schlachtungen auch Fragen der Religionsausübung. Grundrechtlicher Prüfungsmaßstab für Verwaltungsakte, die schlachtungsbezogene Regelungen treffen, ist aber nicht Art. 4 Abs. 1 GG, sondern Art. 10 Abs. 1 GRCh. **14**
Ebenso sind beispielsweise die Regelungen zur Zulassung von Tiertransportunternehmern und zur Erteilung von Genehmigungen für den grenzüberschreitenden Tiertransport ausschließlich unionsrechtlich bestimmt.[7] Tierschutzrechtlich begründete Vorbehalte gegenüber der Erteilung von Ausnahmebewilligungen und Genehmigungen durch eine deutsche Behörde oder Weigerungen von Arbeitnehmerinnen und Arbeitnehmern, im Rahmen ihres Arbeitsverhältnisses entsprechende Tätigkeiten auszuüben, sind daher in diesen Konstellationen am Maßstab des Art. 10 Abs. 1 GRCh zu messen; eine Berufung auf Art. 4 Abs. 1 GG scheidet aus.

3. Fälle im Schnittfeld von Unionsrecht und nationalem Recht

a) Explizite Thematisierung des Verhältnisses von Unionsrecht und nationalem Recht

Das Verhältnis des Unionsrecht zum nationalen Recht kann nach den Regelungen der meisten Bundesländer in den Staatsexamina ausdrücklich Prüfungsstoff sein. Üblicherweise kennen Studierende zu diesem Fragenkreis auch Leitentscheidungen des EuGH zur unmittelbaren Anwendbarkeit und zum Anwendungsvorrang des Unionsrechts (insbesondere Costa/E. N. E. L.) und ebenso Leitentscheidungen des Bundesverfassungsgerichts zu Vorbehalten gegenüber einem unbegrenzten Anwendungsvorrang (Solange-Rechtsprechung, ultra-vires-Kontrolle und Identitätskontrolle, EZB-Urteil etc.).[8] In der Lehre nehmen die damit verbundenen Fragen oft eine prominente Rolle ein, weil sich daran Grundfragen des Unionsrechts aufzeigen lassen und der Konflikt zwischen EuGH und Bundesverfassungsgericht sich auch dramaturgisch gut darstellen lässt. Darstellungen zu diesem Fragenkomplex gibt es durchaus auch in Form von Fallbeispielen und Musterlösungen einer Klausur. **15**

Trotzdem dürfte die Klausurrelevanz des Verhältnisses von Unionsrecht und nationalem Recht letztlich sehr begrenzt sein. Das hat mehrere Gründe: Zunächst sind die damit verbundenen Rechtsfragen so anspruchsvoll, dass schnell ein Fall entsteht, **16**

[5] BVerfGE 152, 216 (233 ff., Rn. 42 ff., 236 ff., Rn. 50 ff.), bestätigt durch BVerfGE 156, 182; dazu *Marsch,* ZEuS 2020, 597 ff.

[6] Art. 4 I, IV VO (EG) Nr. 1099/2009 vom 24. September 2009 über den Schutz von Tieren zum Zeitpunkt der Tötung.

[7] Art. 1, 7, 12, 13 VO (EG) Nr. 1/2005 vom 22. Dezember 2004 über den Schutz von Tieren beim Transport und damit zusammenhängenden Vorgängen.

[8] Näher *Sydow/Wittreck,* Dt. u. Eur. VerfR I, Rn. 4/34 ff., 4/80 ff.

dessen Niveau kaum für das Staatsexamen als zumutbar gelten kann. Zudem haben die Gerichte in diesem Bereich hochkomplexe dogmatische Figuren entwickelt, deren Bezug zu konkreten Normen nicht sogleich auf der Hand liegt. Ein Fall müsste also darauf hinauslaufen, dass die Beherrschung auswendig gelernter dogmatischer Figuren abgeprüft wird, anstatt in einer Klausur die methodischen Fähigkeiten von Studierenden im Umgang mit Normen ins Zentrum zu stellen. So etwas ist keine besonders überzeugende Klausurkonzeption. Schließlich sind die von EuGH und Bundesverfassungsgericht entschiedenen Fälle so bekannt, dass sie mit Sicherheit nicht Grundlage eines Klausursachverhalts werden können. Andere Sachverhalte, die dieselben Rechtsfragen variieren und in einen lösbaren Fall einbauen, lassen sich nicht unbedingt beliebig entwickeln.

b) Europarechtliche Fragestellungen in Fällen mit Ausgangspunkt oder Schwerpunkt im deutschen Recht

17 Europarechtliche Fallkonstellationen können im Rahmen eines Falles abgebildet werden, der vollständig auf der Ebene des Unionsrechts spielt, also auch einen prozessualen Teil enthält, der nach EU-Prozessrecht zu bearbeiten ist. Ebenso gut lassen sich aber europarechtliche Einzelfragen auch in einen Fall einbauen, der im Ausgangspunkt oder überwiegend in der deutschen Rechtsordnung spielt. In der Regel sind Fälle, die unionsrechtliche Fragestellungen mit Problemen des deutschen Rechts verknüpfen, relativ komplex und umfangreich. Solche Fallkonstellationen sind also (erst) in Examensfällen zu erwarten.

18 Denkbar sind verschiedenste Verfahrensarten, insbesondere verwaltungsgerichtliche Klagen nach VwGO, Normenkontrollverfahren und Verfassungsbeschwerden vor dem Bundesverfassungsgericht. Wie hoch dann der Anteil der europarechtlichen Probleme an der gesamten Klausur ist, hängt vollständig vom Sachverhalt ab: Vom Anschneiden eines europarechtlichen Problems am Rande bis hin zu einem inhaltlichen Schwerpunkt der Klausur im Europarecht ist alles möglich. Zur Lösung solcher Klausuren kann im Grundsatz auf Strukturwissen und Aufbauschemata zurückgegriffen werden, mit denen Fälle zum deutschen Recht gelöst werden können. Irgendwo in der Falllösung wird als Prüfungsmaßstab dann indes eine unionsrechtliche Norm zu beachten sein.

III. Europarecht in der Fallbearbeitung: Umgang mit den Normen des Unionsrechts

1. Auslegung unionsrechtlicher Normen – Grundsatzüberlegungen

a) Klassische Auslegungsmethoden

19 Die klassische Methodenlehre, die auf das römische Recht und die Theologie zurückgeht und deren Ausformulierung meist mit dem Namen *Friedrich Carl von Savigny* (1779–1861)[9] verbunden wird, unterscheidet in der Regel vier Auslegungsme-

[9] *von Savigny,* System des heutigen römischen Rechts, Bd. 1, 1840, § 33 S. 212ff.

thoden oder Auslegungskanones, ohne sie in ein zwingendes Verhältnis zu stellen und ohne, dass sie abschließend wären:[10]

- grammatikalische Auslegung,
- systematische Auslegung,
- teleologische Auslegung,
- historische Auslegung, die eine historisch-genetische Auslegung sein kann (unmittelbare Entstehungsgeschichte der Norm) oder eine historische Auslegung im weiteren Sinn (Rekurs auf Umstände aus der Entstehungszeit der Norm oder früheren Rechtszuständen).

Hinweis: Die nachfolgenden Ausführungen thematisieren Besonderheiten der Normauslegung im Unionsrecht. Sie setzen voraus, dass die Fachtermini und die Methoden zur Auslegung des deutschen Rechts zumindest in Grundzügen vertraut sind.[11]

b) Rechtsordnungsspezifische Gebundenheit juristischer Methoden

Vergleicht man verschiedene Rechtsordnungen in Bezug darauf, welche Methoden **20**
für die Rechtsanwendung üblich sind oder als geboten gelten, wird man kein einheitliches Methodenverständnis finden. Es ist durchaus nicht so, wie man vielleicht zunächst vermuten könnte, dass die Auslegungsmethoden eine universelle Methodik zum Umgang mit Normen darstellen würden. Die Methoden der Norminterpretation sind stattdessen rechtsordnungsspezifisch.

In vielen Rechtsordnungen beruhen Fragen der Norminterpretation wie im deut- **21**
schen Recht auf ungeschriebenen Usancen und sind auch innerhalb einer Rechtsordnung in den Einzelheiten häufig umstritten. Manche Rechtsordnungen schreiben bestimmte Auslegungsmethoden gesetzlich vor.[12] Andere Rechtsordnungen kennen das Institut der authentischen Interpretation einer Norm durch den Gesetzgeber oder durch eine von ihm bestimmte Instanz;[13] sie binden also die Norminterpretin oder den Norminterpreten enger an den Gesetzgeber bzw. an dessen im Wortlaut der Norm zum Ausdruck gebrachten Willen, als es die Auslegungsmethoden tun, die im deutschen Recht für zulässig und geboten erachtet werden. Auch soweit andere Rechtsordnungen mit ähnlichen Auslegungsmethoden arbeiten wie die deutsche Rechtsordnung, können sie den einzelnen Methoden ein unterschiedliches Gewicht beimessen (beispielsweise erfolgt in den USA für die Verfassungsinterpretation eine zwar nicht unumstrittene, aber oft sehr dezidierte Betonung des im Wortlaut der Norm zum Ausdruck kommenden Willens der historischen Verfas-

[10] Näher, auch zu weiteren möglichen Auslegungsgesichtspunkten, bspw. *Reimer*, Juristische Methodenlehre, 2. Aufl. 2020, S. 138 ff.

[11] Gute, vor allem auf das deutsche Recht bezogene Darstellung: *Reimer*, Juristische Methodenlehre, 2. Aufl. 2020, S. 119 ff. (insb. S. 138 ff.).

[12] Für staatliches Recht: Art. 1 ZGB Schweiz, für das Kirchenrecht: can. 17 Codex Iuris Canonici (in deutscher Übersetzung: „Kirchliche Gesetze sind zu verstehen gemäß der im Text und im Kontext wohl erwogenen eigenen Wortbedeutung; wenn sie zweifelhaft und dunkel bleibt, ist zurückzugreifen auf Parallelstellen, wenn es solche gibt, auf Zweck und Umstände des Gesetzes und auf die Absicht des Gesetzgebers“).

[13] Für das römisch-katholische Kirchenrecht: can. 16 § 1 und 2 Codex Iuris Canonici (in deutscher Übersetzung: „§ 1. Gesetze interpretiert authentisch der Gesetzgeber und derjenige, dem von diesem die Vollmacht zur authentischen Auslegung übertragen worden ist. § 2. Die nach Art eines Gesetzes erfolgte authentische Auslegung hat dieselbe Rechtskraft wie das Gesetz selbst und muss promulgiert werden; …“).

sungsväter, was andere, grundsätzlich denkbare Interpretationsmöglichkeiten dann ggfs. ausschließt).

22 Die Gründe für solche methodischen Unterschiede zwischen verschiedenen Rechtsordnungen sind vielfältig. Sie liegen in anderen Verständnissen der Funktion von Gesetzgebung und Rechtsprechung, in anderen Rollen- und Selbstverständnissen der verschiedenen Akteure (Gesetzgeber, Gerichte, Wissenschaft), in anderen Zuschreibungen von Autorität und Renommee, in einem anderen Maß und Verständnis von Personalisierung der am Prozess der Normsetzung und Normanwendung beteiligten Institutionen etc.

23 **Beispiel für die systematische Auslegung:** Recht grundlegende Unterschiede im Methodenverständnis bestehen zwischen kodifizierten Rechtsordnungen und *case-law*-Systemen. In einer kodifizierten Rechtsordnung, die auf der Annahme beruht, die Normen eines Rechtsgebiets seien systematisch geordnet und aufeinander abgestimmt, hat die systematische Auslegung für das Verständnis einer Einzelnorm eine recht hohe Plausibilität. *Case-law*-Systeme ordnen den Rechtsstoff demgegenüber durch ausgearbeitete Regeln über den Umgang mit Präjudizien (Regeln zur Präjudizienbindung, Herausarbeitung der *ratio decidendi,* also der tragenden Entscheidungsgründe im Unterschied zu sonstigen Ausführungen des Gerichts, sog. *obiter dicta,* etc.). Gesetzgebung kommt in einem *case-law*-System wie England – jedenfalls vom konzeptionellen Ausgangspunkt her – nur als punktuelle Korrektur des Gesetzgebers gegenüber dem von den Gerichten entwickelten Entscheidungsmaßstab für eine einzelne Rechtsfrage vor. Wenn aber Gesetzgebung nur als punktuelle Äußerung des Gesetzgebers wahrgenommen wird, erübrigt sich die Frage nach ihrer systematischen Auslegung.

c) Eigenständigkeit der unionsrechtlichen Methode

24 Man kann daher nicht einfach davon ausgehen, zur Lösung eines europarechtlichen Falls schlicht dieselben Methoden anwenden zu können, die für die Lösung eines Falls nach deutschem Recht tragfähig sind. Für Einzelaspekte ist das offensichtlich: Die „richtlinienkonforme Auslegung" ist eine Auslegungsdirektive für nationale Umsetzungsnormen, die eine Richtlinie des Unionsrechts in nationales Recht umgesetzt haben. Innerhalb des Unionsrechts kann die richtlinienkonforme Auslegung daher keine Rolle spielen. Da sich das Unionsrecht aus unterschiedlichen nationalen Traditionen mit je sehr unterschiedlichen methodischen Verständnissen speist, wäre es höchst erstaunlich, wenn sich der EuGH bei der Norminterpretation stets genauso verhalten würde wie das Bundesverfassungsgericht. Wer methodisch anspruchsvoll arbeitet, muss sich daher für jeden einzelnen methodischen Schritt vergewissern, ob er nicht unreflektiert gewohnte Denkmuster der eigenen, vertrauten Rechtsordnung auf eine andere Rechtsordnung überträgt und damit dann methodische Standards der anderen Rechtsordnung verfehlt.

25 **Beispiel:** So kann man nicht einfach unbesehen davon ausgehen, dass es als Pendant zur verfassungskonformen Auslegung unterverfassungsrechtlicher Normen im deutschen Recht eine „primärrechtskonforme Auslegung" des europäischen Sekundärrechts im Unionsrecht gibt, die eins zu eins der verfassungskonformen Auslegung entsprechen müsse. Dafür müsste nämlich zunächst geklärt werden, ob das normhierarchische Verhältnis zwischen Verfassungsrecht und einfachem Recht in der deutschen Rechtsordnung exakt so ausgestaltet ist wie das normhierarchische Verhältnis zwischen europäischem Primärrecht und europäischem Sekundärrecht. So sehr Parallelen in diesen normhierarchischen Verhältnissen bestehen und europäisches Primärrecht und deutsches Verfassungsrecht gleichermaßen die formellen Regelungen über den Erlass von Sekundärrecht bzw. einfachem Gesetzesrecht enthalten, ist im Unionsrecht die materielle Direktionskraft des Primärrechts für das Sekundärrecht in aller Regel aber schwächer ausgestaltet als die Direktionskraft des Grundgesetzes für das einfache deutsche Recht. Demzufolge kann die primärrechtskonforme Auslegung im Unionsrecht nicht dasselbe Gewicht haben wie die verfassungskonforme Auslegung im deutschen Recht.

2. Folgen: klausurrelevante Unterschiede zum deutschen Recht

Es gehört nicht zu den Anforderungen europarechtlicher Klausuren, dass Feinheiten und Nuancierungen unterschiedlicher Methodenlehren beherrscht werden müssten. Das kann man als Anforderung erst an die wissenschaftliche Forschung (Doktorarbeit) oder ein hohes professionelles Niveau stellen. Für die Lösung unionsrechtlicher Fälle im Studium ist ein Rückgriff auf die aus dem deutschen Recht gewohnten Methoden meist praktisch recht gut brauchbar. Jedenfalls sollten Studierende nicht aus lauter Sorge, mit Feinheiten der unionsrechtlichen Methodendiskussion nicht vertraut zu sein, allzu viel Respekt vor der Lösung europarechtlicher Fälle entwickeln. Wer Fälle zum deutschen Recht eigenständig lösen kann, wird auch mit europarechtlichen Fällen zurechtkommen, ohne allzu viel methodische Spezialkenntnisse erwerben zu müssen. Die folgenden Hinweise können dabei helfen. **26**

a) Grundregel: Normbezug der Klausurlösung und Wortlautauslegung der jeweils geprüften Norm

Bei europarechtlichen Fällen sind die anzuwendenden Normen den Studierenden meist weniger vertraut als die Verfassungsbestimmungen des Grundgesetzes, mit der Folge, dass kaum dogmatische Kenntnisse zu einem Großteil der unionsrechtlichen Normen vorhanden sind. Bei der Falllösung müssen sich die Studierenden somit auf unbekanntes Terrain wagen und einen Fall anhand von Normen lösen, zu denen sie nichts gelernt haben, was (verständlicherweise) erst einmal ein Unbehagen auslöst. Gerade das kann aber ein Vorteil sein. Denn es bewahrt von Anfang an vor einem typischen Klausurfehler, der vor allem Studierenden unterläuft, die viel (auswendig) lernen. Sie neigen teilweise dazu, die Klausur mit Hilfe ihrer Wissensbestände zu lösen statt anhand der entscheidungserheblichen Norm. Wer zu den Einzelheiten, um die es im Fall geht, nicht viel oder auch einfach überhaupt nichts gelernt hat, kann in diese Falle erst gar nicht tappen und diesen Fehler schon einmal nicht begehen. **27**

Auch im Europarecht gilt dann, was schon für Klausuren zum deutschen Recht auf einer sehr grundlegenden Ebene wichtig ist: Ganz entscheidend ist der Normbezug der eigenen Argumentation. Abstrakte rechtliche Ausführungen ohne Norm, die nur auswendig gelerntes Wissen aus dem Kopf heraus in der Klausur wiedergeben, sind praktisch wertlos. Von zentraler Bedeutung für eine gute Klausur ist stattdessen die Heranziehung einer konkreten Norm, aus der sich die begehrte Rechtsfolge für die Klausurlösung ergeben soll, und dann die Auseinandersetzung mit den Tatbestandsvoraussetzungen dieser Norm. Wer die entscheidungserhebliche Norm in der Klausur als Ausgangspunkt benannt hat und sich dann mit deren Wortlaut auseinandersetzt, also grammatikalische Auslegung betreibt, hat bereits den richtigen und überzeugenden Ausgangspunkt für die eigene Lösung gefunden und die Lösung schon zur Hälfte fertig. **28**

Hinweis: Die Mehrzahl europarechtlicher Fälle hat daher ein Anspruchsniveau, das keine oder nur sehr geringe dogmatische Kenntnisse über die entscheidungserheblichen Normen voraussetzt. Es genügt dann, die entscheidungserhebliche Norm zu benennen und sie – im Wesentlichen in Auseinandersetzung mit ihrem Wortlaut – auszulegen und unter sie zu subsumieren.

b) Autonome Auslegung des Unionsrechts: keine unreflektierte Übertragung deutscher Begriffsverständnisse

29 Das EU-Recht verwendet eigene Rechtsbegriffe. Auch wenn die deutsche Textfassung des einschlägigen Unionsrechts Begrifflichkeiten enthält, die gewohnten Begriffen des deutschen Rechts zu entsprechen scheinen, ist Vorsicht geboten: Das deutsche Begriffsverständnis kann nicht unbesehen auf ein Rechtsinstitut des Unionsrechts übertragen werden, nur weil die Bezeichnungen gleich oder ähnlich klingen. Das Unionsrecht ist autonom auszulegen.

30 **1. Beispiel:** Als eine der Handlungsformen des Unionsrechts benennt Art. 288 Abs. 4 AEUV den Beschluss. Was ein „Beschluss" ist, wird freilich in diesem Artikel kaum definiert. Man könnte im ersten Zugriff auf den Gedanken kommen, sich an § 25 Abs. 2 BVerfGG zu orientieren. Danach werden Entscheidungen des Bundesverfassungsgerichts, die auf Grund mündlicher Verhandlung ergehen, als Urteil bezeichnet, Entscheidungen ohne mündliche Verhandlung als Beschluss. Ist der Beschluss nach Art. 288 Abs. 4 AEUV also vielleicht eine Entscheidung des EuGH ohne mündliche Verhandlung?
Die Antwort lautet eindeutig: nein. Ein Beschluss nach Art. 288 Abs. 4 AEUV teilt mit einem Beschluss nach § 25 Abs. 2 BVerfGG nur die deutsche Bezeichnung. Es handelt sich um völlig eigenständige Rechtsinstitute. Was ein Beschluss nach Art. 288 Abs. 4 AEUV ist, lässt sich damit nicht aus § 25 Abs. 2 BVerfGG, sondern teilweise aus einem Vergleich mit den anderen Handlungsformen des Art. 288 AEUV erschließen. Danach ist der Beschluss im Unterschied zu Empfehlungen und Stellungnahmen verbindlich (Art. 288 Abs. 4 S. 1, Abs. 5 AEUV). Er kann, muss aber nicht an bestimmte Adressaten gerichtet werden (Art. 288 Abs. 4 S. 2 AEUV). Im Unterschied zu Verordnungen (Art. 288 Abs. 2 AEUV) und Richtlinien (Art. 288 Abs. 3 AEUV) werden Beschlüsse regelmäßig nicht in einem Gesetzgebungsverfahren erlassen, sind also keine Gesetzgebungsakte (vgl. Art. 289 Abs. 3 AEUV). Der Beschluss nach Art. 288 Abs. 4 AEUV kann deshalb beispielsweise als administrative Handlungsform genutzt werden, wenn in vergleichbaren Konstellationen nach deutschem Recht ein Verwaltungsakt oder eine Allgemeinverfügung (§ 35 VwVfG) zu erlassen wären.

31 Der EuGH hat das nach einem Hinweis auf die gleiche Verbindlichkeit der verschiedenen Sprachfassungen folgendermaßen formuliert: „Die Auslegung einer gemeinschaftsrechtlichen Vorschrift erfordert somit einen Vergleich ihrer sprachlichen Fassungen. Sodann ist auch bei genauer Übereinstimmung der sprachlichen Fassungen zu beachten, daß das Gemeinschaftsrecht eine eigene, besondere Terminologie verwendet. Im Übrigen ist hervorzuheben, daß Rechtsbegriffe im Gemeinschaftsrecht und in den verschiedenen nationalen Rechten nicht unbedingt den gleichen Gehalt haben müssen."[14]

32 **2. Beispiel:** Was im EU-Recht eine Verordnung ist, bestimmt sich allein nach Art. 288 AEUV. Danach handelt es sich um einen von EU-Organen erlassenen Gesetzgebungsakt, der allgemeine Geltung hat, in allen Teilen verbindlich ist und unmittelbar in jedem Mitgliedstaat gilt. Das entspricht weitgehend dem, was im deutschen Recht ein Parlamentsgesetz ist. Mit einer Rechtsverordnung nach Art. 80 GG, also einer auf einer gesetzlichen Ermächtigung beruhenden, von der Exekutive erlassenen untergesetzlichen Norm, hat eine EU-Verordnung wenig gemeinsam. Man kann also die Norm des Art. 80 GG nicht heranziehen, um das Rechtsinstitut einer Verordnung nach Art. 288 AEUV zu bestimmen, obwohl sogar der Grundgesetztext nicht durchgängig von Rechtsverordnung spricht, sondern die auf Art. 80 GG beruhenden Norm teilweise identisch mit Art. 288 AEUV als „Verordnung" bezeichnet (Art. 80 Abs. 1 S. 2 GG).

33 **3. Beispiel:** Nach Art. 15 Abs. 2 EUV setzt sich der Europäische Rat zusammen aus den Staats- und Regierungschefs der Mitgliedstaaten sowie dem Präsidenten des Europäischen Rates und dem Präsidenten der Kommission." Nun ist für die Bundesrepublik Deutschland der Bundespräsident Staatsoberhaupt („Staatschef" in der Diktion von Art. 15 Abs. 2 EUV), während die Bundesregierung vom Bun-

[14] EuGH v. 6.10.1982, Rs. 283/81 – C.I.L.F.I.T., Rn. 18f.

deskanzler geleitet wird („Regierungschef" im Sinne von Art. 15 Abs. 2 EUV). Wenn nun die Staats- und Regierungschefs zum Europäischen Rat zusammenkommen, wird die Bundesrepublik Deutschland dann doppelt vertreten? Warum nicht?
„Staats- und Regierungschefs der Mitgliedstaaten" ist wiederum ein autonom auszulegender unionsrechtlicher Begriff. Aus der Parallele zum Rat, dem nach Art. 16 Abs. 2 EUV explizit nur „je ein Vertreter" jedes Mitgliedstaates angehört, folgt für die Auslegung des Unionsrechts, dass die Mitgliedstaaten auch im Europäischen Rat nur mit je einem Vertreter vertreten sein können. „Staats- und Regierungschefs" steht nur deshalb im Plural, weil sich das auf die entsprechenden „Chefs" sämtlicher Mitgliedstaaten bezieht. Ein einzelner Mitgliedstaat kann daher nicht unter Verweis auf seine eigene Verfassungsordnung beanspruchen, im Europäischen Rat durch zwei „Chefs" vertreten zu sein.

Die Autonomie der Begriffe und Rechtsinstitute des Unionsrechts ist Studierenden **34**
in aller Regel grundsätzlich klar. Es ist sehr unwahrscheinlich, dass Studierende in einer Klausur den Fehler begehen, zum Begriffsverständnis einer EU-Verordnung explizit Art. 80 GG heranzuziehen oder aus der Funktionstrennung zwischen Bundespräsident und Bundeskanzler im Grundgesetz abzuleiten, dass dann für die Bundesrepublik Deutschland zwei „Chefs" zum Europäischen Rat fahren dürften.

Fehler unterlaufen typischerweise nicht auf einer derart offensichtlichen Ebene, **35**
sondern in nicht so offensichtlichen Fällen. Fehleranfällig sind insbesondere Rechtsinstitute, die nicht legaldefiniert, sondern durch die Rechtsprechung entwickelt worden sind und zu denen Studierende eine Begriffsdefinition auswendig gelernt haben (von Karteikarten, aus einem Lehrbuch, meist abgeleitet von einem Leitsatz eines Urteils). Wenn dann im Unionsrecht ein Rechtsinstitut mit derselben Bezeichnung auftaucht, ist die Versuchung groß, die auswendig gelernte Definition auch dort für passend zu halten. Das kann im Einzelfall im praktischen Ergebnis einmal gutgehen, wenn sich nämlich die Begriffsinhalte des deutschen und des unionsrechtlichen Rechtsinstituts decken. Aber davon kann man nicht ausgehen. Auch hier gilt: Der unionsrechtliche Begriff ist autonom auszulegen.

4. Beispiel: Der Verhältnismäßigkeitsgrundsatz, wie ihn das Bundesverfassungsgericht für die deutsche **36**
Grundrechtsprüfung entwickelt hat, ist in seiner Struktur praktisch unbestritten und Studierenden vertraut. Er umfasst die Prüfungsschritte legitimes Ziel, Eignung, Erforderlichkeit und Angemessenheit (Verhältnismäßigkeit i. e. S.). Auch das Unionsrecht kennt ein Verhältnismäßigkeitsprinzip, nämlich für die Begrenzung der Unionskompetenzen: „Für die Ausübung der Zuständigkeiten der Union gelten die Grundsätze der Subsidiarität und der Verhältnismäßigkeit", Art. 5 Abs. 1 S. 2 EUV. Wer im Anschluss an diesen Satz nun das gewohnte Prüfschema für die Verhältnismäßigkeitsprüfung durchprüft, begeht letztlich denselben Fehler wie derjenige, der die Verordnung nach Art. 288 AEUV unter Rückgriff auf Art. 80 GG zu bestimmen versucht. Was die kompetenzrechtliche Verhältnismäßigkeit des Unionsrechts im Einzelnen besagt, ist nämlich wiederum autonom unionsrechtlich zu bestimmen und nicht durch unbesehene Übertragung eines Rechtsinstituts aus der deutschen Grundrechtsdogmatik. Denn es handelt sich um zwei unterschiedliche Rechtsinstitute, auch wenn beide Rechtsinstitute „Verhältnismäßigkeitsprinzip" genannt werden.
Für eine Begriffsbestimmung des Verhältnismäßigkeitsprinzips des Art. 5 Abs. 1 S. 2 EUV hilft die Legaldefinition in Art. 5 Abs. 4 EUV: „Nach dem Grundsatz der Verhältnismäßigkeit gehen die Maßnahmen der Union inhaltlich wie formal nicht über das zur Erreichung der Ziele der Verträge erforderliche Maß hinaus." Das ist immerhin ähnlich wie das Verhältnismäßigkeitsprinzip, das aus der deutschen Grundrechtsdogmatik bekannt ist (daher werden beide Rechtsinstitute ja auch identisch bezeichnet). Aber es gibt eben Unterschiede: Nach Art. 5 Abs. 4 EUV kann nicht jedes beliebige, legitime Ziel verfolgt werden, sondern nur ein in den Verträgen verankertes Ziel; und der Prüfungsschritt „Angemessenheit/Verhältnismäßigkeit i. e. S." ist in Art. 5 Abs. 4 EUV nicht vorgesehen.
Wenn man sauber weiterprüft (und die Aufgabenstellung dies so vorsieht und der Klausursachverhalt dementsprechend den erforderlichen Protokolltext mit abdruckt), müsste man nun gemäß Art. 5 Abs. 4

S. 2 EUV das Protokoll über die Anwendung der Grundsätze der Subsidiarität und der Verhältnismäßigkeit anwenden, um im Einzelnen festzustellen, welche Anforderungen das kompetenzrechtliche Verhältnismäßigkeitsprinzip des Unionsrechts stellt. Das ist im Einzelnen kompliziert und vielfach schon gar nicht mehr Anforderungsprofil einer entsprechenden europarechtlichen Klausur. Wichtig ist nur: Nicht das deutsche Rechtsinstitut der Verhältnismäßigkeitsprüfung unbesehen und aus dem Kopf heraus auf das Europarecht übertragen, sondern die einschlägige unionsrechtliche Norm heranziehen und mit ihrem Wortlaut argumentieren. Es gibt also nicht „die" Verhältnismäßigkeitsprüfung (abstrakt und losgelöst von einer bestimmten Rechtsordnung), sondern eine Verhältnismäßigkeitsprüfung in der deutschen Grundrechtsdogmatik und eine andere, autonom zu bestimmende Verhältnismäßigkeitsprüfung im Unionsrecht für die Kompetenzregelungen.

37 In Klausuren besonders schwierig zu handhaben sind Konstellationen, in denen Begriffe des deutschen Rechts und ähnlich klingende, aber autonom auszulegende Begriffe des Europarechts nirgends legaldefiniert sind. Dann liegt es besonders nahe, eine auswendig gelernte, präsente Begriffsbestimmung aus der deutschen Rechtsordnung auf die unionsrechtliche Norm zu übertragen. Wiederum aber gilt natürlich: Man kann im praktischen Ergebnis Glück damit haben, dass das im Einzelfall einmal passt. Aber als methodische Herangehensweise ist das verfehlt.

38 **5. Beispiel:** Ausnahmen vom Verbot mengenmäßiger Ein- und Ausfuhrbeschränkungen und vom Verbot von Maßnahmen gleicher Wirkung (Warenverkehrsfreiheit, Art. 34, 35 AEUV) sind gemäß Art. 36 AEUV u.a. aus Gründen der öffentlichen Sittlichkeit, Ordnung und Sicherheit zulässig. Wenn sich der Fall erkennbar nicht um Sittlichkeitsprobleme dreht, bleibt die Aufgabe einer Bestimmung, wie in dieser Norm „öffentliche Ordnung und Sicherheit" zu verstehen sein könnten. Es sollte klar sein: Die Begriffsbestimmung aus dem deutschen Polizei- und Ordnungsrecht hilft dafür nicht. Wer hier diese Begriffsbestimmung für die polizeiliche Generalklausel abspult („Öffentliche Sicherheit ist definiert als Schutz der geschriebenen Rechtsordnung, des Staates und seiner Institutionen und der individuellen Rechtsgüter der Bürger ..."), begeht zwei Fehler: methodisch ist das eine unzulässige Übertragung eines deutschen Rechtsinstituts auf das Europarecht an Stelle der gebotenen autonomen Auslegung des Unionsrechts, und inhaltlich verfehlt die Begriffsbestimmung in diesem Fall den Gehalt von Art. 36 AEUV.

Was also tun, wenn man in der Klausur keine andere Begriffsbestimmung für „öffentliche Sicherheit und Ordnung" im Sinne von Art. 36 AEUV als autonomen Begriff des Unionsrechts präsent hat? Dann bleibt nur, beim Normtext des Art. 36 AEUV zu bleiben: seinen Wortlaut nehmen, Vorverständnisse aus dem deutschen Polizeirecht bewusst ausblenden, vielleicht aus einem systematischen Vergleich mit den anderen Ausnahmetatbeständen des Art. 36 AEUV ein Argument für das Begriffsverständnis abzuleiten. Die Erwartungshaltung in der Klausur wird dann nicht sein, dass die Klausurbearbeiterinnen und -bearbeiter zum Begriffsverständnis in Art. 36 AEUV irgendetwas wissen. Wer in der Klausur eigenständig („autonom") sein Glück in einer freihändigen Auslegung dieser Norm sucht, macht es jedenfalls methodisch richtig. Selbst wenn das eigene Auslegungsergebnis dann nicht das Begriffsverständnis trifft, das der EuGH von Art. 36 AEUV haben mag, gibt es für eine solche autonome Auslegung des Unionsrechts in der Klausur Punkte.

Es spricht auch nichts dagegen, die eigenen Schwierigkeiten mit diesem Problem der Klausur („Ich kenne eine Begriffsbestimmung von öffentlicher Sicherheit und Ordnung, aber die darf ich hier nicht einfach unbesehen zu Grunde legen.") in der Niederschrift der Klausur explizit zu machen, also beispielsweise folgendes zu schreiben: „Der Begriff der öffentlichen Ordnung und Sicherheit hat im deutschen Polizeirecht ein festes Begriffsverständnis gewonnen, nämlich Schutz des Staates, der geschriebenen Rechtsordnung etc. Wegen des Gebotes der autonomen Auslegung des Unionsrechts kann aber dieses Begriffsverständnis nicht einfach auf Art. 36 AEUV übertragen werden. Wie öffentliche Sicherheit und Ordnung in Art. 36 AEUV aber dann als unionsrechtlicher Begriff zu verstehen sein soll, ist fraglich und dem Normtext des Art. 36 AEUV nicht unmittelbar zu entnehmen." Für eine solche Passage in einer Klausurbearbeitung sollte es Extrapunkte wegen überzeugender methodischer Reflexion über das Problem geben, auch wenn das Problem dadurch nur beschrieben und noch nicht gelöst ist. Das Problem zu benennen ist aber ein wesentlicher erster Schritt und allemal besser, als einfach eine falsche Lösung niederzuschreiben.

c) Umgang mit den verschiedenen Sprachfassungen des Unionsrechts

Noch zur Wortlautauslegung gehört der Umgang mit den verschiedenen Sprachfassungen des Unionsrechts. Sie sind alle gleichermaßen verbindlich (Art. 55 Abs. 1 EUV, 358 AEUV). In Klausuren haben Studierende allerdings nur die deutsche Sprachfassung zur Verfügung. Dann bleibt nichts anderes, als die Lösung ausschließlich anhand der deutschen Fassung der entscheidungserheblichen Normen zu entwickeln. Für Klausuren ist diese Beschränkung vermutlich eine Erleichterung. Hin und wieder, beispielsweise in Hausarbeiten, kann es bei der Beschäftigung mit dem Unionsrecht demgegenüber hilfreich sein, auch andere Sprachfassungen heranzuziehen und sie zu vergleichen.[15] Insbesondere gilt dies für die englische und die französische Fassung, weil das meist die Ursprungsfassungen der europäischen Rechtstexte sind. Sie haben dadurch zwar keine höhere normative Verbindlichkeit. Sie helfen aber teilweise, um unklare oder grammatikalisch falsche Formulierungen im deutschen Vertragstext zu verstehen. 39

1. Beispiel: Nach Art. 288 Abs. 1 AEUV nehmen die Organe Verordnungen, Richtlinien, Beschlüsse, Empfehlungen und Stellungnahmen an. Nach Art. 289 Abs. 1 AEUV nehmen das Europäische Parlament und der Rat sogar gemeinsam etwas an, nämlich einen dieser Rechtsakte. So geht es weiter in Art. 289 Abs. 2, 3 AEUV, erst gemäß Art. 289 Abs. 4 und Art. 290 Abs. 1 AEUV werden einmal Rechtsakte „erlassen", allerdings nur in bestimmten Ausnahmekonstellationen. Und schon in Art. 294 Abs. 1 AEUV geht es schon wieder um die „Annahme" eines Rechtsakts. Was aber soll die Annahme eines Rechtsakts im Unterschied zum Erlass eines Rechtsakts sein? Geht es beim Erlass um eine verbindliche Inkraftsetzung, bei der Annahme eines Rechtsakts aber um irgendetwas Vorläufiges auf unsicherer Tatsachenbasis? So wie die Annahme, es könnte wohl bald regnen? Die deutsche Fassung wirft diese Frage nach dem Unterschied von Erlass und Annahme eines Rechtsakts in der Tat auf. 40
Ansatz zur Lösung des Problems: Im englischen Text steht in allen genannten Normen durchgängig *adoption* bzw. als Verb *to adopt,* im französischen Text immer *l'adoption* bzw. als Verb *adopter.* Ergebnis also: „Annahme" eines Rechtsakts ist eine etwas seltsame, sperrige Formulierung, die aber im Primärrecht exakt dasselbe bedeutet wie „Erlass" eines Rechtsakts. Warum die deutsche Textfassung ohne irgendein erkennbares System zwei verschiedene Termini synonym verwendet, ist unerfindlich. Vielleicht deshalb, weil die Adoption von Kindern im BGB zur Vermeidung von Fremdwörtern „Annahme als Kind" heißt (§ 1741 BGB, ursprünglich sprachlich völlig unverständlich als „Annahme an Kindes statt" bezeichnet). Bei der Übertragung des EU-Primärrechts ins Deutsche mag dann die Vorstellung geherrscht haben, dass *adoption* in deutschen Rechtstexten „Annahme" heißen müsse.

2. Beispiel: Art. 7 Abs. 1 EUV regelt ein Verfahren, das die Europäische Union bei schwerwiegender Verletzung der Werte der Union gegen einen Mitgliedstaat einleiten kann und das ggfs. zum Ausschluss von Stimmrechten des Vertreters der Regierung dieses Staats im Rat führt. Als formelle Anforderung für die Einleitung dieses Verfahrens formuliert Art. 7 Abs. 1 EUV: „Auf begründeten Vorschlag eines Drittels der Mitgliedstaaten, des Europäischen Parlaments oder der Europäischen Kommission kann der Rat …". Angenommen, ein solcher Antrag wird im Europäischen Parlament gestellt, welcher Abstimmungsmehrheit bedarf es für eine erfolgreiche Einleitung des Verfahrens im Parlament: eines Mehrheitsbeschlusses oder lediglich einer Zustimmung von einem Drittel der Abgeordneten? 41
Der deutsche Wortlaut der Norm scheint zwei Lösungsmöglichkeiten zu eröffnen. Denn das Genitivattribut („des Parlaments") kann sich entweder auf das Substantiv „Vorschlag" beziehen, so dass es „… auf begründeten Vorschlag […] des Europäischen Parlaments" heißt und das Parlament dann gemäß Art. 231 AEUV mit der Mehrheit der abgegebenen Stimmen entscheidet. Oder das fragliche Genitivattribut bezieht sich auf „eines Drittels", so dass die Norm folgendermaßen zu lesen ist: „Auf begründeten Vorschlag eines Drittels […] des Europäischen Parlaments". Es ist in der deutschen Fassung mit ihren Genitivattributen grammatikalisch nicht eindeutig, ob das Drittelquorum nur für die Mitgliedstaaten oder auch für Abstimmungen im Parlament oder in der Kommission zu dieser Frage greifen soll. Die französische Fassung ist in dieser Frage ebenso unklar wie der deutsche Wortlaut. Die englische

[15] Zugriff unter https://eur-lex.europa.eu.

Fassung konstruiert den deutschen Genitiv („eines Drittels") nicht mit *of*, sondern mit einem dreifach wiederholten *by*. Das ergibt eine eindeutige Aussage: *„On a reasoned proposal by one third of the Member States, by the European Parliament or by the European Commission …"*. Nach dieser Formulierung muss eindeutig ein *„proposal … by the European Parliament"* vorliegen, also kein Drittelquorum, sondern eine Abstimmungsmehrheit im Parlament gemäß Art. 231 AEUV.
Bei sehr feinsinniger Wortlautinterpretation könnte man dieses Ergebnis letztlich wohl doch bereits anhand der deutschen Fassung gewinnen. Denn wenn für das Parlament das Drittelquorum gemeint wäre, so müsste die Norm lauten: „Auf begründeten Vorschlag eines Drittels der Mitgliedstaaten, *der Mitglieder* des Europäischen Parlaments oder der Europäischen Kommission …". Dies lässt sich durch einen Wortlautvergleich mit dem weiteren Normtext des Art. 7 Abs. 1 EUV erschließen; er lautet: „… kann der Rat mit der Mehrheit von vier Fünfteln seiner Mitglieder …". Das Unionsrecht formuliert also offenbar, wenn es für Abstimmungen in mitgliedschaftlich strukturierten Organen bestimmte Abstimmungsquoren normieren will, nicht einfach eine Bruchzahl, sondern setzt „der/seiner Mitglieder" hinzu. Da am Anfang der Norm beim Parlament der Bezug auf die Mitglieder aber fehlt, kann die Norm nicht im Sinne von „Vorschlag eines Drittels des Parlaments" zu verstehen sein, sondern nur im Sinne von „Vorschlag des Parlaments", was dann das Mehrheitserfordernis aus Art. 231 AEUV auslöst. Diese Argumentation allein aus der deutschen Fassung setzt Sprachgefühl und sehr präzises Lesen voraus. Man muss zudem unterstellen, dass die Formulierungsweise für Quorumsfragen bei mitgliedschaftlich strukturierten Organen innerhalb des Primärrechts oder jedenfalls innerhalb dieses Artikels konsistent ist. Der Blick in die englische Fassung dürfte in diesem Fall daher einfacher sein und ein nicht mehr in Zweifel zu ziehendes Ergebnis ergeben.

42 **3. Beispiel:** Art. 263 Abs. 2 AEUV (Klagegründe der Nichtigkeitsklage) ist in der deutschen Fassung grammatikalisch fehlerhaft. Wenn man ihn präzise liest, müsste man in Zweifel geraten, was gemeint sein mag. Diese Irritation tritt meist nur deshalb nicht ein, weil deutsche Leserinnen und Leser mit dem in Art. 263 Abs. 2 AEUV normierten System der Klagegründe ohnehin nicht viel anzufangen wissen und die Norm daher entweder erst gar nicht lesen oder eine grobe Vorstellung über den Normtext für ausreichend halten. Nach dem Wortlaut der Norm kann geklagt werden „wegen … Verletzung der Verträge oder einer bei *seiner* Durchführung anzuwendenden Rechtsnorm". Worauf soll sich „seiner" grammatikalisch beziehen? Um wessen Durchführung geht es?
Die englische und die französische Fassung verwenden richtigerweise den Plural des Possesivpronomens: „infringement of the Treaties or of any other rule of law relating to *their* application" bzw. „violation des traités ou de toute règle de droit relative à *leur* application". Es geht also um durch die Durchführung der Unionsverträge im Wege von Sekundärrecht. Geklagt werden kann also beispielsweise mit der Behauptung als Klagegrund, ein Beschluss der Europäischen Kommission verletze eine EU-Verordnung (Beispiel: → Fall 4/14). Die Fassung von Art. 263 Abs. 2 AEUV geht ursprünglich zurück auf Art. 173 EWG-Vertrag. Dort hieß der Passus: „wegen … Verletzung dieses Vertrags oder einer bei seiner Durchführung anzuwendenden Rechtsnorm." Das war grammatikalisch richtig. Nur hätte man auch in der deutschen Fassung das Pronomen in den Plural setzen müssen, als „dieses Vertrags" durch „die Verträge" ersetzt wurde, weil sich die Norm heute auf alle Unionsverträge bezieht.

d) Heranziehung von Erwägungsgründen

43 Die Sekundärrechtsakte des Unionsrechts enthalten Erwägungsgründe. Diese Notwendigkeit ergibt sich aus Art. 296 Abs. 2 AEUV, nach dem die Rechtsakte selbst mit einer Begründung zu versehen sind (während im deutschen Recht nur der in den Bundestag eingebrachte Gesetzentwurf einer Begründung bedarf). Da die Erwägungsgründe Bestandteil des Rechtsakts sind, können sie ohne Weiteres für die Auslegung von dessen einzelnen Normen herangezogen werden (vorausgesetzt, der Klausursachverhalt druckt Erwägungsgründe mit ab). Insbesondere sollten die Erwägungsgründe Auskunft über die Zwecke geben, die mit einer Regelung verfolgt werden. Sie können also grundsätzlich sowohl im Rahmen einer teleologischen Interpretation als auch zur Ermittlung des subjektiven Willens des Gesetzgebers helfen. Der praktische Wert der Erwägungsgründe ist vielfach allerdings begrenzt. Das

liegt u.a. daran, dass sie teilweise nicht sonderlich überzeugend formuliert sind oder mehr oder minder nur den Normtext paraphrasieren. Wenn beispielsweise eine Norm des Rechtsakts lautet: „X hat die Kompetenz, Y zu tun", findet sich nicht selten ein entsprechender Erwägungsgrund mit der Formulierung: „X sollte die Kompetenz haben, Y zu tun." Solche Erwägungsgründe kann man problemlos ignorieren.

3. Zitierweise unionsrechtlicher Normen

Die Rechtsakte des Unionsrechts sind in Artikel gegliedert (wie das Grundgesetz **44** und die deutschen Landesverfassungen oder das EGBGB). Ein Normzitat wie „§ 2 Abs. 1 AEUV" in einer Klausur bleibt zwar trotz des Zitierfehlers noch verständlich, vermittelt aber als ersten Eindruck, die Klausurbearbeiterin oder der Klausurbearbeiter habe sich bislang nicht gerade häufig mit dem Europarecht befasst und sich noch nicht einmal an die Zitierweise gewöhnt.

Für die Untergliederung der Artikel unionsrechtlicher Normen in Absätze, Unter- **45** absätze und Sätze gibt es unterschiedliche Zitierweisen und Tipps bzw. Vorgaben, wie man es in Klausuren halten solle. Das Problem geht auf die offiziellen Amtsblattfassungen der Unionsverträge zurück (siehe für den AEUV die konsolidierte Fassung ABl. C 2021, Nr. 326/47). Dort sind alle längeren Artikel drucktechnisch in Absätze untergliedert (durch Verwendung der Enter-Taste im Rahmen üblicher Tastaturbelegungen). In manchen Artikeln werden die dadurch entstandenen drucktechnischen Absätze als Teil des offiziellen Normtextes durchnummeriert, so wie es in deutschen Gesetzen üblich ist (arabische Zahlen in runden Klammern). In anderen Artikeln der Unionsverträge finden sich im Amtsblatt zwar drucktechnische Absätze, aber keine Nummerierung. Irgendeine Systematik ist dafür im Amtsblatt nicht zu entdecken.

In manchen Artikeln werden im Amtsblatt zwar Nummerierungen gesetzt, aber **46** nicht für alle drucktechnisch entstandenen Absätze. Üblicherweise werden solche drucktechnisch markierten, aber nicht offiziell durchnummerierten Absätze als „Unterabsätze" bezeichnet. Die deutschen Verlage, die Druckausgaben des Unionsrechts publizieren, setzen dann üblicherweise selbst Nummerierungen hinzu, die im Unterschied zu den offiziellen Nummerierungen aus dem Amtsblatt in eckige Klammern gesetzt werden. Soweit zur Zählung der einzelnen Sätze hochgestellte Ziffern an den Satzanfang gedruckt werden, stammen sie nicht aus dem Amtsblatt, sondern von den Verlagen (auch wenn sie in diesem Fall nicht in eckige Klammern gesetzt werden).

Beispiele: Art. 288 AEUV hat im Amtsblatt nur drucktechnische Absätze, und zwar fünf, diese haben **47** aber keine Nummern. In den üblichen Gesetzesausgaben stehen die Absatznummerierungen bei Art. 288 AEUV daher in eckigen Klammern: „Art. 288 [1] Für die Ausübung der Zuständigkeiten …". Die vier Absätze des Art. 289 AEUV haben bereits im Amtsblatt Nummern, so dass diese Nummern in den üblichen Gesetzesausgaben ebenso wie im Amtsblatt, nämlich rund, gedruckt sind: „Art. 289 (1) [1]Das ordentliche Gesetzgebungsverfahren …".
Bei Art. 290 AEUV gibt es drucktechnisch fünf Absätze, von denen in der Amtsblattnummerierung aber jeweils zwei zusammengefasst werden. Der erste und der zweite Absatz haben also jeweils zwei Unterabsätze. Die von den deutschen Verlagen herausgegebenen Gesetzesausgaben schreiben daher üblicherweise: „Art. 290 (1) [1] In Gesetzgebungsakten kann …". An Stelle von „Art. 290 (1) [1] AEUV" kann man auch „Art. 290 Abs. 1 UAbs. 1 AEUV" schreiben.

48 Bei Normen, die im Amtsblatt mehrere drucktechnische Absätze unter einer Nummer zusammenfassen, ist dieses Bezeichnungssystem aus Absätzen und Unterabsätzen plausibel nachvollziehbar und sollte so verwandt werden. Verschiedentlich finden sich Hinweise, dass man Absätze mit eckigen, von den Verlagen hinzugefügten Nummern stets, also auch dann als Unterabsätze bezeichnen müsse, wenn der gesamte Artikel im Amtsblatt keine Nummerierung hat. Es müsse „Art. 288 UAbs. 1 AEUV" heißen. Dieses Bezeichnungssystem ist in gewisser Weise konsequent, weil dann runde Klammern auf Absätze, eckige Klammern auf Unterabsätze verweisen. Bei Normen wie Art. 288 AEUV ist die Rede von Unterabsätzen freilich in sich wenig überzeugend, weil es dann ja Unterabsätze geben müsste, ohne dass es Hauptabsätze gibt, die durch Unterabsätze untergliedert werden könnten. Und vor allem: Das Primärrecht selbst verwendet in solchen Fällen umstandslos die Bezeichnung „Absatz".

49 **Beispiel:** Art. 263 AEUV hat im Amtsblatt nur drucktechnische Absätze, aber keine Nummerierung. Die drucktechnisch entstandenen Absätze werden daher von den deutschen Verlagen mit einer Nummerierung in eckigen Klammern versehen. In Art. 263 [4] AEUV heißt es dann bei Bezugnahme auf Art. 263 [1] und Art. 263 [2] AEUV: „Jede natürliche oder juristische Person kann unter den Bedingungen nach den Absätzen 1 und 2 gegen …"

50 Wer also behauptet, bei Art. 263 [1] AEUV *müsse* es wegen der eckigen Klammern ausgeschrieben „Art. 263 UAbs. 1 AEUV" oder „Art. 263 Unterabsatz 1 AEUV" heißen, erklärt seine eigene oder eine von deutschen Verlagen ausgedachte Zählweise für normativ verbindlich. Was Privatpersonen für in sich schlüssig halten, kann aber aus sich heraus nicht zwingend sein. Bei Lichte betrachtet sind diese Bezeichnungsfragen nicht normativ im Sinne von „es muss … heißen" determiniert, sondern eine Frage der Konvention. Maßstab ist die Verständlichkeit und Eindeutigkeit der Bezeichnung. Dabei kann man sich ohne Weiteres an der Handhabung im Amtsblatt orientieren: Das Unionsrecht selbst spricht im Amtsblatt in solchen Fällen von „Absatz", so dass nichts gegen „Art. 263 Abs. 1 AEUV" oder „Art. 288 Abs. 1 AEUV" spricht.

IV. Grundlegendes zum EU-Prozessrecht und zur Gerichtsbarkeit der EU

1. Prozessualer Fallaufbau: Zulässigkeits- und Begründetheitsprüfung

51 Europarechtliche Fälle haben in der Regel – wie Fälle zum deutschen öffentlichen Recht – eine prozessuale Einkleidung: Die Aufgabenstellung fragt nach den Erfolgsaussichten einer Klage. Dementsprechend sind Zulässigkeit und Begründetheit der Klage zu prüfen. Auch der gerichtlichen Praxis des Gerichtshofs der Europäischen Union liegt die Unterscheidung zwischen Zulässigkeits- und Begründetheitsfragen zu Grunde, wobei der Gerichtshof in der großen Zahl der unkomplizierten Zulässigkeitsprüfungen dazu dann auch gar nichts mehr schreibt. Wenn es aber Zulässigkeitsrügen oder Zulässigkeitszweifel gibt, handelt auch der Gerichtshof die Zulässigkeits- vor den Begründetheitsfragen ab. In Klausurfällen soll die Zulässigkeitsprüfung in solchen Fällen kurzgehalten werden. Dass der EuGH sie dann ggfs. auch ganz weglässt, kann man in der Klausur nicht nachmachen; es ist aber ein Hinweis darauf, dass die Mahnung zu kurzen Zulässigkeitsprüfungen ernst genommen werden sollte.

Ausnahmsweise können Fallfragen auch über das angestrebte Urteil hinausgreifen und ergänzend darauf gerichtet sein, wie in der Fallkonstellation im Falle eines (obsiegenden) Urteils weiter zu verfahren sein wird. Für Verpflichtungen der unterlegenen Partei zur Umsetzung des Urteils sind bei einer solchen Fallfrage insbesondere Art. 266 AEUV (bei Nichtigkeits- und Untätigkeitsklagen) und Art. 260 AEUV (bei Vertragsverletzungsverfahren) von Bedeutung. Beim Vorabentscheidungsverfahren führt das Ausgangsgericht, das sein Verfahren zunächst ausgesetzt und nach Art. 267 AEUV den EuGH angerufen hatte, nach der Antwort des EuGH sein Ausgangsverfahren unter Beachtung der Aussagen des EuGH fort. Das steht so nicht explizit in Art. 267 AEUV, ergibt sich aber daraus, dass es sich beim Vorabentscheidungsverfahren (ähnlich wie bei der konkreten Normenkontrolle nach Art. 100 GG) um ein Zwischenverfahren handelt. 52

2. Grundwissen zum Gerichtshof der Europäischen Union

a) Struktur der Gerichtsbarkeit der Europäischen Union

Gemäß Art. 19 Abs. 1 EUV besteht für die Europäische Union ein „Gerichtshof der Europäischen Union". Diesen in Art. 19 Abs. 1 EUV benannten Gerichtshof darf man sich indes nicht als ein einzelnes Gericht vorstellen. Vielmehr umfasst er zwei verschiedene, eigenständige Gerichte: den Gerichtshof (EuGH) und das Gericht (EuG) sowie potenziell auch Fachgerichte, die es aber gegenwärtig nicht gibt. Zwischenzeitlich war einmal ein Fachgericht für den öffentlichen Dienst der Europäischen Union mit Zuständigkeiten für Beamtenklagen eingerichtet, dessen Zuständigkeiten aber heute auf das Gericht (EuG) übertragen sind. Terminologisch wäre es einfacher, wenn in Art. 19 Abs. 1 EUV formuliert wäre: „Die Gerichtsbarkeit der Europäischen Union umfasst den Gerichtshof, das Gericht und Fachgerichte." Da Art. 19 Abs. 1 EUV aber anders lautet, muss man bei präziser Formulierung zwischen dem „Gerichtshof der Europäischen Union" als Dachorganisation und dem (Europäischen) „Gerichtshof" als einem Teil davon unterscheiden. 53

Einfacher wird es dann im Vertrag über die Arbeitsweise der Europäischen Union: Art. 251 bis 253 AEUV betreffen den Gerichtshof (EuGH), Art. 254 und 256 AEUV spricht ausdrücklich vom Gericht (EuG). Auch bei Art. 255 AEUV (Richterprüfungsausschuss) ist eindeutig, dass er sich auf beide Institutionen bezieht („beim Gerichtshof oder beim Gericht"). Art. 257 AEUV zu den Fachgerichten ist funktionslos. Man muss aber auch hier immer wieder aufpassen: Die Funktion von Nichtigkeitsklagen besteht nach Art. 263 Abs. 1 AEUV darin, dass der Gerichtshof der Europäischen Union die Rechtmäßigkeit von Handlungen überwacht. Ob damit der Gerichtshof (EuGH) oder das Gericht (EuG) gemeint ist, ergibt sich erst aus der Zusammenschau mit Art. 256 Abs. 1 AEUV. Danach ist für Nichtigkeitsklage nach Art. 263 AEUV im ersten Rechtszug grundsätzlich das Gericht zuständig; der EuGH entscheidet erst als Rechtsmittelinstanz. Ausnahmsweise kann nach Art. 256 Abs. 1 AEUV die Satzung des Europäischen Gerichtshofs aber auch erstinstanzliche Zuständigkeiten des EuGH für Nichtigkeitsklagen begründen, was je nach Kläger auch tatsächlich geschehen ist. Man muss also zusätzlich in der Satzung nachschauen, die in Klausuren dann im Sachverhalt abgedruckt sein muss. 54

55 Auch Art. 267 AEUV weist die dort normierten Verfahren (Vorabentscheidungsverfahren) pauschal dem Gerichtshof der Europäischen Union zu. Da Art. 267 AEUV in Art. 256 Abs. 1 AEUV nicht genannt ist, bedeutet dies: Für Vorabentscheidungsverfahren ist nie das Gericht, sondern stets der EuGH zuständig. Ein Rechtsmittel gibt es dementsprechend nicht.

b) Fehlen einer spezialisierten Verfassungsgerichtsbarkeit

56 Aus Art. 19 EUV und 251 ff. AEUV, insbesondere aus Art. 256 Abs. 1 AEUV und der Satzung des Gerichtshofs der Europäischen Union, ergibt sich eine gewisse Funktionstrennung zwischen EuG und EuGH: Das EuG ist für vielfältige Formen von Klagen zuständig, der EuGH (jenseits seiner Funktion als Rechtsmittelgericht gegen Entscheidungen des EuG) nur für wenige spezifische Klagen, die für das Verfassungsgefüge der Union von zentraler Bedeutung sind (Vorabentscheidungsverfahren, Vertragsverletzungsverfahren, Nichtigkeitsklagen privilegierter Kläger).

57 Trotzdem ist der EuGH nicht wie das Bundesverfassungsgericht ein spezialisiertes Verfassungsgericht, das ausschließlich über verfassungsrechtliche Streitfragen am Maßstab der Verfassung entscheidet. Der EuGH ist (eventuell erst in zweiter Instanz, wenn die Rechtsmittelvoraussetzungen nach Art. 256 Abs. 1 AEUV gegeben sind) demgegenüber das allgemeine Gericht der Europäischen Union, das im Rahmen seiner umfassenden Kompetenzen für das Unionsrecht auch über Fragen entscheidet, die nicht als Fragen des europäischen Verfassungsrechts zu qualifizieren sind. Beim EuGH finden sich also wettbewerbsrechtliche Klagen und beamtenrechtliche Klagen ebenso wie verfassungsrechtliche Klagen. In dieser Hinsicht entspricht der EuGH den Supreme Courts in den USA und in Großbritannien. Das hat einen Vorteil: Mit dem Problem des deutschen Verfassungsprozessrechts, ob im konkreten Verfahren „spezifisches Verfassungsrecht“ verletzt ist, weil sich ja die Prüfungskompetenz des Bundesverfassungsgerichts darauf beschränkt, braucht man sich nicht zu plagen (und daher auch nicht damit, dass die üblichen Formulierungen zum deutschen Verfassungsprozessrecht grammatikalisch verfehlt sind, weil sie auf einer Verwechselung von Adjektiv und Adverb beruhen).[16] EuGH und EuG können den Prüfungsgegenstand am Maßstab des gesamten Unionsrechts prüfen. Art. 263 Abs. 2 AEUV drückt dies für die Nichtigkeitsklage dadurch aus, dass Klagegrund eine Verletzung der Verträge (Primärrecht als Prüfungsmaßstab) oder eine bei ihrer Durchführung anzuwendenden Rechtsnorm (Sekundärrecht als Prüfungsmaßstab) sein kann.

58 Völlig unabhängig vom Gerichtshof der Europäischen Union ist der Europäische Gerichtshof für Menschenrechte (EGMR) mit Sitz in Straßburg. Er ist kein Organ der Europäischen Union, sondern des Europarats mit Zuständigkeit ausschließlich für Grundrechtsschutz am Maßstab der Europäischen Menschenrechtskonvention (EMRK).

[16] Man kann sprachlich nicht sinnvoll von „spezifischem Verfassungsrecht“ sprechen – denn was sollte dann in Abgrenzung dazu „unspezifisches Verfassungsrecht“ sein? Es gibt nur spezifisch auf die Verletzung von Verfassungsrecht bezogene Prüfungen und andere Prüfungen, die diesen spezifischen Bezug nicht haben, also an Hand eines umfassenden Prüfungsmaßstabs vorgenommen werden.

3. Wesentliche Verfahrensarten mit Prüfschemata

Im Vergleich zur Vielzahl von mehr als zwanzig Verfahrensarten vor dem Bundesverfassungsgericht[17] kennt das EU-Prozessrecht deutlich weniger Verfahrensarten; eine Reihe davon betrifft zudem nicht-verfassungsrechtliche Streitigkeiten wie Beamtenklagen (Art. 270 AEUV) und Haftungsklagen (Art. 268 AEUV i.V.m. Art. 340 AEUV). Die wesentlichen Verfahrensarten für verfassungsrechtliche Streitigkeiten vor dem EuGH sind: **59**
- Nichtigkeitsklage (Art. 263, 264 AEUV);
- Vorabentscheidungsverfahren (Art. 267 AEUV);
- Vertragsverletzungsverfahren (Art. 258, 259 AEUV).

Dass es vor dem EuGH wesentlich weniger verfassungsrechtliche Verfahrensarten als vor dem Bundesverfassungsgericht gibt, liegt teilweise daran, dass manche Fallkonstellationen im Unionsrecht nicht vorkommen, teilweise auch daran, dass der Gerichtszugang nicht ganz so umfassend eröffnet ist wie beim Bundesverfassungsgericht. Auch vor dem EuGH werden allerdings in zahlreichen, unterschiedlichen Fallkonstellationen verfassungsgerichtliche Streitigkeiten ausgefochten. Dafür gibt es vor dem EuGH wenige spezifisch konturierte Verfahren (Vertragsverletzungsverfahren, Vorabentscheidungsverfahren) und ansonsten stets *eine* zentrale Klageart: die Nichtigkeitsklage. **60**

a) Nichtigkeitsklage

Die Nichtigkeitsklage ist die zentrale Klageart des Unionsrechts (jenseits von Vertragsverletzungs- und Vorabentscheidungsverfahren). Sie entspricht funktional einer Vielzahl von Klagearten des deutschen Verfassungs- und Verwaltungsprozessrechts: abstrakte Normenkontrolle, Organstreitverfahren, Anfechtungsklage, Verpflichtungsklage. Oder anders formuliert: In Fallkonstellationen, in denen vor dem Bundesverfassungsgericht ein Normenkontrollverfahren, ein Organstreitverfahren usw. geführt wird, werden im EU-Prozessrecht vielfach Nichtigkeitsklagen durchgeführt. **61**

Die Bezeichnung „Nichtigkeitsklage" taucht im Primärrecht nicht auf. Soweit Art. 263 AEUV in Gesetzesausgaben eine Überschrift hat, steht sie in Klammern als Hinweis darauf, dass sie vom jeweiligen Verlag hinzugesetzt ist und nicht Teil des offiziellen Amtsblatttextes ist. Die Bezeichnung als Nichtigkeitsklage ist aber völlig gängig und wird auch vom EuGH selbst verwandt. Wozu die Nichtigkeitsklage dient, lässt sich aus Art. 263 Abs. 1 AEUV recht gut ersehen: Diese Klage dient dazu, dass der Gerichtshof die Rechtmäßigkeit von Handlungen und Maßnahmen der Europäischen Union überwacht. Die Nichtigkeitsklage zielt auf eine Rechtmäßigkeitsprüfung. Die Nichtigkeitserklärung der Maßnahme nach Art. 264 Abs. 1 AEUV ist dann die regelmäßige Folge ihrer Rechtswidrigkeit. Diese Zielsetzung und Funktion der Nichtigkeitsklage kommen in ihrer englischen und französischen Bezeichnung *(application for annulment, recours en annulation)* noch etwas besser zum Ausdruck als mit dem deutschen Terminus. **62**

Dass sich im EU-Prozessrecht vieles auf die Nichtigkeitsklage fokussiert, ist teilweise durch ein strikteres Verständnis des Gewaltenteilungsgrundsatzes nach französischer **63**

[17] Art. 93 GG mit weiteren Spezialzuweisungen wie Art. 21 Abs. 4 GG, Art. 41 Abs. 2 GG, zusammenfassend § 13 BVerfGG.

Prägung bedingt: Danach sollen Gerichte die anderen Staatsfunktionen kontrollieren, sich aber nicht an deren Stelle setzen. Das schließt es bei einer strikten Lesart des Gewaltenteilungsgrundsatzes aus, dass Gerichte einem Organ der anderen Gewalten vorschreiben, was es zu tun habe. Die im deutschen Prozessrecht verbreiteten Verpflichtungs- und Leistungsklagen, mit denen die oder der Beklagte zu einem bestimmten Tun verurteilt wird, sind damit dann nicht vereinbar (oder kommen nur in Form zivilrechtlicher, auf Geldleistung gerichteten Leistungsklagen vor). Das EU-Prozessrecht beschränkt sich daher darauf, dass im Gerichtsurteil die Rechtswidrigkeit des bisherigen Nichthandelns festgestellt wird. Dass das Urteil nicht folgenlos bleibt, stellt Art. 266 Abs. 1 AEUV sicher: Das verklagte Organ hat die sich aus dem Urteil ergebenden Maßnahmen zu ergreifen. Da dies primärrechtlich angeordnet ist, muss die Handlungspflicht nicht eigens vom Gericht tenoriert werden.

64 Wegen dieser weitgespannten Bedeutung der Nichtigkeitsklage ist es kein Zufall und keine verzerrte Auswahl, dass in acht der zwölf Fälle dieser Fallsammlung das Verfahren prozessual als Nichtigkeitsklage geführt wird. Die Nichtigkeitsklage ist *die* zentrale Klageart des Unionsrechts. Einigermaßen unverständlich ist es vor diesem Hintergrund, wenn landesrechtlich das Vorabentscheidungs- und das (ziemlich seltene) Vertragsverletzungsverfahren zum Kernprüfungsstoff des Staatsexamens erklärt werden, nicht aber die Nichtigkeitsklage.[18] Auch dann darf aber die Nichtigkeitsklage geprüft werden, zwar nicht in allen Einzelheiten, sondern lediglich im Hinblick auf Verständnis und Arbeitsmethoden, ohne dass Einzelwissen vorausgesetzt würde. Mit anderen Worten: Die Nichtigkeitsklage darf soweit Prüfungsstoff sein, wie man die fraglichen Zulässigkeitsvoraussetzungen dem Normtext ohne größere Schwierigkeiten entnehmen kann.

65 **Prüfungsschema: Nichtigkeitsklage**

I. Zulässigkeit
  1. Zuständigkeit des Gerichts (Art. 256 AEUV):
     – EuG: Klagen natürlicher oder juristischer Personen und bestimmte Klagen der Mitgliedstaaten, Art. 256 Abs. 1 AEUV i. V. m. Art. 51 EuGH-Satzung
     – EuGH: Organklagen und übrige Klagen der Mitgliedstaaten, Art. 256 Abs. 1 AEUV i. V. m. Art. 51 EuGH-Satzung
  2. Kläger:
     – privilegierte Kläger: Mitgliedstaaten, Europäisches Parlament, Rat, Kommission, Art. 263 Abs. 2 AEUV
     – teilprivilegierte Kläger: Rechnungshof, EZB, Ausschuss der Regionen, Art. 263 Abs. 3 AEUV
     – nicht privilegierte Kläger: natürliche und juristische Personen, Art. 263 Abs. 4 AEUV
  3. Beklagter: alle Organe, Einrichtungen und Stellen der Union, Art. 263 Abs. 1 AEUV
  4. Klagegenstand: Gesetzgebungsakte, Handlungen des Rates, der Kommission und der Europäischen Zentralbank, soweit es sich nicht um Empfehlungen und Stellungnahmen handelt, Handlungen des Europäischen Parlaments und des Europäischen Rates mit Rechtswirkung gegenüber Dritten, Art. 263 Abs. 1 AEUV)
  5. Klagebefugnis
     – für privilegierte Kläger ohne weitere Voraussetzungen, Art. 263 Abs. 2 AEUV
     – für teilprivilegierte Kläger: Klage zur Wahrung ihrer Rechte, Art. 263 Abs. 3 AEUV

[18] § 11 Abs. 2 Nr. 11 JAG NRW (Gesetzes- und Verordnungsblatt NRW 2021, S. 1189 ff.

– für nichtprivilegierte Kläger: Adressat oder unmittelbare Betroffenheit durch den Klagegegenstand, Art. 263 Abs. 4 AEUV

6. Vortrag eines Klagegrundes: Zuständigkeitsfehler, Formfehler, Verletzung der Verträge oder des Sekundärrechts, Ermessensmissbrauch, Art. 263 Abs. 2 AEUV
7. Klagefrist, Art. 263 Abs. 6 AEUV

II. Begründetheit:
- Vorliegen eines Nichtigkeitsgrundes aus Art. 263 Abs. 2 AEUV
- „Verletzung der Verträge" eröffnet eine Rechtmäßigkeitskontrolle der angegriffenen Maßnahme an Hand des Primärrechts
- „Verletzung einer bei ihrer Durchführung anzuwendenden Rechtsnorm" eröffnet eine Rechtmäßigkeitskontrolle der angegriffenen Maßnahme an Hand des Sekundärrechts

III. Urteilsfolgen (falls ausnahmsweise gefragt):
- Pflicht zur Ergreifung der sich aus dem Urteil ergebenden Maßnahmen, Art. 266 Abs. 1 AEUV
- in Konstellationen abgelehnter Anträge: Vornahme der beantragten Handlung, um die es dem Kläger letztlich geht, die aber (mangels Leistungsklage, Verpflichtungsklage) nicht direkt eingeklagt werden kann

b) Untätigkeitsklage

Die Untätigkeitsklage (Art. 265 AEUV) ist eine ersatzweise statthafte Klageart, wenn das zuständige EU-Organ auf einen Antrag hin überhaupt nicht tätig geworden ist und daher die an sich gebotene Nichtigkeitsklage an Zulässigkeitshürden scheitert. Denn im Falle einer völligen Untätigkeit gibt es gerade keine (ablehnende) Entscheidung und überhaupt keine Maßnahme, die mit der Nichtigkeitsklage angefochten werden könnte. Aus diesem Ersatzcharakter ergibt sich, dass Untätigkeitsklagen selten sind und sich auf Fälle völligen Schweigens beschränken: Sobald sich die Untätigkeit in einem (ablehnenden) Beschluss des untätigen Organs manifestiert, ist dagegen die Nichtigkeitsklage statthaft. Sie hat dann Vorrang vor der Untätigkeitsklage. 66

Bei der Untätigkeitsklage handelt es sich um eine Feststellungsklage: Anders als bei deutschen verwaltungsprozessualen Untätigkeitsklagen in den Konstellationen des § 75 VwGO wird bei der Untätigkeitsklage nach Art. 265 AEUV nicht auf Vornahme der bis jetzt unterlassenen Handlung geklagt, sondern auf Feststellung, dass das Untätigbleiben vertragswidrig ist (Art. 265 Abs. 1 AEUV). Aus diesem Feststellungsurteil hat dann das verklagte Organ selbst die Konsequenz zu ziehen, dass es nunmehr tätig werden muss (Art. 266 Abs. 1 AEUV). Da die Untätigkeitsklage selten ist, braucht man sich für sie mit keinem Aufbauschema zu befassen. Alle relevanten Zulässigkeitsvoraussetzungen stehen in Art. 265 AEUV. 67

c) Vorabentscheidungsverfahren

Das Vorabentscheidungsverfahren nach Art. 267 AEUV dient in erster Linie dazu, die einheitliche Anwendung des Unionsrechts sicherzustellen und dessen volle Geltung und Autonomie zu gewährleisten. Art. 267 AEUV weist dem EuGH zu diesem Zweck ein Auslegungsmonopol für das Unionsrecht zu, das er im Verfahren der Vorabentscheidung wahrnimmt. 68

69 Darüber hinaus begründet das Vorabentscheidungsverfahren ein „Instrument der Zusammenarbeit zwischen dem Gerichtshof und den nationalen Gerichten"[19] und schafft damit einen Rechtsprechungsverbund aller europäischen Gerichte. Dabei besteht zwischen den nationalen Gerichten und dem EuGH kein hierarchisches, sondern vielmehr ein kooperatives Verhältnis bei strikter Aufgabenteilung: Während das vorlegende Gericht für die Entscheidung des konkreten, bei ihm anhängigen Rechtsstreits verantwortlich bleibt, entscheidet der EuGH in einem Zwischenverfahren abstrakt über die ihm vorgelegten entscheidungserheblichen Fragen zum Unionsrecht.

70 Zudem eröffnet das Vorabentscheidungsverfahren dem Einzelnen die Möglichkeit, inzident eine Rechtmäßigkeitskontrolle eines Unionsrechtsaktes zu erwirken, und dient somit auch dem Individualrechtsschutz. Allerdings ist zu beachten, dass der Einzelne eine Vorlage an den EuGH im nationalen Ausgangsverfahren lediglich anregen, nicht aber erzwingen kann. Unterlässt es das nationale Gericht trotz Vorlagepflicht (Art. 267 Abs. 3 AEUV), eine Rechtsfrage dem EuGH vorzulegen, so kann dies als eine Verletzung des Rechts auf den gesetzlichen Richter gem. Art. 101 Abs. 1 S. 2 GG (siehe hierzu → Fall 11/40 ff.) im Rahmen einer Verfassungsbeschwerde gerügt werden.

71 Die zentrale Bedeutung des Vorabentscheidungsverfahren nicht nur für das Rechtsschutz-, sondern für das gesamte Rechtssystem der Europäischen Union zeigt sich darin, dass der EuGH im Rahmen von Vorabentscheidungsverfahren unter anderem grundlegende Prinzipien wie den Vorrang des Unionsrechts[20] und dessen unmittelbare Anwendbarkeit[21] sowie die Grundsätze einer unionsrechtlichen Staathaftung[22] entwickelt hat. Damit trägt das Vorabentscheidungsverfahren wesentlich zur Fortentwicklung und Konkretisierung des Unionsrechts bei.

72 **Prüfungsschema: Vorabentscheidungsverfahren**

I. Zulässigkeit, Art. 267 AEUV
   1. Zuständigkeit: EuGH
   2. Vorlageberechtigung: Gerichte der Mitgliedstaaten, Art. 267 Abs. 2 u. 3 AEUV (das Vorliegen einer eventuellen Vorlageverpflichtung kann man festhalten; das ist aber bei rechter Betrachtung keine Zulässigkeitsfrage)
   3. Vorlagegrund bzw. -gegenstand, Art. 267 Abs. 1 AEUV
      - Auslegung der Verträge
      - Gültigkeit und Auslegung von Handlungen der Organe der Union
      - Fragen nach der Vereinbarkeit nationalen Rechts mit dem Unionsrecht müssen indirekt formuliert werden: als Frage, ob das Unionsrecht so auszulegen sei, dass eine nationale Vorschrift wie die des Ausgangsverfahrens wegen Unvereinbarkeit mit vorrangig anzuwendendem Unionsrecht unangewendet bleiben muss
   4. Entscheidungserheblichkeit für das Ausgangsverfahren, Art. 267 Abs. 2 AEUV
   5. Ordnungsgemäße Vorlage (schriftlich sowie Art. 21 Abs. 1 EuGH-Satzung bzw. Art. 28 VerfO, zur Übermittlung Art. 23 EuGH-Satzung)

---

19 EuGH, Urt. v. 18.10.1990, C-297/88 u. C-197/89.
20 EuGH, Urt. v. 15.7.1964, Rs. 6/64 (Costa/ENEL).
21 EuGH, Urt. v. 5.2.1963, Rs. 26/62 (Van Gend & Loos).
22 EuGH, Urt. v. 19.11.1991, C-6/99 u. C-9/99 (Francovich).

II. Beantwortung der Vorlagefrage(n) durch EuGH (nicht: „Begründetheit"):
- Auslegungsfrage in Bezug auf das Unionsrecht: Aufstellung von Auslegungskriterien
- Gültigkeitsfrage: Feststellung der Gültigkeit oder Ungültigkeit der Unionshandlung anhand von höherrangigem Recht

III. weiteres Verfahren (falls ausnahmsweise gefragt)
- Fortsetzung des Ausgangsverfahrens durch das Ausgangsgericht unter Beachtung der Antwort des EuGH auf die Vorlagefrage

d) Vertragsverletzungsverfahrens

Mit dem Vertragsverletzungsverfahren können Pflichtverstöße von Mitgliedstaaten 73
gegen das Unionsrecht gerichtlich verfolgt werden. Die Kommission hat nach Art 258 AEUV („Aufsichtsklage"), ebenso wie die Mitgliedstaaten nach Art. 259 AEUV („Staatenklage") die Möglichkeit, Verstöße der Mitgliedstaaten gegen das Unionsrecht zu rügen und diese so zu einem vertragstreuen Verhalten anzuhalten. Für die Kommission ist das Vertragsverletzungsverfahren damit ein zentrales Instrument, um ihrer Aufgabe als „Hüterin der Verträge" (Art. 17 Abs. 1 EUV) nachzukommen.[23] Dabei ist es für die Zulässigkeit der Klage nicht erforderlich, dass die Kommission in eigenen Rechten verletzt ist, sondern sie kann allein im allgemeinen Interesse der Union gegen die Verletzung objektiven Unionsrechts vorgehen. Das Verfahren dient nicht dem subjektiven Rechtsschutz, sondern hat eine objektivrechtliche Funktion.[24]

Prüfungsschema: Vertragsverletzungsverfahren 74

I. Zulässigkeit
1. Zuständigkeit des EuGH, Art. 256 Abs. 1 AEUV (keine Zuweisung an das EuG)
2. Antragsberechtigung
   - Kommission (Art. 258 AEUV)
   - Mitgliedstaaten (Art. 259 AEUV)
3. passive Parteifähigkeit
   - (andere) Mitgliedstaaten
4. Klagegegenstand
   - Verstoß „gegen eine Verpflichtung aus den Verträgen", Art. 258 bzw. Art. 259 AEUV)
5. Vorverfahren, Art. 258 Abs. 1 bzw. Art. 259 Abs. 2–4 AEUV
6. Klagebefugnis: Überzeugung von der Vertragsverletzung
7. Klagefrist, Art. 258 Abs. 2 bzw. Art. 259 Abs. 3 AEUV
8. Ordnungsgemäße Klageerhebung

II. Begründetheit
- dem beklagten Mitgliedstaat zurechenbarer Verstoß gegen Unionsrecht

III. Urteilsfolge (falls ausnahmsweise gefragt)
- Verpflichtung des verklagten Mitgliedstaats zur Umsetzung des Urteils, Art. 260 Abs. 1 AEUV

[23] EuGH, Urt. v. 11.8.1995, C-431/92.
[24] EuGH, Urt. v. 11.8.1995, C-431/92.

4. Entscheidungen des Gerichtshofs

a) Bestandteile und Aufbau der Entscheidungen

75 Gerichtsentscheidungen zu lesen ist zeitaufwändig. Strukturwissen wird man im Studium eher aus Lehrbüchern als unmittelbar aus Gerichtsentscheidungen erwerben können. Für Hausarbeiten ist die gründliche Lektüre der für das Thema zentralen Urteile dagegen unverzichtbar. Für das systematische Lernen zur Klausurvorbereitung wird man aus Zeitgründen nur hin und wieder einzelne Urteile exemplarisch lesen können. Einen über die unmittelbare Urteilsthematik hinausgehenden Nutzen hat die Urteilslektüre dann, wenn man nachvollziehen will, wie das Gericht methodisch vorgeht, wie es argumentiert und die streitentscheidenden Normen auslegt. Der Zeitaufwand für die Lektüre eines Urteils wird geringer, wenn man den Aufbau der Entscheidungsgründe kennt und damit gezielt die entscheidenden Urteilspassagen auffinden kann.

76 Ein Urteil wird durch das Rubrum eingeleitet. Es enthält die Kernangaben über das Gericht, den erkennenden Senat/Kammer, das Aktenzeichen, das Verkündungsdatum, Angaben zu Verfahrensbeteiligten und Bevollmächtigten, zum Verfahrensgegenstand, zu den mitwirkenden Richterinnen und Richtern (beim EuGH auch zur Generalanwältin oder zum Generalanwalt) und zum Entscheidungsdaten.

Terminologischer Hinweis: *rubrum* ist das lateinische Wort für „rot“. Das ist ein Hinweis auf eine nicht mehr gebräuchliche Gerichtspraxis, das Rubrum durch eine andere Farbe, eben durch rot, von den Urteilsgründen abzusetzen. Diese farbliche Differenzierung zwischen rot und schwarz für Textteile mit unterschiedlicher Funktion findet sich bis heute in den liturgischen Büchern der katholischen Kirche. Gerichte drucken das Rubrum schwarz – ein schöner Hinweis darauf, dass Rubrum zum Fachbegriff geworden ist, dessen Bedeutung mit der etymologischen Herkunft des Wortes („das Rote“) nichts mehr zu tun hat.

77 In deutschen Urteilen folgt auf das Rubrum unmittelbar der Tenor (Betonung auf der ersten Silbe!). Er ist der eigentliche Entscheidungs- oder Rechtsfolgenausspruch des Gerichts. Bei EuGH und EuG steht der Tenor hingegen ganz am Ende der Entscheidung unmittelbar vor den Unterschriften der Richterinnen und Richter. Wie zu tenorieren ist, hängt im Einzelnen von der prozessualen Konstellation und damit vom jeweiligen Prozessrecht ab, das Studierende in den Anfangssemestern nicht beherrschen müssen. Wegen dieser Abhängigkeit des Tenors von der prozessualen Konstellation schlägt sich die inhaltlich tragende Überlegung des Gerichts nicht unbedingt im Tenor nieder: Der Tenor „Der Antrag wird zurückgewiesen“ ist aus sich selbst heraus nicht aussagekräftig. Deshalb werden Leitsätze formuliert, die besser als der Tenor über die Kernaussagen des Urteils informieren. Zeitschriften drucken das Rubrum und den Tenor aus diesen Überlegungen heraus in der Regel erst gar nicht ab, sondern nur die Leitsätze und einen Auszug aus den Entscheidungsgründen. Der Urteilsausspruch wird vom EuGH je nach Verfahrenskonstellation teilweise ausführlicher formuliert als der Tenor deutscher Gerichtsentscheidungen. Insbesondere in Vorabentscheidungsverfahren gibt er daher eine unmittelbare Antwort auf die Frage, was denn das Gericht im Kern entschieden hat. Einen Bedarf an zusätzlichen Leitsätzen gibt es daher beim EuGH und beim EuG nicht.

78 Der Gerichtshof der Europäischen Union strukturiert Entscheidungsgründe typischerweise folgendermaßen:

- Kurzschilderung des Klagebegehrens
- Rechtlicher Rahmen: ausführliche Darstellung der für die Entscheidung einschlägigen Normen
- Vorgeschichte des Streits und gerichtliches Verfahren bis zum EuGH-Urteil
- für die zu entscheidenden Einzelfragen häufig eine explizit mit eigenen Überschriften ausgeflaggte Gliederung nach: Vorbringen der Parteien – Würdigung durch den Gerichtshof
- Abschließende Erwägungen, v.a. zu Kosten
- danach folgt der abschließende Entscheidungsausspruch („Aus diesen Gründen hat der Gerichtshof für Recht erkannt: …")

Ein gezielter Zugriff auf die Kernaussagen beginnt am Ende des Urteils mit dem Entscheidungsausspruch. Danach sollte man die Passagen lesen, die die rechtliche Würdigung durch den Gerichtshof enthalten und häufig explizit auch unter dieser Überschrift stehen, so dass sie schnell zu finden sind.

b) Begründungsstil

Die Urteile des EuGH und des EuG unterscheiden sich in ihrem Aufbau, in ihrer **79** Diktion, teilweise auch in den notwendigen und fakultativen Urteilsbestandteilen und in der Argumentationsweise von Urteilen deutscher Gerichte. Dem liegen unterschiedliche Rechtsprechungstraditionen und Leitbilder für die Judikative zu Grunde. Das Bundesverfassungsgericht war eine Neugründung unter dem Grundgesetz, das nicht unmittelbar Traditionen einer institutionell verselbständigten Verfassungsgerichtsbarkeit übernehmen konnte. In vielen Punkten folgt der Stil des Bundesverfassungsgerichts allgemeinen Prägungen deutscher Rechtsprechung. Das zeigt sich vor allem in einer sehr ausführlichen rechtlichen Argumentation. Positionen werden offen miteinander abgewogen, Entscheidungsalternativen als solche diskutiert. Ein hoher Anteil an Juraprofessorinnen und -professoren unter den deutschen Verfassungsrichtern mag diese Tendenz begünstigt haben.

Vorbild für die Errichtung des Gerichtshofs der Europäischen Union war hingegen **80** die französische Gerichtsbarkeit. Sein Prozessrecht folgt französischen Mustern, seine interne Verfahrenssprache ist bis heute Französisch. Daher schlagen sich französische Prägungen auch im Stil seiner Urteile nieder. Ein Grundverständnis dieser Prägungen ist hilfreich, um die Unterschiede zu deutschen Urteilen nicht als irritierend wahrzunehmen: Die französische Rechtstradition neigt dazu, im Richter bzw. der Richterin nichts weiter als den Mund zu sehen, der die Regeln des Gesetzes ausspricht. Die richterliche Tätigkeit wird strikt auf eine gleichsam mechanische Rechtsanwendung und Subsumtion beschränkt, jedes schöpferische Element in der Rechtsprechung bestritten. Dahinter stehen Legitimationskonzepte und eine Demokratietheorie, die das Gesetz als Ausdruck der *volonté générale* („Gemeinwille") ganz ins Zentrum rückt. In der Französischen Revolution konnte so die Verpflichtung der (dem Bürgertum entstammenden) Richterinnen und Richter auf die Ziele der Revolutionäre durchgesetzt werden.

Französische Richterinnen und Richter stellen ihre Urteile daher als unmittelbare, **81** alternativlose Ableitung aus dem Gesetz dar. Je kürzer und apodiktischer die Begründung, umso eher sieht sich ein französisches Gericht vor dem Vorwurf geschützt, das Gericht (oder gar die Richter als Persönlichkeiten) hätten selbst inhaltlich etwas zur Entscheidung dazugetan und dadurch ihre Kompetenzen überschritten. Das französische Urteil bestand daher traditionell aus einem einzigen, komplexen Satz. Dessen Länge hat im Lauf der Jahrzehnte erheblich zugenommen, die Begründungen sind substanzreicher geworden, mittlerweile ist auch der französische Urteilsstil vom Ein-Satz-Ideal abgerückt Die Grundprägungen sind aber weiter erkennbar.

82 Diese Prägungen zeigen sich bei EuGH- und EuG-Urteilen zunächst schon daran, dass sie in aller Regel kürzer sind als Urteile des Bundesverfassungsgerichts. Zudem nimmt die Darstellung oder das Referat der entscheidungserheblichen Normen einen wesentlichen Teil der Entscheidungsgründe ein. Dies geschieht einerseits aus französischer Tradition zur Absicherung der Legitimationsbasis der Entscheidung. Andererseits spielt beim EuGH eine Rolle, dass häufig auch nationale Normen entscheidungserheblich sind und die Rechtslage in irgendeinem Mitgliedstaat nicht als selbstverständlich bekannt oder leicht erschließbar vorausgesetzt werden kann. Die rechtliche Würdigung und Argumentation fällt im Verhältnis dazu häufig knapp aus. Der Entscheidungsausspruch, der als deduktive Ableitung aus den entscheidungserheblichen Normen präsentiert wird, steht folglich beim EuGH ganz am Ende. Der Urteilsstil wirkt alles in allem autoritativer als beim Bundesverfassungsgericht, auch wenn deutsche Urteile im Urteilsstil mit vorweggestelltem Ergebnis (Tenor) formuliert sind, während beim EuGH die rechtlichen Erwägungen dem Tenor vorangestellt sind.

c) Zitierweise für Entscheidungen der europäischen Gerichte

83 Eine einheitliche Zitierweise für Gerichtsentscheidungen gibt es nicht. Die Zitierweise kann sich von Gericht zu Gericht, von Autorin zu Autor bzw. Verlagsvorgabe zu Verlagsvorgabe, aber auch nach Datum der Entscheidung unterscheiden. Das liegt u.a. daran, dass sich die Veröffentlichungspraxis für Gerichtsentscheidungen v.a. durch den Aufbau von Onlineportalen der Gerichte und anderer Betreiber im Laufe der Zeit gewandelt hat. Auch die Gerichte selbst haben die Zitierweise ihrer eigenen Entscheidungen immer wieder einmal geändert. Ältere Urteile werden daher nicht selten anders zitiert, als es heute üblich ist, EuGH-Entscheidungen anders als deutsche Urteile.

84 Für die Zitierung von Gerichtsentscheidungen kommen insbesondere folgende Möglichkeiten, allein oder in Kombination, in Betracht:

- Entscheidungsdatum und Aktenzeichen (Beispiel: BVerfG v. 21.7.2015, 1 BvF 2/13); mit diesen Angaben ist das Urteil in der Entscheidungsdatenbank des BVerfG unter www.BVerfG.de ohne weiteres auffindbar;
- Fundstelle in der offiziellen Entscheidungssammlung, sofern die Entscheidung dort aufgenommen ist (Beispiel: BVerfGE 140, 65ff.; beim EuGH früher: EuGH Slg. 1974, 23ff., für neuere Urteile nicht mehr gebräuchlich);
- Fundstelle in einer Fachzeitschrift (Beispiel: BVerfG, NJW 2015, 2399ff.);
- Fundstelle in Onlineportalen privater Anbieter, z.B. Online-Rechtsprechungssammlung des Beck-Verlags (BeckRS);
- Angabe von Kläger bzw. Verfahrensbeteiligten, so die anglo-amerikanische Zitierpraxis, die teilweise auch für EuGH-Urteile üblich ist (Beispiel: EuGH, Costa/E.N.E.L.);

- Angabe einer freigewählten Kurzbezeichnung, insbesondere für zentrale Entscheidungen des Bundesverfassungsgerichts üblich (Beispiel: BVerfG, Lissabon-Urteil);
- European Case Law Identifier: ECLI-Nummer.

Der Europäische Rat hat vor dem Hintergrund dieser Vielzahl von Zitiermöglichkeiten 2011 eine einheitliche Zitierweise für Gerichtsurteile des EuGH und der mitgliedsstaatlichen Gerichte empfohlen, den European Case Law Identifier (ECLI).[25] **85**

Beispiel (für ein Urteil des EuGH): ECLI:EU:C:1984:44. Das Buchstabenkürzel ECLI leitet alle Nachweise ein, EU steht für die Gerichtsbarkeit der Europäischen Union, C für den EuGH (frz. *Cour européenne de justice;* bei Urteilen des EuG steht als Kürzel T, abgeleitet von der französischen Bezeichnung dieses Gerichts als *Tribunal*). 1984 ist das Jahr der Entscheidung, 44 der Verweis auf das konkrete Urteil. Der EuGH zählt seine Urteile für die ECLI-Kennung jahresweise durch, andere Gerichte nutzen für diese letzte Angabe der ECLI-Nummer die gerichtsinternen Aktenzeichen, die sehr viel komplexer als eine einfache Zahl sein können.
In abstrakter Fassung: ECLI:Ländercode:Gerichtscode:Jahr der Entscheidung:einmalige Kennung.

Die ECLI-Nummer hat den Vorteil einer unverwechselbaren Identifizierung aller erfassten Urteile nach einem einheitlichen Schema. Der Aufbau dieses Zitierschemas mit bis zum 25 alphanumerischen Zeichen ist allerdings vor allem den Erfordernissen bibliographischer Katalogisierung und Verlinkung geschuldet. Man kann sich ECLI-Nummern weder merken, noch haben sie irgendeine Assoziationskraft oder einen Wiedererkennungswert. Die Verwendung der ECLI-Nummern etabliert sich daher nur langsam oder ergänzend zu anderen Zitierweisen, primär beim EuGH. Der EuGH hat allen seinen Entscheidungen seit seiner Gründung nachträglich eine ECLI-Nummer gewiesen. Das Bundesverfassungsgericht vergibt zwar mittlerweile bei neuen Urteilen auch eine ECLI-Nummer, macht aber selbst einen abweichenden Zitiervorschlag[26] und ermöglicht auf seiner Homepage nicht einmal die Entscheidungssuche an Hand der ECLI-Nummern, sondern nur nach Aktenzeichen, Fundstelle in der gedruckten Entscheidungssammlung (BVerfGE) oder nach Entscheidungsdatum. Für Urteile des Bundesverfassungsgerichts ist die ECLI-Nummer daher gänzlich ungebräuchlich. **86**

Welche Zitierweise gewählt wird, ist im Wesentlichen eine Frage der Konvention. Sie muss sich an der Funktion von Zitaten und Fundstellenangaben orientieren, nämlich einerseits eine eindeutige, andererseits eine möglichst einfache und für die Leser leicht nachvollziehbare Angabe zu machen. Die Angabe von Verfahrensbeteiligten oder eines thematischen Stichworts hat den großen Vorteil von Assoziationskraft und Wiedererkennungsmöglichkeit. In einem zusammenhängenden Text ist diese Angabe daher meist vorzugswürdig („Das Bundesverfassungsgericht hat in seiner Lissabon-Entscheidung …“). In den Fußnoten genügt diese Angabe zum Auffinden der Entscheidung allerdings nicht, kann aber in Klammern zu eindeutigen Angaben hinzugesetzt werden (nach Zitiervorschlag des Bundesverfassungsgerichts: Datum und Aktenzeichen). **87**

[25] Schlussfolgerungen des Rates vom 29. April 2011 mit einem Aufruf zur Einführung des European Case Law Identifier (ECLI) und eines Mindestbestands von einheitlichen Metadaten für die Rechtsprechung (ABl. 2011, C 127, S. 1).

[26] Zitiervorschlag auf der Homepage des BVerfG nach Datum, Aktenzeichen und Randnummer: BVerfG, Urteil des Zweiten Senats vom 27. Februar 2018 – 2 BvE 1/16 – Rn. 1–81.

88 In der Zitierweise spiegelt sich teilweise noch eine Veröffentlichungspraxis für Gerichtsentscheidungen wider, die nur durch Printmedien geprägt war. Da die offiziellen, gedruckten Entscheidungssammlungen der Gerichte nur sehr zentrale Entscheidungen enthalten, waren lange Zeit die meisten Urteile nur über Fachzeitschriften zugänglich. Die Angabe einer NJW- oder JZ-Fundstelle hatte daher eine zentrale Funktion zum Auffinden der Entscheidung. Die Zeitschriften drucken auch heute noch Urteile in unverändertem Maße ab, obwohl Gerichtsentscheidungen mittlerweile ohne weiteres online zugänglich sind. Das hat weiterhin eine sinnvolle Funktion, nämlich die Leserinnen und Leser über wichtige neue Urteile zu informieren, zentrale Urteilspassagen für den Abdruck auszuwählen und ggfs. das Urteil und eine Urteilsbesprechung zusammen zu publizieren. Die Funktion, in späteren Jahren auf Zeitschriftenbände zurückzugreifen, um ältere Urteile nachzulesen, hat sich demgegenüber erübrigt.

V. Tipps für eine gelungene Klausur: Subsumtionstechnik und normbezogene Argumentation im Unionsrecht

1. Grundstruktur der juristischen Subsumtion

89 Der Schlüssel zu einer guten Klausurlösung ist das Beherrschen der Subsumtionstechnik – neben Strukturfragen im Gesamtaufbau der Klausur, für die Prüfschemata hilfreich sind (→ Rn. 54ff.). Subsumtionstechnik ist nicht gleichbedeutend mit Gutachtenstil im Unterschied zum Urteilsstil. Im Gutachten- wie im Urteilsstil muss subsumiert werden. Beide Stile unterscheiden sich nur in der Reihenfolge der Darstellung. Im Gutachtenstil wird die zu klärende Frage vorangestellt und das Ergebnis nach und nach durch Folgerungen hergeleitet, während im Urteilsstil das Ergebnis voransteht und nach und nach begründet wird.

90 In aller Regel haben Studierende den Unterschied zwischen beiden Stilen im ersten Studiensemester verstanden. In der Regel begehen Studierende in Klausuren daher auch nicht den Fehler, in den Urteilsstil zu verfallen, zumal der Urteilsstil ja als solcher nicht falsch ist und auch in Klausuren für einfachere Rechtsfragen verwendet werden darf. Die richtige Reihenfolge der Darstellung (Aufwerfen des Problems am Anfang, Ergebnis am Ende) ist daher noch kein Beherrschen der Subsumtionstechnik. Auch Klausuren, die alle möglichen Ausführungen mit „fraglich ist, ob …" einleiten, können die Anforderungen an eine gelungene normbezogene Prüfung und Subsumtion verfehlen. Die Hauptschwierigkeit liegt für viele Studierende also nicht im Gutachtenstil und seiner Unterscheidung vom Urteilsstil, sondern in der Subsumtionstechnik.

91 Eine Subsumtion besteht aus diesen Schritten:

- Obersatz: Für jedes einzelne Problem der Klausur ist jeweils als erstes die einschlägige Norm zu benennen, anhand derer das Problem geprüft werden soll. Welche Norm einschlägig ist, bestimmt sich nach den Rechtsfolgen der Norm (Beispiel: für den Prüfungspunkt „Verbandskompetenz" kann nur eine Norm einschlägig sein, die als Rechtsfolge eine Verbandskompetenz begründet, so dass es sich lohnt, ihre Tatbestandsvoraussetzungen im Einzelnen durchzuprüfen). Klausurpassagen ohne Normbezug sind nicht verwendbar.

– Sachverhaltsbezogene Normauslegung: Die Tatbestandsvoraussetzungen der entscheidungserheblichen Norm sind sodann der Norm zu entnehmen, zu benennen und mit Blick auf das sich aus dem Sachverhalt ergebende Problem auszulegen. In Klausuren erfolgt die Normauslegung regelmäßig nach Wortlaut, Systematik und ggfs. Telos, während eine historische Norminterpretation in Klausuren in aller Regel nicht geleistet werden kann.
– Subsumtionsschritt: Wenn aus dem Sachverhalt die Angaben entnommen sind, die für das gerade behandelte Rechtsproblem relevant sind, und zudem die zur Lösung dieses Rechtsproblems einschlägige Norm mit Blick auf den Sachverhalt ausgelegt ist, folgt der Subsumtionsschritt: Der Sachverhalt unterfällt der Norm (oder er unterfällt ihr nicht).

An dieser Grundstruktur ändert sich nichts dadurch, dass die einzelnen Rechtsprob- **92**
leme einer Klausur mal mehr und mal weniger komplex sind. Die Grundstruktur kann bei einfachen Rechtsproblemen in drei Sätzen abgebildet werden. Bei komplexen Rechtsproblemen kann die Behandlung des Problems auch drei Seiten umfassen – Hauptsache, die Struktur der Subsumtionstechnik bleibt erhalten.

2. Bildung eines zielführenden Obersatzes

Die Bildung eines richtigen, zielführenden Obersatzes ist die entscheidende Wei- **93**
chenstellung. In strafrechtlichen Klausuren gelingt die Bildung der Obersätze häufig besser als im Verfassungsrecht, obwohl die Grundstruktur dieselbe ist. Es kann daher helfen, sich die Grundstruktur eines Obersatzes im Strafrecht zu vergegenwärtigen und nach diesem Muster die Obersätze im Verfassungsrecht zu bilden: „Durch den Faustschlag gegen O könnte T sich wegen Körperverletzung nach § 223 Abs. 1 StGB strafbar gemacht haben.“ Dieser Obersatz besteht aus folgenden Elementen:
– Benennung des Sachverhaltsabschnitts, der geprüft werden soll (ohne dass dafür ein ausführliches Sachverhaltsreferat nötig ist; drei Wörter reichen: „durch den Faustschlag“),
– Benennung der Rechtsfolge, die geprüft werden soll (Strafbarkeit des T, was in strafrechtlichen Klausuren die Standardrechtsfolge ist; in verfassungsrechtlichen Klausuren sind demgegenüber in aller Regel zahlreiche, unterschiedliche Rechtsfragen zu klären: Kompetenzwidrigkeit, Verfahrensfehler, Formfehler, materiellrechtliche Fehler etc.),
– Benennung der Norm, anhand derer der Sachverhaltsabschnitt im Hinblick auf diese Rechtsfolge überprüft werden soll (Körperverletzung, § 223 Abs. 1 StGB).

Nach diesem Muster können zielführende Obersätze im Verfassungsrecht folgen- **94**
dermaßen lauten (alternative Formulierung für dieselbe Konstellation einer Verfahrensprüfung unter dem Prüfungspunkt „Formelle Rechtmäßigkeit der Verordnung – Verfahren für den Verordnungserlass“):
– „Durch die Verabschiedung der XY-Verordnung ohne Anhörung des Wirtschafts- und Sozialausschusses könnte der europäische Gesetzgeber verfahrensfehlerhaft gehandelt haben; das Anhörungserfordernis könnte sich dabei aus Art. 114 Abs. 1 S. 2 AEUV ergeben.“
– „Vor der Verabschiedung der XY-Verordnung könnte es einer Anhörung des Wirtschafts- und Sozialausschusses nach Art. 114 Abs. 1 S. 2 AEUV bedurft haben.“

– „Fraglich ist, ob der europäische Gesetzgeber vor dem Verordnungserlass den Wirtschafts- und Sozialausschuss gemäß Art. 114 Abs. 1 S. 2 AEUV hätte anhören müssen."

3. Typische Fehler im Rahmen der Subsumtion

95 Typischerweise kommen in Klausuren im Zusammenhang mit der Bildung der Obersätze und der Subsumtion unter die entscheidungserhebliche Norm vier Fehlerarten vor:
- Sachverhaltsreferate (nachfolgend Beispiel a),
- Paraphrasierungen von Rechtsansichten von Verfahrensbeteiligten (Beispiel b),
- Paraphrasierungen des Gesetzeswortlauts (Beispiel c)
- lehrbuchartige Ausführungen ohne Fallbezug (Beispiel d).

96 In vielen Klausuren findet sich eine Mischung aus den vier genannten Fehlerarten und richtigen Ansätzen zu einer Subsumtion. Das zeigt, dass viele Studierende mit der Subsumtionstechnik in Grundzügen durchaus vertraut sind, sie aber nicht so sicher beherrschen, dass sie auch in komplizierteren Passagen der Klausur konsequent durchgehalten wird. Studierende werden nur selten auf einer Meta-Ebene benennen können, was sie gerade tun. Dass die Subsumtionstechnik intuitiv schon gelingen wird, ist indes eine trügerische Hoffnung. Man muss es üben, und zwar nicht dadurch, dass man das Klausurschreiben einfach oft macht. Dann schleichen sich Fehler in der Technik ein und verfestigen sich nur. Um das zu vermeiden, müssen das richtige schrittweise Vorgehen und die dabei möglichen Fehler auf einer Meta-Ebene analysiert werden. Dazu werden die Fehlertypen nachfolgend an einem Fall als Negativbeispiele in Reinform präsentiert und analysiert und mit einem Positivbeispiel einer gelungenen Subsumtion kontrastiert.

97 Eine gute Klausurübung dürfte es sein, zunächst einmal die nachfolgenden Formulierungsbeispiele durchzuarbeiten und sich danach dann eine eigene Klausur vorzunehmen, die man selbst am Stück niedergeschrieben hat. Für die einzelnen Teilprobleme der Klausur sollte es möglich sein, die eigene Lösung Satz für Satz daraufhin zu analysieren, ob sich dort einer der typischen Fehler eingeschlichen hat. Diese Sätze kann man farblich markieren und streichen und damit zugleich sehen, was als normbezogene Subsumtion in der eigenen Lösung vorhanden ist. Und danach üben, wie es besser geht. Es spricht viel dafür, dass diese Übung umso effektiver ist, je kleinteiliger, gründlicher und präziser sie vorgenommen wird. Also: Nicht gleich eine ganze Klausur (oder gar: möglichst viele Klausuren) durcharbeiten, sondern erst einmal nur eine einzelne Seite der eigenen Klausurlösung mit einem einzigen Rechtsproblem gründlich analysieren und verbessern.

4. Übungsbeispiel zur Auslegung und Subsumtion unter eine europarechtliche Norm

98 **Sachverhalt:**[27] Die Kfz-Typenzulassung im europäischen Binnenmarkt ist durch mehrere EU-Richtlinien geregelt, die Anforderungen an die Verkehrssicherheit, Umweltstandards etc. für neu zuzulassende Kraftfahrzeugtypen enthalten. Auf dieser Basis wird die Typenzulassung durch die EU-

[27] Das Fallbeispiel, an dem hier ausführlich Fragen der Normauslegung und Subsumtionstechnik eingeübt werden können, ist ein Einzelproblem aus Fall 9; siehe die Lösung von Fall 9/26 ff., zur Frage, wie sich das hier ausführlich erörterte Einzelproblem in eine umfangreiche Falllösung einfügt.

Mitgliedstaaten erteilt; die von einer mitgliedstaatlichen Behörde erteilte Typengenehmigung hat unionsweite Wirkung. Die EU erlässt nun eine weitere, auf Art. 114 Abs. 1 S. 2 AEUV (Binnenmarkt) gestützte Richtlinie, die Vorgaben für die Organisation der mit der Typenzulassung betrauten nationalen Behörden enthält. Insbesondere sollen diese Behörde den mitgliedstaatlichen Regierungen gegenüber unabhängig sein. Die Bundesregierung klagt vor dem EuGH gegen diese Richtlinie mit der Begründung, der EU fehle für diese Unabhängigkeits-RL die Gesetzgebungskompetenz, denn Fragen der Verwaltungsorganisation seien eine Frage mitgliedstaatlicher Organisationsautonomie. Der Binnenmarkttitel lasse nur materielle Normen über den Binnenmarkt zu.
Fragestellung: Ist die Unabhängigkeits-RL von der EU kompetenzgemäß erlassen worden?

a) Sachverhaltsreferat statt Subsumtion

Eine Klausurpassage, die fälschlicherweise im Wesentlichen den Sachverhalt referiert, statt zu subsumieren, könnte in dieser Weise formuliert sein: 99

„Fraglich ist die Gesetzgebungskompetenz der EU. Die EU hat vorliegend eine auf Art. 114 Abs. 1 S. 2 AEUV gestützte Richtlinie erlassen. Durch diese Richtlinie werden Vorgaben für die Organisation derjenigen nationalen Behörden gemacht, die mit der Kfz-Typenzulassung betraut sind. Diese nationalen Behörden sollen von den nationalen Regierungen unabhängig gestellt werden. Eine solche Regelung betrifft den Binnenmarkt und ist daher mit Art. 114 Abs. 1 S. 2 AEUV vereinbar."

Analyse der Lösung: 100

- Die Niederschrift referiert über weite Strecken schlicht den Sachverhalt. In Extremfällen kommen Klausuren, die aus Sachverhaltsreferaten bestehen, gänzlich ohne eine Norm aus, die hier immerhin benannt wird.
- Dieses Sachverhaltsreferat geschieht offenbar aus der Überlegung heraus, dass irgendwie in die Klausur eingeführt werden muss, aus welchen Sachverhaltsangaben sich das zu lösende Kompetenzproblem ergeben soll. Diese Überlegung ist zwar nicht grundsätzlich falsch, aber dafür ist aber kein ausführliches Referat der Sachverhaltsangaben erforderlich, weil eine Kenntnis des Sachverhalts (beim Leser, beim Korrektor) vorausgesetzt werden darf.
- Es genügt für eine Klausurlösung und ist überzeugend, wenn der Sachverhaltsteil, der einer rechtlichen Prüfung unterzogen werden soll, kurz in Bezug genommen wird. Das kann beispielsweise so erfolgen: „Durch den Erlass einer Richtlinie mit Vorgaben zur mitgliedstaatlichen Verwaltungsorganisation könnte die EU ihre Gesetzgebungskompetenzen überschritten haben."
- Danach müsste die rechtliche Bewertung dieser Handlung anhand einer Norm erfolgen. Die Lösung benennt zwar eingangs eine Norm, allerdings nicht als Prüfungsmaßstab, sondern als diejenige Norm, auf die die Europäische Union die Richtlinie gestützt hat, also als Wiedergabe des Sachverhaltsgeschehens. Eine rechtliche Prüfung an Hand dieser Norm setzt erst ganz ansatzweise im letzten Satz ein („betrifft den Binnenmarkt"), wobei jede Problematisierung und Begründung fehlen.
- Ergebnis: Das Ergebnis ist zwar richtig und wird zwar sprachlich auch mit „daher" eingeleitet; die Prüfungseinleitung („fraglich ist") und diese Folgerung suggerieren auch die Einhaltung des Gutachtenstils. Das Ergebnis ist aber argumentativ nicht hergeleitet.

b) Paraphrasierung von Rechtsansichten statt Subsumtion

Eine Klausurpassage, die fälschlicherweise im Wesentlichen die im Sachverhalt mitgeteilten Rechtsansichten von Verfahrensbeteiligten referiert, statt zu subsumieren, könnte beispielsweise so formuliert sein: 101

„Fraglich ist die Gesetzgebungskompetenz der EU nach Art. 114 Abs. 1 S. 2 AEUV. Die Bundesregierung wendet hiergegen ein, dass eine EU-Kompetenz fehlen würde, weil die Unabhängigkeits-RL Fragen der Verwaltungsorganisation regelt. Dafür seien aber die Mitgliedstaaten zuständig, weil die Verwaltungsorganisation eine Frage der mitgliedstaatlichen Organisationsautonomie sei. Der Binnenmarkttitel trage nur materielle Normen zum Funktionieren des Binnenmarktes. Damit fehlt es an einer tauglichen Ermächtigungsgrundlage für die Richtlinie, so dass die EU-Kompetenz nicht gegeben ist."

102 Analyse der Lösung:

- Die Niederschrift paraphrasiert über weite Strecken die im Sachverhalt mitgeteilten Rechtsansichten von Beteiligten, hier der Bundesregierung. In Extremfällen kommen Klausuren, die aus der Wiedergabe von Rechtsansichten bestehen, gänzlich ohne Norm aus, an der das Rechtsproblem festgemacht werden könnte. Hier ist die einschlägige Norm immerhin benannt.
- Einem derartigen Referat von Rechtsansichten liegt offenbar die Überlegung zu Grunde, dass das zu diskutierende Problem auf irgendeine Weise in die Klausur eingeführt werden muss. Diese Überlegung ist zwar nicht grundsätzlich falsch, aber dafür bedarf es keiner Paraphrasierung der Rechtsauffassungen von Beteiligten aus dem Sachverhalt. Denn einerseits kann die Kenntnis des Sachverhalts vorausgesetzt werden (nicht nur in tatsächlicher Hinsicht wie in Beispiel zuvor, sondern auch im Hinblick auf Rechtsansichten von Beteiligten), und andererseits kommt es auf die Rechtsansichten von Beteiligten in aller Regel ohnehin nicht an. Wenn ein Klausursachverhalt Rechtsansichten von Beteiligten mitteilt (oder in den Mund legt), dann ist das lediglich als Hilfestellung für die Klausurbearbeitung gedacht, um die relevanten Rechtsprobleme nicht zu übersehen.
- Von dieser Grundregel der Irrelevanz von Rechtsauffassungen der Beteiligten gibt es nur seltene Ausnahmen, nämlich dann, wenn es im Rahmen von Zulässigkeitsprüfungen für ein Verfahren explizit darauf ankommt, dass ein Verfahrensbeteiligter eine ganz bestimmte rechtliche Überzeugung hat. Beispiel: § 76 Abs. 1 Nr. 1 BVerfGG („Bundes- oder Landesrecht für nichtig halten" im Unterschied zu Art. 93 Abs. 1 Nr. 2 GG mit „Zweifeln" über die Verfassungsmäßigkeit); Art. 100 Abs. 1 GG (Überzeugung des Gerichts von der Verfassungswidrigkeit einer entscheidungserheblichen Norm).
- Die Klausurlösung hätte also nicht die Rechtsauffassung der Bundesregierung referieren, sondern die aufgeworfenen Rechtsfragen diskutieren sollen (Trägt der Binnenmarktkompetenztitel auch Organisationsnormen oder nur materielles Binnenmarktrecht? Gibt es ein Prinzip der mitgliedstaatlichen Organisationsautonomie?). Dass diese Rechtsfragen von der Bundesregierung aufgeworfen werden, kann man in der Klausur kurz niederschreiben („Fraglich ist, ob auf den Kompetenztitel für den Binnenmarkt auch Organisationsnormen gestützt werden können oder ob er – wie es die Bundesregierung vorträgt – nur materielle Regelungen zulässt"). Man muss dies aber nicht einmal erwähnen, d. h. der Einschub („wie es die Bundesregierung vorträgt") kann auch entfallen.
- Ergebnis: Die Lösung suggeriert zwar wie die Lösung zuvor einen Gutachtenstil. Die eingangs richtig benannte Norm wird aber nicht geprüft, das Ergebnis argumentativ nicht hergeleitet. Das fällt bereits daran auf, dass für den letzten Satz unvermittelt vom referierenden Konjunktiv I in den Indikativ gewechselt wird: Hier wird schlicht von der Rechtsauffassung eines Beteiligten auf die objektive Rechtslage geschlossen.

c) Paraphrasierung des Normtextes statt Subsumtion

Eine Klausurpassage, die fälschlicherweise im Wesentlichen den Normtext der entscheidungserheblichen Norm referiert, statt zu subsumieren, würde beispielsweise folgendermaßen lauten: **103**

„Fraglich ist die Gesetzgebungskompetenz der EU gemäß Art. 114 Abs. 1 S. 2 AEUV. Danach erlassen das Europäische Parlament und der Rat gemäß dem ordentlichen Gesetzgebungsverfahren und nach Anhörung des Wirtschafts- und Sozialausschusses die Maßnahmen zur Angleichung der mitgliedstaatlichen Rechts- und Verwaltungsvorschriften, die das Funktionieren des Binnenmarktes zum Gegenstand haben. Der Binnenmarkt umfasst gemäß Art. 26 Abs. 2 AEUV einen Raum ohne Binnengrenzen, in dem der freie Verkehr von Waren, Personen, Dienstleistungen und Kapital gemäß den Bestimmungen der Verträge gewährleistet ist. Vorliegend geht es um die Zulassung von Kraftfahrzeugen, also den freien Warenverkehr. Die Gesetzgebungskompetenz der EU ist folglich gegeben."

Analyse der Lösung: **104**

- Die Klausurpassage besteht im Wesentlichen aus Paraphrasierungen (bzw. aus nahezu wörtlichen Wiederholungen) des Normtextes der einschlägigen Normen.
- Einer derartigen Wiederholung des Gesetzestextes liegt offenbar die Überlegung zu Grunde, dass ja unter die Tatbestandsvoraussetzungen der einschlägigen Norm subsumiert werden muss. Diese Überlegung ist im Ansatz richtig und im Gegensatz zu den beiden Lösungen davor führt eine Wiederholung des Gesetzeswortlauts immerhin zu einem gewissen Normbezug der Lösung.
- Eine Wiederholung oder Umschreibung des Normtextes ist aber nicht erforderlich, weil der Gesetzeswortlaut (ebenso wie der Sachverhalt) als bekannt vorausgesetzt werden kann. Vor allem führt eine schlichte Wiederholung des Normtextes nicht zu einer Normauslegung oder Subsumtion unter die Norm.
- Ganz ansatzweise findet sich die gebotene Subsumtion am Ende der Lösung, indem dort die Zulassung von Kfz dem freien Warenverkehr und damit dem Binnenmarkt zugeordnet wird. Dabei wird allerdings das Kernproblem des Sachverhalts verfehlt, weil es dort nur unter einem ganz spezifischen Aspekt um die Kfz-Typenzulassung geht, nämlich im Hinblick auf die Organisation der mit dieser Typenzulassung betrauten Behörden. Weil dieser Sachverhaltsteil nicht in die Lösung eingeführt wird, findet auch keine Normauslegung des Binnenmarktbegriffs in Bezug auf die Frage statt, ob auch Organisationsregeln für Behörden einen Binnenmarktbezug haben können.
- Ergebnis: Die Klausurpassage setzt richtig normbezogen an, wiederholt die einschlägigen Normen dann aber nur, anstatt sie mit Blick auf die Sachverhaltsprobleme auszulegen und dann unter die so ausgelegten Tatbestandsmerkmale der Norm zu subsumieren.

d) Lehrbuchkapitel statt Subsumtion

Eine Klausurpassage, die fälschlicherweise eine Art Lehrbuchkapitel mit systematischen, aber fallunabhängigen Ausführungen enthält, statt zu subsumieren, könnte beispielsweise folgendermaßen lauten: **105**

„Fraglich ist die Gesetzgebungskompetenz der EU für die Unabhängigkeitsrichtlinie. Nach dem Prinzip der begrenzten Einzelermächtigung werden der EU durch die Unionsverträge nur bestimmte Kompetenzen zugewiesen; alle der EU nicht zugewiesenen Kompetenzen verbleiben bei den Mitgliedstaaten. Der AEUV unterscheidet zwischen ausschließlichen Kompetenzen (Art. 3 AEUV), geteilten Kompetenzen (Art. 4 AEUV) und Unterstützung-, Koordinierungs- und Ergänzungskompetenzen (Art. 6 AEUV). Wegen der geteilten Zuständigkeit für den Binnenmarkt gemäß Art. 4 Abs. 2 lit. a) AEUV können die Union und die

Mitgliedstaaten in diesem Bereich gesetzgeberisch tätig werden und verbindliche Rechtsakte erlassen (Art. 2 Abs. 2AEUV). Die EU durfte die Unabhängigkeits-RL also erlassen."

106 Analyse der Lösung:

- Diese Lösung wechselt nach dem fallbezogenen Obersatz in eine Art Lehrbuchkapitel. Ohne weitere Bezüge zum Sachverhalt findet sich eine abstrakte Darstellung darüber, wie die Kompetenzordnung der Verträge aufgebaut ist. Dazu werden im Wesentlichen die einschlägigen Normen benannt. Eine solche lehrbuchartige Darstellung bringt aber die Falllösung nicht voran.
- Diesem Ansatz einer lehrbuchartigen Ausführung liegt offenbar die Überlegung zu Grunde, dass das eigene Verständnis der Dogmatik in der Klausurlösung irgendwie unter Beweis gestellt werden muss. Daran ist richtig, dass ein Verständnis der gesetzlichen Systematik für die Falllösung hilft. Aber dass der Klausurbearbeiter dogmatisch sattelfest ist, merkt der Korrektor daran, ob die Falllösung stringent aufgebaut ist. Einer lehrbuchartigen Ausbreitung von Wissen jenseits der Falllösung bedarf es dazu nicht.
- Ein Ansatz zu einer normbezogenen Prüfung in dieser Lösung könnte mit dem Satz gewonnen werden, der mit „Wegen der geteilten Zuständigkeit für den Binnenmarkt …" eingeleitet wird. Das hätte die Möglichkeit eröffnet, nun zu klären, ob eine Organisationsvorgabe als Binnenmarktregelung verstanden werden kann. Die Lösung kippt aber sogleich wieder in eine Art Lehrbuchkapitel zurück und referiert, was in Art. 2 Abs. 2 AEUV steht. Warum dabei der im Sachverhalt als Kompetenzgrundlage explizit benannte und letztlich einschlägige Art. 114 Abs. 1 S. 2 AEUV gänzlich aus dem Blick gerät, erschließt sich nicht.
- Ergebnis: Auch diese Lösung suggeriert einen Gutachtenstil. Aus den rein abstrakten Darlegungen zur Gesetzessystematik und dem Wortlaut der einschlägigen Normen kann aber (trotz „also" im letzten Satz) kein Ergebnis abgeleitet werden.

e) Gelungene Subsumtion nach Obersatzbildung und Normauslegung

107 Eine gelungene (nicht unbedingt: eine perfekte) Obersatzbildung, Normauslegung und Subsumtion könnte schließlich in Abgrenzung zu den vorherigen Formulierungsbeispielen folgendermaßen formuliert sein:

„Die Kompetenzgrundlage für die Verbandskompetenz zum Erlass der Unabhängigkeitsrichtlinie mit ihren Organisationsvorgaben für die mitgliedstaatlichen Behörden, derer die EU nach dem Prinzip der begrenzten Einzelermächtigung (Art. 5 Abs. 1 S. 1 EUV) bedarf, könnte im Binnenmarktkompetenztitel gemäß Art. 114 Abs. 1 S. 2 AEUV liegen.

Der Binnenmarkt wird in Art. 26 Abs. 2 AEUV, auf den Art. 114 Abs. 1 S. 1 AEUV rückverweist, als Raum ohne Binnengrenzen mit freiem Warenverkehr definiert. Die nachfolgenden Einzelbestimmungen zum Binnenmarkt, insbesondere Art. 28 Abs. 1, 30, 34 und 35 AEUV, beziehen sich indes auf materiell-rechtliche Binnenmarktregelungen, während die Unabhängigkeits-RL Organisationsvorgaben für die Mitgliedstaaten enthält. Es ist daher fraglich, ob auch solche Organisationsvorgaben auf den Binnenmarktkompetenztitel des Art. 114 Abs. 1 S. 2 AEUV gestützt werden können oder – wie es die Bundesregierung vorträgt – die Behördenorganisation nicht in mitgliedstaatlicher Zuständigkeit verbleiben muss.

Der systematische Zusammenhang zu Art. 28 Abs. 1, 30, 34 und 35 AEUV legt nahe, dass mit „Rechts- und Verwaltungsvorschriften" in Art. 114 Abs. 1 S. 2 AEUV stets materiell-rechtliche Bestimmungen, also keine Organisationsnormen, gemeint sind. Andererseits ist der Wortlaut des Art. 114 Abs. 1 S. 2 AEUV in dieser Frage offen und funktional formuliert: Dem Wortlaut der Norm ist keine sachliche Beschränkung auf materiell-rechtliche Bestimmungen zu entnehmen, sondern nur das Erfordernis eines funktionalen Bezugs zum Funktionieren des Binnenmarktes. Die Ansicht, dass der Binnenmarktkompetenztitel nur materielle Rechtsetzung und keine Organisationsvorgaben zulasse, ist daher abzulegen.

Die Organisationsform, in der das Binnenmarktrecht behördlich vollzogen wird, kann durchaus Auswirkungen auf die Effektivität des Normvollzugs haben. Der funktionale Bezug der Organisationsvorgaben in der Unabhängigkeits-RL zum Binnenmarkt ist demnach gegeben. Die Gesetzgebungskompetenz der EU ist gegeben.“

Analyse der Lösung: **108**

- Der erste Absatz nimmt den Sachverhalt und die Kompetenzsystematik der Verträge (Prinzip der begrenzten Einzelermächtigung) im ersten Satz jeweils ganz kurz in Bezug und erläutert dadurch, warum das Bestehen einer Gesetzgebungskompetenz der Europäische Union überhaupt fraglich ist und im Gutachten geprüft werden muss. Der zweite Satz benennt die Norm, an Hand derer die Prüfung erfolgen soll.
- Der zweite Absatz entwickelt und benennt das aus dem Sachverhalt abgeleitete Rechtsproblem, das an Hand von Art. 114 Abs. 1 S. 2 AEUV in der Klausur gelöst werden muss (Organisationsvorgaben als Binnenmarktregelung?).
- Mit Blick auf dieses fallbezogene Rechtsproblem ist der dritte Absatz der Klausurlösung nun der Normauslegung an Hand von Wortlaut und Systematik gewidmet. Da die Normauslegung strittig ist und es für unterschiedliche Norminterpretationen jeweils Argumente geben könnte, wird die Norminterpretation zu einem (Zwischen-)Ergebnis geführt.
- Der vierte Absatz geht jetzt wieder auf den Sachverhalt (Organisationsvorgaben in der Unabhängigkeits-RL) zurück und unternimmt den abschließenden Subsumtionsschritt: Organisationsvorgaben haben Binnenmarktbezug, können also auf Art. 114 Abs. 1 S. 2 AEUV gestützt werden.

Teil B. Fälle und Musterlösungen

I. Fälle für das Grundstudium

Fall 1. Technische Fraktionen im Europäischen Parlament

Sachverhalt[28]

Eine Reihe von Mitgliedern des Europäischen Parlaments hat gegenüber der Parlamentspräsidentin die Bildung der „Technischen Fraktion der unabhängigen Abgeordneten (TDI) – gemischte Fraktion" erklärt. Die fraglichen Parlamentsmitglieder gehören unterschiedlichen Parteien an, die keine gemeinsamen politischen Ziele verfolgen. Als Fraktionsmitglieder wollen sie inhaltlich auch nicht zusammenarbeiten. In den dem Schreiben beigefügten „Gründungsbestimmungen" der TDI-Fraktion heißt es dementsprechend:

„Die einzelnen unterzeichnenden Mitglieder bestätigen einander gegenseitig ihre völlige politische Unabhängigkeit. Daraus folgt:
– freie Stimmabgabe in den Ausschüssen und im Plenum,
– jedes Mitglied enthält sich, im Namen der Gesamtheit der Fraktion zu sprechen,
– die Sitzungen der Fraktion dienen nur dazu, die Redezeit aufzuteilen und alle Verwaltungs- und Finanzfragen, die die Fraktion betreffen, zu regeln."

Der Zweck der Gründung der TDI-Fraktion soll darin bestehen, jedem Mitglied die volle Ausübung seines parlamentarischen Mandats zu gewährleisten. Denn nach der Geschäftsordnung des Europäischen Parlaments (im Folgenden: GO) können zahlreiche Initiativrechte im parlamentarischen Verfahren nur von einer Fraktion oder von einer Anzahl von Parlamentarierinnen und Parlamentariern ergriffen werden, die der Mindeststärke einer Fraktion entspricht. Dazu gehören Vorschlagsrechte für Wahl des Parlamentspräsidiums, das Recht zur Beantragung von Debatten, das Vorschlagsrecht für das Vorgehen des Parlaments im Gesetzgebungsverfahren und anders mehr. Zudem erhalten Fraktionen finanzielle Zuwendungen, die deutlich über die Sekretariatsausstattung fraktionsloser Abgeordneter nach Art. 36 Nr. 1 GO hinausgehen.

Die Parlamentspräsidentin hält die Bildung dieser Fraktion mangels politischer Zusammengehörigkeit ihrer Mitglieder für unzulässig und befasst das Plenum mit der Erklärung zur Gründung der TDI-Fraktion. Das Parlament fasst daraufhin darauf mit Mehrheit folgenden Beschluss über die Auslegung seiner Geschäftsordnung: „Nach Art. 33 GO ist die Bildung einer Fraktion unzulässig, die offen jeden politischen Charakter und jede politische Zusammengehörigkeit zwischen ihren Bestandteilen verneint." Parlamentspräsidium und Parlamentsverwaltung behandeln die fraglichen Abgeordneten dementsprechend in der Folgezeit nicht als Fraktion.

Die Abgeordneten, die sich ihrer Auffassung nach wirksam zur TDI-Fraktion zusammengeschlossen haben, erheben vor dem Gericht Nichtigkeitsklage mit dem

[28] Fall nach EuG v. 2.10.2001, T-222/99, T-327/99 und T-329/99.

Antrag, den Beschluss des Parlaments über die Auslegung der Geschäftsordnung für nichtig zu erklären. Diese Auslegung widerspreche dem Wortlaut der Geschäftsordnung, diskriminiere sie als fraktionslose Abgeordnete mit minderen Rechten und verstoße gegen ihr Grundrecht auf Vereinigungsfreiheit. Das Parlament hält die Klage demgegenüber bereits für unzulässig: Der Parlamentsbeschluss über die Auslegung der Geschäftsordnung sei abstrakt-genereller Natur, betreffe allein die innere Organisation des Parlaments, erzeuge keine Rechtswirkungen gegenüber Dritten und sei daher nicht justiziabel.

Hat die Klage Aussicht auf Erfolg?

Bearbeitungshinweis: Die Satzung des Gerichtshofs der Europäischen Union enthält keine Bestimmungen, die für den fraglichen Fall relevant wären, so dass die Gerichtszuständigkeit nach Art. 256 AEUV zu bestimmen ist.

Auszug aus der Geschäftsordnung des Europäischen Parlaments:

„Artikel 33. Konstituierung und Auflösung der Fraktionen

1. Die Mitglieder können ihrer politischen Zugehörigkeit entsprechende Fraktionen bilden.
2. Jeder Fraktion müssen Mitglieder angehören, die in mindestens einem Viertel der Mitgliedstaaten gewählt wurden. Zur Bildung einer Fraktion bedarf es mindestens 23 Mitglieder.
4. Ein Mitglied kann nur einer Fraktion angehören.
5. Die Bildung einer Fraktion muss gegenüber dem Präsidenten erklärt werden.

Artikel 36. Fraktionslose Mitglieder

1. Mitgliedern, die keiner Fraktion angehören, steht ein Sekretariat zur Verfügung. Die Einzelheiten in Bezug auf die Zurverfügungstellung solcher Sekretariate bestimmt das Präsidium auf Vorschlag des Generalsekretärs.
2. Das Präsidium regelt die Stellung und die parlamentarischen Rechte fraktionsloser Mitglieder."

Hinweis zu Art. 33 ff. der Geschäftsordnung des Europäischen Parlaments: In den meisten anderen Sprachfassungen der Geschäftsordnung steht für „Fraktion" der Ausdruck *„political group", „groupe politique"* etc. (wörtlich: „politische Gruppe").

Vorüberlegungen und Anforderungsprofil

Der Fall ist als Einstiegsfall nicht ganz ohne, aber doch von überschaubarer Schwierigkeit. Er behandelt eine typische Konstellation eines Organstreits; dabei handelt es sich um eine häufiger vorkommende Fallkonstellation in organisationsrechtlichen Klausuren. Prozessual gibt es im EU-Prozessrecht kein eigenständiges Organstreitverfahren wie vor dem Bundesverfassungsgericht, so dass die Klage als Nichtigkeitsklage zu führen ist. Von den zwei prozessualen Problemen der Zulässigkeitsprüfung ist das erste Problem ein allgemeines, nicht fallspezifisches Problem: nämlich die im Ergebnis zu bejahende Frage, ob auch Intraorganstreitigkeiten prozessual möglich sind, auch wenn nach Art. 263 Abs. 1 AEUV nur Handlungen mit Rechtswirkungen gegenüber Dritten Klagegegenstand sein können (dazu A. II.). Das zweite Zulässigkeitsproblem ist fallspezifisch: nämlich die Frage, ob der angegriffene Parlamentsbeschluss trotz seiner abstrakt-generellen Formulierung die klagenden Parlamentsmitglieder unmittelbar und individuell betrifft, wie Art. 263 Abs. 4 AEUV es voraussetzt (dazu A. III.).

Materiell-rechtlich geht es im Fall um zentrale Fragen des Parlamentsrechts: den Status von Abgeordneten, die Funktion von Fraktionen, die Organisationsgewalt des Parlaments in eigenen Angelegenheiten. Um den Charakter des Falles als Einstiegsfall zu wahren, sind die Ausführungen hierzu in der Lösung knapp gehalten. Zur Struktur und Arbeitsweise des Europäischen Parlaments wird man in Klausuren ohnehin keine Detailkenntnisse verlangen können. Da eine recht hohe strukturelle Analogie zwischen der Arbeitsweise von Deutschem Bundestag und Europäischem Parlament besteht, lassen sich viele Erkenntnisse aus dem deutschen Verfassungsrecht übertragen.[29]

Gliederung

Lösung

A. Zulässigkeit der Nichtigkeitsklage

I. Statthaftigkeit der Nichtigkeitsklage

Die Nichtigkeitsklage ist gemäß Art. 263 AEUV statthaft.[30] Zuständig für Nichtigkeitsklagen ist im ersten Rechtszug grundsätzlich das Gericht (EuG), Art. 256 Abs. 1 AEUV, soweit nicht die Satzung die Zuständigkeit dem Gerichtshof (EuGH) vorbehält. Da dies vorliegend nicht der Fall ist, verbleibt es bei der Zuständigkeit des Gerichts. 1

[29] Zur Arbeitsweise der Parlamente: *Sydow/Wittreck,* Dt. u. Eur. VerfR I, Rn. 9/49 ff., 77.

[30] Zu den Zulässigkeitsvoraussetzungen der Nichtigkeitsklage: *Sydow/Wittreck,* Dt. u. Eur. VerfR I, Rn. 17/55 ff., *Mächtle,* JuS 2015, 28 ff.; zur Übung: *Schuster,* JuS 2019, 39 ff., *Kühling/Drechsler,* JuS 2017, 335 ff.

Vertiefungshinweis: An diesem Fall sieht man, dass die Funktionentrennung zwischen EuG und EuGH nicht einem einfachen Schema folgt, nach dem verfassungsrechtliche Streitigkeiten stets vor dem EuGH ausgetragen würden, auch wenn dies vielfach der Fall ist. Die Gerichtshofssatzung weist nämlich bestimmte Nichtigkeitsklagen dem EuGH zu. Das Kriterium dafür ist allerdings nicht die materielle Qualifizierung des Verfahrens als verfassungsrechtliche Streitigkeit, sondern die Klägerin oder der Kläger des konkreten Verfahrens: Nichtigkeitsklagen von Mitgliedstaaten werden beispielsweise stets vor dem EuGH ausgetragen (Beispiel für Nichtigkeitsklagen vor dem EuGH: → Fälle 2, 6, 8 und 9). Für Klagen natürlicher Personen enthält die Satzung demgegenüber keine Zuweisung an den EuGH, so dass es bei der Grundregel der EuG-Zuständigkeit nach Art. 256 Abs. 1 AEUV bleibt. Dass die klagenden Parlamentsmitglieder im vorliegenden Fall nicht als Privatpersonen um ihre Rechte, sondern als Organmitglieder eines EU-Organs um ihre Organkompetenzen streiten, ändert daran nichts: Das EU-Prozessrecht behandelt sie trotzdem als natürliche Personen.

II. Klagegegenstand

2 Klagegegenstand können nach Art. 263 Abs. 1 AEUV u. a. Handlungen des Europäischen Parlaments mit Rechtswirkungen gegenüber Dritten sein. Hier kommt allein dessen Beschluss über die Auslegung seiner Geschäftsordnung in Betracht. Es handelt sich um eine Handlung des Parlaments, bei der allerdings fraglich ist, ob sie Rechtswirkungen gegenüber Dritten hat. Es könnte sich – so die Auffassung des Parlaments – auch um eine Handlung handeln, die lediglich Binnenwirkungen innerhalb des Parlaments hat und allein dessen interne Organisation betrifft. Der Parlamentsbeschluss betrifft die Möglichkeiten von Parlamentsmitgliedern, sich zu Fraktionen zusammenzuschließen. Die Parlamentarierinnen und Parlamentarier nehmen auf Grund ihrer Wahl ein demokratisch legitimiertes Mandat wahr, das sie mit einer eigenen Rechtsposition ausstattet, die von den Gesamtkompetenzen des Parlaments zu unterscheiden ist. Sie sind deshalb im Verhältnis zum Parlament als Dritte im Sinne von Art. 263 Abs. 1 AEUV anzusehen.[31] Der Parlamentsbeschluss ist also tauglicher Klagegenstand einer Nichtigkeitsklage.

Vertiefungshinweis: Das EU-Prozessrecht ermöglicht somit nicht nur Organstreitigkeiten zwischen verschiedenen EU-Organen (Interorganstreit), sondern auch innerhalb eines Organs, sofern Organmitgliedern oder Organteilen eigene Kompetenzen zustehen (Intraorganstreit). Das entspricht der Rechtslage für das Organstreitverfahren nach Art. 93 Abs. 1 Nr. 1 GG vor dem Bundesverfassungsgericht. Rechtsvergleichend ist es durchaus nicht zwingend, dass Intraorganstreitigkeiten gerichtlich geklärt werden können: Nach britischem Recht ist beispielsweise das gesamte parlamentarische Verfahren nicht justiziabel. Eine Klage wie im vorliegenden Fall wäre dort tatsächlich unzulässig.

III. Klageberechtigung der klagenden Parlamentsmitglieder

3 Als Parlamentsmitglieder können die Klägerinnen und Kläger nur als nichtprivilegierte Kläger nach Art. 263 Abs. 4 AEUV Nichtigkeitsklage erheben. Das setzt voraus, dass die angegriffene Handlung sie unmittelbar und individuell betrifft.[32] Das ist beim Parlamentsbeschluss über die Auslegung seiner Geschäftsordnung fraglich. Denn dem Wortlaut des angegriffenen Parlamentsbeschlusses nach handelt es sich tatsächlich nur um eine abstrakt-generelle Festlegung, wie das Par-

[31] EuG v. 2.10.2001, T-222/99, T-327/99 und T-329/99, Rn. 47 ff., insb. Rn. 59 ff. (damals am Maßstab des Art. 230 EG-Vertrag, der dem heutigen Art. 263 AEUV entspricht).

[32] Das Parlament hatte im Verfahren vor dem EuG vorgetragen, die angefochtene Handlung existiere nicht, so dass auch das EuG diese Problematik teilweise auch unter dem Aspekt der Inexistenz der angefochtenen Handlung abgehandelt hat: EuG v. 2.10.2001, T-222/99, T-327/99 und T-329/99, Rn. 25 ff.; zur unmittelbaren Betroffenheit der Klägerinnen und Kläger dann Rn. 64 ff.

lament seine eigene Geschäftsordnung auslegen möchte. Danach könnte es an der unmittelbaren und individuellen Betroffenheit der Klägerinnen und Kläger fehlen.

Der Parlamentsbeschluss ist indes aus einem ganz bestimmten Anlass heraus – der Gründungserklärung der TDI-Fraktion – gefasst worden. Zudem hat der Parlamentsbeschluss unmittelbare Rechtswirkungen auch nur in Bezug auf die Mitglieder der TDI-Fraktion, denen auf Grund des Parlamentsbeschlusses in der Folgezeit die Behandlung als Fraktion verweigert worden ist. Die entsprechende Praxis der Parlamentsverwaltung beruht unmittelbar auf dem Auslegungsbeschluss des Parlaments; weitere Umsetzungsakte, die diesen Auslegungsbeschluss auf die TDI-Fraktion hin konkretisiert hätten, gab es in der Folgezeit nicht. Das Parlament hat demnach mit dem Beschluss über die Auslegung seiner Geschäftsordnung zugleich auch eine negative Entscheidung über die Erklärung der Bildung der TDI-Fraktion getroffen. Würde man dies anders sehen, entstünde eine Rechtsschutzlücke. Ungeachtet seines abstrakt-generellen Wortlauts betrifft der Parlamentsbeschluss daher die Mitglieder der TDI-Fraktion unmittelbar und individuell. 4

IV. Klagegründe

Die Klägerinnen und Kläger müssen einen der in Art. 263 Abs. 2 AEUV benannten Klagegründe vortragen. In Betracht kommen eine Verletzung der Verträge und eine Verletzung der Geschäftsordnung des Parlaments. Ob sie tatsächlich verletzt sind, ist eine Frage der Begründetheit der Klage. 5

V. Zwischenergebnis

Die Nichtigkeitsklage ist zulässig. 6

B. Begründetheit der Nichtigkeitsklage

I. Verstoß gegen die Geschäftsordnung durch Statuierung eines in der Geschäftsordnung nicht enthaltenen Zusatzkriteriums für die Fraktionsbildung

Der angegriffene Parlamentsbeschluss könnte auf einer fehlerhaften Auslegung der Geschäftsordnung beruhen und damit nach Art. 263 Abs. 2 AEUV auf einer Verletzung der bei der Anwendung der Verträge anzuwendenden Rechtsnorm. Das wäre der Fall, wenn der Parlamentsbeschluss mit dem Kriterium der politischen Zusammengehörigkeit eine zusätzlich einschränkende, in der Geschäftsordnung nicht angelegte Restriktion für die Fraktionsgründung aufstellt. 7

Bereits Art. 33 Nr. 1 GO spricht aber davon, dass die Fraktionen der politischen Zugehörigkeit ihrer Mitglieder entsprechen muss. Gestützt wird dies zusätzlich vom englischen und französischen Wortlaut der Geschäftsordnung, die für „Fraktion“ Begrifflichkeiten enthält, die sich als „politische Gruppe“ übersetzen lassen. Auch dies spricht dagegen, dass eine Fraktion eine rein technische Zusammenfassung ohne politischen Gehalt sein kann. Neben dem Wortlaut ist die Norm auch teleologisch auszulegen. Die Geschäftsordnung fördert die Gründung von Fraktionen finanziell und durch Zuerkennung von Rechten, weil die Fraktionen die parlamentarische Arbeit vorstrukturieren und sie die Entscheidungsfindung damit erleich- 8 tern. Eine rein technische Fraktion kann diese Funktion aber nicht erfüllen und verfehlt damit den Zweck, um dessen willen die Geschäftsordnung die Fraktionsbildung ermöglicht und fördert. Demnach hat das Parlament mit dem angegriffenen Beschluss die Geschäftsordnung nicht fehlerhaft ausgelegt, sondern in zutreffender und zulässiger Weise konkretisiert.

II. Verletzung der Gleichheit der Abgeordneten

9 Der Beschluss des Parlaments könnte die Abgeordneten, die sich zum TDI-Fraktion zusammenschließen wollten, gegenüber fraktionsangehörigen Abgeordneten diskriminieren, weil sie als fraktionslose Abgeordnete nunmehr geringere Mitwirkungschancen im Parlament haben. Allgemeiner formuliert könnten durch den Auslegungsbeschluss Parlamentsmitglieder diskriminiert werden, die mangels politischer Übereinstimmung mit anderen Parlamentsmitgliedern nicht die Möglichkeit haben, die an den Fraktionsstatus gebundenen, gesteigerten Mitwirkungsrechts auszuüben.

10 Der Grundsatz der Gleichheit der Abgeordneten ergibt sich aus ihrer Wahl durch die Unionsbürgerinnen und Unionsbürger nach Art. 14 Abs. 2, Abs. 3 EUV. Er wird durch Zuerkennung bestimmter Rechte nur an Fraktionen berührt; dies kann aber gerechtfertigt sein, wenn dadurch die Funktionsfähigkeit des Parlaments gesichert wird, die ihrerseits ein legitimes Ziel darstellt. Das Parlament kann daher auf Grund seiner internen Organisationsgewalt geeignete Maßnahmen ergreifen, um sein ordnungsgemäßes Funktionieren und die Durchführung seiner Verfahren sicherzustellen. Die Strukturierung des Parlaments in Fraktionen, denen politisch zusammengehörige Abgeordnete angehören, erscheint als geeignete Maßnahme für die wirksame Organisation der Tätigkeit und der Verfahren dieses Gemeinschaftsorgans, um insbesondere die Formulierung gemeinsamer politischer Auffassungen und die Erzielung von Kompromissen zu ermöglichen. Daher erfüllt eine Fraktion im Sinne von Art. 33 GO eine Funktion, die eine Fraktion aus politisch nicht zusammengehörigen Abgeordneten nicht erfüllen könnte.[33]

III. Verletzung der Vereinigungsfreiheit

11 Die klagenden Parlamentsmitglieder rügen einen Verstoß gegen das Grundrecht der Vereinigungsfreiheit, wie es in Art. 11 EMRK und Art. 12 GRCh niedergelegt ist. Zu klären ist, ob Grundrechte für die vorliegende Fallkonstellation überhaupt anwendbar sind. Grundrechte dienen dem Freiheitsschutz von Bürgerinnen und Bürgern. Sie sind kein Organisationsprinzip für die innere Organisation von Organen des Staates oder der EU.[34] Die interne Organisation des Parlaments und die Rechte von Parlamentarierinnen und Parlamentariern bestimmen sich daher nicht nach Maßgabe der Grundrechte; sie sind auf die vorliegende Fallkonstellation nicht anwendbar.[35]

---

[33] EuG v. 2.10.2001, T-222/99, T-327/99 und T-329/99, Rn. 144, 146.

[34] Zu Grundrechten als Prinzipien: *Petersen,* Dt. u. Eur. VerfR II, Rn. 1/36 ff.

[35] Die fehlende Anwendbarkeit der Grundrechte ist vom EuG mit starker Tendenzaussage ebenso gesehen, allerdings letztlich nicht entschieden worden, weil eventuelle Eingriffe im Falle der Anwendbarkeit der Grundrechte jedenfalls gerechtfertigt wären, EuG v. 2.10.2001, T-222/99, T-327/99 und T-329/99, Rn. 232.

C. Ergebnis

Die zulässige Nichtigkeitsklage ist nicht begründet. Die Klage hat keine Aussicht auf Erfolg. 12

Fall 2. Tagungsort des Europäischen Parlaments

Sachverhalt[36]

Das Europäische Parlament hat – wie üblich – vor Jahresbeginn seinen Sitzungskalender für das laufende Jahr beschlossen. Darin hat es festgelegt, dass vom 24. bis 27. Oktober, vom 21. bis 24. November und vom 12. bis 15. Dezember jeweils ordentliche Plenartagungen in Straßburg sowie am 30. November und 1. Dezember eine zusätzliche Plenartagung in Brüssel stattfinden sollen.

Während der ordentlichen Plenartagung vom 24. bis 27. Oktober in Straßburg fand im Parlament eine Aussprache über den von der Kommission am 1. September gemäß Art. 314 Abs. 2 AEUV vorgelegten Entwurf des Haushaltsplans für das kommende Jahr statt. In deren Rahmen hat das Parlament Änderungen am Haushaltsentwurf verlangt. Das daraufhin nach Art. 314 Abs. 4–6 AEUV durchgeführte Vermittlungsverfahren führte am 17. November zu einer Einigung mit dem Rat über einen gemeinsamen Entwurf (Vermittlungsvorschlag). Die Kommission hat diesen Vermittlungsvorschlag in technischer Hinsicht überarbeitet, um ihn in Haushalts-und Rechtsbegriffe umzusetzen. Der so überarbeitete gemeinsame Entwurf des Haushaltsplans wurde Parlament und Rat am Nachmittag des 24. November übermittelt. Der Rat billigte den gemeinsamen Entwurf unmittelbar.

Das Parlament setzte die Aussprache und Abstimmung über den gemeinsamen Entwurf auf die Tagesordnung der Plenartagung, die am 30. November und 1. Dezember in Brüssel stattfand. Dort billigte auch das Parlament am 1. Dezember nach Art. 314 Abs. 7 lit. a) AEUV den gemeinsamen Entwurf des Haushaltsplans mit einer legislativen Entschließung. Am selben Tag stellte daraufhin der Präsident des Parlaments gemäß Art. 314 Abs. 9 AEUV in der Plenarsitzung fest, dass der Jahreshaushaltsplan für das kommende Haushaltsjahr endgültig erlassen sei.

Die Französische Republik erhebt form- und fristgerecht vor dem EuGH Nichtigkeitsklage gegen
1. die Billigung des Haushaltsplans durch die legislative Entschließung des Parlaments vom 1. Dezember,
2. die Feststellung des endgültigen Erlasses des Haushaltsplans durch den Präsidenten des Parlaments vom 1. Dezember.

Die Französische Republik trägt vor, der Ablauf der Haushaltsberatungen verstoße gegen das Protokoll über die Sitze der Organe. Das Parlament müsse die Haushaltsberatungen komplett in Straßburg durchführen und seine Sitzungen dort so terminieren, dass dies möglich sei. Jedenfalls der Parlamentspräsident hätte mit seiner Feststellung nach Art. 314 Abs. 9 AEUV ohne Weiteres bis zur nächsten Straßburger Plenartagung am 12. Dezember warten können. Das Parlament macht geltend,

[36] Fall nach EuGH v. 2.10.2018, C-73/17.

der Begriff „Haushaltstagung" sei dahin auszulegen, dass er sich auf eine einzige spezifische Plenartagung beziehe, nämlich die Tagung, während der das Parlament zum ursprünglichen Haushaltsentwurf Änderungen vorschlage. Im Übrigen solle man das Protokoll über die Sitze der Organe auch nicht verabsolutieren. Denn das Parlament müsse in der Lage sein, seine Haushaltsbefugnisse adäquat wahrzunehmen. Man könne vorab nicht wissen, ob ein Vermittlungsverfahren stattfinden und ob es die Höchstdauer von 21 Tagen nach Art. 314 Abs. 5 AEUV in Anspruch nehmen werde. Es sei praktisch weder durchführbar noch dem Parlament zuzumuten, auf jeden möglichen Ablauf der Haushaltsberatungen mit kurzfristig in Straßburg anzusetzenden Plenartagungen zu reagieren.

Hat die Klage Aussicht auf Erfolg?

Auszug aus dem Protokoll über die Festlegung der Sitze der Organe, das den Unionsverträgen als Protokoll i. S. v. Art. 51 EUV beigefügt ist:

„Das Europäische Parlament hat seinen Sitz in Straßburg; dort finden die 12 monatlichen Plenartagungen einschließlich der Haushaltstagung statt. Zusätzliche Plenartagungen finden in Brüssel statt. Die Ausschüsse des Europäischen Parlaments treten in Brüssel zusammen. Das Generalsekretariat des Europäischen Parlaments und dessen Dienststellen verbleiben in Luxemburg."

Auszug aus der Satzung des Gerichtshofs der Europäischen Union:

„**Art. 51 Abs. 1.** Abweichend von der in Art. 256 Abs. 1 AEUV vorgesehenen Regelung sind dem Gerichtshof die Klagen gemäß den Artikeln 263 und 265 AEUV vorbehalten, die von einem Mitgliedstaat gegen eine Handlung oder wegen unterlassener Beschlussfassung des Europäischen Parlaments oder des Rates oder dieser beiden Organe in den Fällen, in denen sie gemeinsam beschließen, erhoben werden, …"

Vorüberlegungen und Anforderungsprofil

Weder das Haushaltsverfahren nach Art. 314 AEUV noch der Inhalt des Protokolls über die Festlegung der Sitze der Organe gehören zum üblichen europarechtlichen Prüfungsstoff oder sind Gegenstand europarechtlicher Vorlesungen; somit sind keinerlei Kenntnisse hierzu zu erwarten. Die Beschäftigung mit dem Fall erfordert es also, die im Sachverhalt benannte zentrale Norm erst einmal in Ruhe durchzulesen und sich in die Verfahrensabläufe einzudenken. Das erfordert eine gewisse Zeit, bevor man mit der Lösung der Rechtsprobleme und der Niederschrift der Lösung beginnen kann. Bei einer vernünftig konzipierten Klausuraufgabe sollte diese Zeit für die Festlegung der Bearbeitungszeit mit eingerechnet sein.

In der Sache geht es in diesem Fall vor allem darum, die Kompetenz im Umgang mit unbekannten europarechtlichen Vorschriften zu schulen. Dafür sind Kenntnisse der juristischen Methodik auf den konkreten Sacherhalt anzuwenden, um eigenständig zu einer Lösung zu kommen (zur Auslegung unionsrechtlicher Normen → Einführung/19 ff.). Prozessual weist die Nichtigkeitsklage in diesem Fall keine besonderen Schwierigkeiten auf; der Schwerpunkt des Falles liegt eindeutig in der Begründeheitsprüfung.

Gliederung

Lösung

A. Zulässigkeit der Nichtigkeitsklage

I. Statthaftigkeit der Nichtigkeitsklage

1 Die Nichtigkeitsklage ist gemäß Art. 263 AEUV statthaft.[37] Zuständig ist im ersten Rechtszug grundsätzlich das Gericht, Art. 256 Abs. 1 AEUV, soweit nicht die Satzung die Zuständigkeit dem Gerichtshof vorbehält. Dies ist durch Art. 51 Abs. 1 Gerichtshofs-Satzung für Klagen eines Mitgliedstaats gegen Handlungen europäischer Organe geschehen. Da die Französische Republik klagt, ist die Zuständigkeit des Gerichtshofs (EuGH) begründet.

[37] Zu den Zulässigkeitsvoraussetzungen der Nichtigkeitsklage: *Sydow/Wittreck,* Dt. u. Eur. VerfR I, Rn. 17/55 ff., *Mächtle,* JuS 2015, 28 ff.

Hinweis zur Terminologie: Die hier anzuwendenden Normen kann man nur auf der Basis des Art. 19 Abs. 1 EUV verstehen (Normtext gründlich lesen; siehe bereits → Einführung/53 und Fall 1/9). Danach ist der „Gerichtshof der Europäischen Union" eine Zusammenfassung mehrerer organisatorisch selbständiger Gerichte: des „Gerichts" (EuG) und des „Gerichtshofs" (EuGH). In Art. 19 Abs. 1 EUV prinzipiell vorgesehene Fachgerichte bestehen zur Zeit nicht.

II. Klagegegenstände

Klagegegenstand können nach Art. 263 Abs. 1 AEUV u.a. Handlungen des Europäischen Parlaments sein, hier dessen legislative Entschließung vom 1. Dezember über den Haushalt und die Feststellung des endgültigen Erlasses des Haushaltsplans durch dessen Präsidenten. 2

III. Klageberechtigung der Französischen Republik

Als Mitgliedstaat gehört die Französische Republik nach Art. 263 Abs. 2 AEUV zum Kreis der Kläger, die ohne weitere Voraussetzungen Nichtigkeitsklage erheben können (privilegierte Kläger). 3

IV. Klagegründe

Die Klägerin muss einen der in Art. 263 Abs. 2 AEUV benannten Klagegründe vortragen, wobei insbesondere eine Verletzung der Verträge in Betracht kommt. Die Französische Republik rügt indes eine Verletzung des Protokolls über die Sitze der Organe. Da aber dieses Protokoll nach Art. 51 EUV Vertragsbestandteil ist, kommt dessen mögliche Verletzung als Klagegrund in Betracht. 4

V. Zwischenergebnis

Die Nichtigkeitsklage ist zulässig. 5

B. Begründetheit der Nichtigkeitsklage

Die Nichtigkeitsklage der Französischen Republik ist begründet, wenn die legislative Entschließung des Parlaments vom 1. Dezember oder die endgültige Feststellung des Haushaltsplans durch dessen Präsidenten die Unionsverträge verletzen. 6

Aufbauhinweis: Beide Handlungen (Klagegegenstände) sind grundsätzlich getrennt zu betrachten. Da sich die anzulegenden Prüfungsmaßstäbe decken, können sie gemeinsam entwickelt werden (bis einschließlich B.III.2.). Erst bei der Anwendung der Maßstäbe auf den konkreten Fall ist zwischen der legislativen Entschließung des Parlaments (B.III.3) und der Feststellung des Präsidenten (B.III.4.) zu trennen.

I. Prüfungsmaßstab

Das Protokoll über die Festlegung der Sitze der Organe ist den Unionsverträgen als Protokoll i.S. v. Art. 51 EUV beigefügt. Es ist damit Bestandteil der Verträge und steht in deren Rang als Primärrecht. Es ist deshalb als Prüfungsmaßstab für die Handlungen der Organe der Union – hier im Rahmen der Haushaltsberatungen nach Art. 314 AEUV – heranzuziehen. 7

II. Verstoß gegen das Protokoll über die Sitze der Organe

8 Das Parlament könnte durch seine Tagungen und Beratungen und der Parlamentspräsident könnte durch seine Feststellung, dass der Haushaltsplan erlassen sei, jeweils gegen das Protokoll über die Sitze der Organe verstoßen haben, indem sie rechtserhebliche Schritte der Haushaltsberatungen in Brüssel durchgeführt haben. Dem könnte die Festlegung des Protokolls entgegenstehen, die Haushaltstagung in Straßburg durchzuführen.

1. Auslegung nach Wortlaut

9 Das Protokoll spricht von Haushaltstagung im Singular. Damit ist fraglich, ob den Anforderungen des Protokolls bereits genügt ist, wenn eine einzelne oder eine bestimmte Plenartagung über den Haushalt in Straßburg stattfindet – beispielsweise die erste Beratung – oder ob dem Protokoll die Anforderung zu entnehmen ist, dass die Haushaltsberatungen insgesamt in Straßburg stattfinden müssen. Durch den Wortlaut des Protokolls allein lässt sich dies nicht endgültig entscheiden, weil das Protokoll mit der Singularfassung auf Annahmen zu beruhen scheint, die mit dem Haushaltsverfahren nicht in Übereinstimmung zu bringen sind. Denn nach Art. 314 AEUV kann es sein, dass das Parlament mehrmals und angesichts der in diesem Artikel vorgesehenen Termine und Fristen während verschiedener Plenartagungen über den Jahreshaushaltsplan der Union entscheiden muss.[38]

2. Auslegung nach Telos

10 Es könnte nun sein, dass das Protokoll mit dem Singular „Haushaltstagung" insgesamt alle Verfahrensschritte zur Verabschiedung eines Haushalts meint. Ob dies der Fall ist, ist mit Blick auf die Funktion der Haushaltsberatungen zu bestimmen. Die Ausübung der Haushaltszuständigkeit des Parlaments ist ein grundlegendes Element des demokratischen Lebens der Union und bedarf insbesondere einer öffentlichen Erörterung in einer Plenarsitzung, die es den Unionsbürgerinnen und Unionsbürgern ermöglicht, von den unterschiedlichen zum Ausdruck gebrachten politischen Ausrichtungen Kenntnis zu nehmen und sich damit eine politische Meinung über die Handlungen der Union zu bilden. Mangels Konkretisierung im Protokoll ist der Begriff „Haushaltstagung" somit als Bezugnahme auf alle Plenartagungen, während derer das Parlament seine Haushaltsbefugnisse ausübt, und auf alle Handlungen zu verstehen, die dieses Organ zu diesem Zweck erlässt.[39]

11 Zudem kommt der Ausübung der Haushaltsbefugnisse[40] durch das Parlament in der Plenarsitzung eine besondere Bedeutung sowohl für die Transparenz (Art. 1 Abs. 2 EUV, Art. 10 Abs. 3 S. 2 EUV, Art. 15 Abs. 1 AEUV) als auch die demokratische Legitimation aller Handlungen der Union zu, die auf dem jährlichen Haushaltsplan beruhen.[41] Beides kann nicht allein durch die erste Lesung des Haushaltsentwurfs im Rahmen des Haushaltsverfahrens nach Art. 314 AEUV gewährleistet werden, wenn das Parlament in dieser Abänderungen an dem Entwurf beschließt.

[38] EuGH v. 2.10.2018, C-73/17, Rn. 31.
[39] EuGH v. 2.10.2018, C-73/17, Rn. 32.
[40] Einführend zu den Haushaltsbefugnissen: *Sydow/Wittreck,* Dt. u. Eur. VerfR I, Rn. 9/14.
[41] EuGH v. 2.10.2018, C-73/17, Rn. 34.

Denn das sich anschließende Vermittlungsverfahren kann zu wesentlichen Änderungen des Entwurfs des Haushaltsplans führen, die vom Parlament in der ersten Lesung nicht geprüft worden sind und auch nicht Gegenstand einer öffentlichen Erörterung im Vermittlungsausschuss waren.[42]

Unter diesen Voraussetzungen umfasst der Begriff „Haushaltstagung" im Protokoll über die Sitze der Organe nicht nur die ordentliche Plenartagung, die der Prüfung des Entwurfs des Haushaltsplans in erster Lesung gewidmet ist, sondern auch die zweite Lesung gemäß Art. 314 Abs. 6 AEUV, die eine öffentliche Aussprache und Abstimmung in Plenarsitzung über den gemeinsamen Entwurf des Jahreshaushaltsplans sicherstellt, der sich aus dem Vermittlungsverfahren ergeben hat.[43] 12

3. Zwischenergebnis

Demzufolge gebietet das Protokoll grundsätzlich die Durchführung sämtlicher Haushaltstagungen in Straßburg. 13

III. Rechtfertigung der Abweichung vom Protokoll über den Sitz: Herstellung praktischer Konkordanz mit den Anforderungen der Haushaltsberatungen

1. Art. 314 AEUV als gleichrangige Primärrechtsvorgabe für die Verfahrensgestaltung

Dem Gebot aus dem Protokoll über die Sitze der Organe könnten indes Anforderungen an die Durchführung des Haushaltsverfahrens nach Art. 314 AEUV entgegenstehen. Das Protokoll über die Sitze der Organe und Art. 314 AEUV sind rechtlich gleichrangig, so dass die Anforderungen der einen Norm keinen prinzipiellen Vorrang gegenüber der anderen Norm haben können. Die Verpflichtung zur Durchführung der Haushaltsberatungen in Straßburg kann daher eine Einschränkung erfahren, wenn dies für den reibungslosen Ablauf des Haushaltsverfahrens im Sinne von Art. 314 AEUV zwingend erforderlich ist. Die Anforderungen der beiden Normen müssen daher miteinander in Einklang gebracht werden, so dass zwischen ihnen ein angemessenes Gleichgewicht entsteht.[44] Ein Ablauf des Haushaltsverfahrens, der der Beachtung des Protokolls über die Sitze der Organe absoluten Vorrang vor der vollständigen Teilnahme des Parlaments am Haushaltsverfahren gibt, wäre mit diesem Gebot unvereinbar.[45] 14

Das Parlament verfügt dabei über einen Ermessensspielraum, der sich aus den zwingenden Erfordernissen für den reibungslosen Ablauf des Haushaltsverfahrens ergibt.[46] Die gerichtliche Kontrolle beschränkt sich damit auf die Frage, ob das Parlament insofern Ermessensfehler begangen hat, als es einen Teil seiner Haushaltsbefugnisse während einer zusätzlichen Plenartagung in Brüssel ausgeübt hat. 15

Hinweis: Der Begriff „praktische Konkordanz" stammt aus dem deutschen Verfassungsrecht (konkret von *K. Hesse,* Grundzüge des Verfassungsrechts der Bundesrepublik Deutschland). Der EuGH verwen-

[42] EuGH v. 2.10.2018, C-73/17, Rn. 36.
[43] EuGH v. 2.10.2018, C-73/17, Rn. 37.
[44] EuGH v. 2.10.2018, C-73/17, Rn. 42.
[45] EuGH v. 2.10.2018, C-73/17, Rn. 44.
[46] EuGH v. 2.10.2018, C-73/17, Rn. 45.

det diesen Begriff nicht. Die Formulierungen des EuGH („Anforderungen … miteinander in Einklang gebracht werden, so dass zwischen ihnen ein angemessenes Gleichgewicht entsteht") umschreiben aber exakt das, was als Herstellung praktischer Konkordanz zwischen gegenläufigen Verfassungspositionen – hier: Anforderungen aus dem Protokoll einerseits, aus Art. 314 AEUV andererseits – bezeichnet wird.

2. Verfahrensanforderungen aus Art. 314 AEUV als gegenläufige Position zu den Geboten des Protokolls

16 Das Parlament muss die Anforderungen erfüllen können, die ihm Art. 314 AEUV für die Ausübung seiner Haushaltsbefugnisse in Plenarsitzung auferlegt. Es muss dem Parlament also möglich sein, seine Haushaltsberatungen in einer Weise durchzuführen, ohne dass ihm dadurch die Ausübung seiner vertraglich festgelegten Verfahrensrechte praktisch unmöglich gemacht wird.

17 **Hinweis:** Das Haushaltsverfahren des Art. 314 AEUV gehört nicht zum üblichen Prüfungsstoff; irgendwelche Kenntnisse dazu sind nicht zu erwarten. Es geht allein darum, den (leider recht umfangreichen) Normtext des Art. 314 AEUV gründlich zu lesen. Bei dieser Lektüre ist der Norm zu entnehmen, welche Verfahrensrechte das Parlament in welchem Stadium hat bzw. was passiert, wenn es bestimmte Kompetenzen nicht innerhalb der von Art. 314 AEUV bestimmten Fristen wahrnimmt. Tabellarisch wäre der Norminhalt des Art. 314 Abs. 7 AEUV wie folgt zu skizzieren:

Art. 314 Abs. 7 AEUV	Europäisches Parlament	Rat	Rechtsfolge
lit. a)	Stimmt zu	Stimmt zu	Haushaltsplan endgültig erlassen
	Stimmt zu	Kein Beschluss	
	Kein Beschluss	Stimmt zu	
	Kein Beschluss	Kein Beschluss	
lit. b)	Lehnt ab	Lehnt ab	Kommission muss neuen Entwurf vorlegen
	Lehnt ab	Kein Beschluss	
	Kein Beschluss	Lehnt ab	
lit. c)	Lehnt ab	Stimmt zu	Kommission muss neuen Entwurf vorlegen
lit. d)	Stimmt zu	Lehnt ab	Parlament kann mit qualifizierter Mehrheit alleine entscheiden

18 Die in Art. 314 AEUV niedergelegten Termine und Fristen sollen die Annahme des Jahreshaushaltsplans der Union vor dem Ende des Jahres, das dem fraglichen Haushaltsjahr vorausgeht, gewährleisten.[47] Ihre Nichteinhaltung kann gegebenenfalls zur Anwendung von Art. 315 AEUV über den vorläufigen Haushaltsplan führen. Für den Fall, dass das Parlament innerhalb der 14-Tage-Frist aus Art. 314 Abs. 6 AEUV keinen Beschluss über den gemeinsamen Entwurf des Jahreshaushaltplanes fasst und der Rat diesen Entwurf innerhalb dieser Frist ablehnt, ist die Kommission nach Art. 314 Abs. 7 lit. b) AEUV aufgefordert, einen neuen Entwurf für den Haushaltsplan vorzulegen. Dies hat zur Folge, dass das Haushaltsverfahren in einem solchen Fall vollständig wiederholt werden muss.

19 Zudem würde das Parlament, wenn es innerhalb der 14-Tage-Frist keinen Beschluss fasst, seine Prärogative nach Art. 314 Abs. 7 lit. d) AEUV verlieren, die es ihm er-

[47] EuGH v. 2.10.2018, C-73/17, Rn. 38.

möglicht, im Fall der Ablehnung des gemeinsamen Entwurfs des Jahreshaushaltsplans durch den Rat über den Erlass des Haushaltsplans durch eine zusätzliche Abstimmung mit qualifizierter Mehrheit allein zu entscheiden. Schließlich kann der gemeinsame Entwurf des Jahreshaushaltsplans in einem solchem Fall mangels einer Aussprache und einer Abstimmung des Parlaments über diesen innerhalb der in Art. 314 Abs. 6 AEUV niedergelegten Frist von 14 Tagen unter den Voraussetzungen des Art. 314 Abs. 7 lit. a) AEUV durch den Rat allein angenommen werden. Eine ausbleibende Befassung des Parlaments mit dem Entwurf hätte insgesamt Folgen für die Transparenz und die demokratische Legitimation der Handlungen der Union,[48] weshalb es geboten ist, dass das Parlament die ihm nach Art. 314 Abs. 6 AEUV zustehenden Befugnisse ausübt und in einer Plenarsitzung über den Entwurf einen Beschluss fasst.[49]

Folglich ist das Parlament gehalten, der zügigen, fristgerechten Wahrnehmung seiner einzelnen Befugnisse im Haushaltsverfahren eine hohe Bedeutung zuzumessen. Zu klären ist, ob nach diesen Maßstäben im konkreten Fall ein zwingender Grund vorlag, von der grundsätzlich gebotenen Durchführung der gesamten Haushaltsberatungen in Straßburg jedenfalls teilweise abzuweichen. **20**

Hinweis: An dieser Stelle der Klausurlösung wechselt die Argumentationsebene: Bis jetzt sind die abstrakten Maßstäbe erarbeitet worden, die für das Parlament leitend waren. Ab jetzt geht es um die Anwendung dieser Maßstäbe auf den konkreten Fall, also um den Subsumtionsschritt unter die Ausnahmeklausel, die zuvor entwickelt worden ist (kein Zwang zur Tagung in Straßburg, sofern es konkret einen zwingenden Grund gab, einzelne Schritte der Haushaltsberatungen in Brüssel durchzuführen). Die Qualität der Klausurbearbeitung hängt wesentlich von einer überzeugenden argumentativen Herausarbeitung der rechtlichen Maßstäbe ab (also am vorangehenden Klausurteil). **21**
Für die jetzt noch folgenden Abschnitte der Klausurlösung geht es um eine möglichst präzise Sachverhaltsauswertung (was hätte das Parlament bzw. dessen Präsident an welchem Tag tun können, um dem Gebot zu entsprechen, die Haushaltsberatungen komplett in Straßburg durchzuführen?). Es wird für die Klausurbewertung nicht entscheidend sein, wenn – anders als der EuGH und die nachfolgende Lösung – eine Verfahrensgestaltung für möglich und zumutbar erachtet wird, die diesem Erfordernis entsprochen hätte. Dann wäre der zwingende Grund für ein Abweichen vom Protokoll über die Sitze der Organe zu verneinen und die Nichtigkeitsklage dementsprechend für begründet zu erklären.

3. Zwingende Erfordernisse für die Durchführung einer Haushaltsberatung in Brüssel im konkreten Fall

Das Parlament erhielt am Nachmittag des 24. Novembers die finale Fassung des gemeinsamen Entwurfs. Zwar lief zu diesem Zeitpunkt noch eine Plenartagung in Straßburg, in der durch kurzfristige Änderung der Tagesordnung ggfs. noch eine Beratung und Entscheidung über den Haushalt hätte herbeigeführt werden können. Allerdings hätte das den Parlamentariern keine Vorbereitung auf die Haushaltsberatung ermöglicht und somit die Funktion der Beratung unter dem Aspekt von Transparenz und demokratischer Legitimation verfehlt. Das Parlament war daher nicht gehalten, noch am selben Tag eine unmittelbare Beratung des gemeinsamen Entwurfs durchzuführen, sondern durfte die Haushaltsberatung auf die folgende Tagung verschieben. **22**

Andererseits war das Parlament auch nicht gehalten, die Haushaltsberatung erst auf der übernächsten Sitzung durchzuführen, die ab dem 12. Dezember wieder in **23**

[48] Siehe hierzu bereits oben → Rn. 20.
[49] EuGH v. 2.10.2018, C-73/17, Rn. 40.

Straßburg stattfand. Denn dies hätte einen zügigen Abschluss des Haushaltsverfahrens bzw. die Beteiligungsrechte des Parlaments gefährdet. Letzteres insbesondere dadurch, dass am 1. Dezember der letzte Tag der in Art. 314 Abs. 6 AEUV vorgesehene 14-Tage-Frist war und der Rat den gemeinsamen Entwurf des Haushalts bereits gebilligt hatte. Somit wäre der Haushaltsplan gem. Art. 314 Abs. 7 lit. a) AEUV ohne eine zweite Lesung des Parlaments endgültig erlassen worden. Zudem war es auch nicht geboten, die langfristig im Voraus in Brüssel organisierte Plenartagung vom 30. November bis 1. Dezember kurzfristig nach Straßburg zu verlegen. Denn auch die damit verbundenen organisatorischen Unzulänglichkeiten hätten eine effektive Wahrnehmung der Haushaltsbefugnisse des Parlaments gefährdet.

24 Schließlich ist dem Parlament auch nicht vorzuwerfen, dass es die möglichen Erfordernisse des Haushaltsverfahrens mit den Anforderungen des Protokolls über die Sitze der Organe nicht bereits im Vorjahr antizipiert und durch eine langfristig andere Planung vermieden hat. Denn zum Zeitpunkt der Festlegung des Sitzungskalenders für die ordentlichen Plenartagungen waren sowohl die Inanspruchnahme des Vermittlungsverfahrens als auch der Zeitpunkt, zu dem dieses Verfahren beginnt und gegebenenfalls wegen einer Einigung über einen gemeinsamen Entwurf des Jahreshaushaltsplans endet, noch ungewiss.[50] Demnach hat sich das Parlament innerhalb der Grenzen seines Ermessensspielraums gehalten, als es seinen Sitzungskalender für die Plenartagungen festgelegt und dann die jeweils anstehenden Schritte der Haushaltsberatungen in der jeweils folgenden Plenarsitzung durchgeführt hat.

4. Zwingende Erfordernisse für die endgültige Feststellung des Haushaltsplans durch den Parlamentspräsidenten in Brüssel

25 Der Parlamentspräsident könnte ebenfalls gegen das Protokoll über die Sitze der Organe verstoßen haben, indem er die Feststellung über den endgültigen Beschluss des Haushaltsplans unmittelbar im Anschluss an den Parlamentsbeschluss und damit ebenfalls in Brüssel getätigt hat. Als Abschluss der Haushaltsberatung unterliegt auch dieser Verfahrensschritt den Anforderungen des Protokolls. Er ist demnach grundsätzlich in Straßburg durchzuführen, sofern sich nicht aus den Anforderungen des Haushaltsverfahrens zwingende Gründe für eine im Einzelfall abweichende Handhabung ergeben. Die Bestimmung des Art. 314 Abs. 9 AEUV stellt dem Präsidenten des Parlaments keine Frist; seine Handlung ist schlicht „nach" Abschluss des Verfahrens dieses Artikels vorzunehmen. Das hätte es ermöglichen können, die Feststellung des endgültigen Erlasses des Haushaltsplans erst in der folgenden Plenarsitzung in Straßburg zu treffen und damit den Anforderungen des Protokolls zu genügen.

26 Diese verfahrensabschließende Handlung steht indes in engem Zusammenhang mit der Abstimmung über den gemeinsamen Entwurf des Jahreshaushaltsplans in zweiter Lesung. Die Handlung des Präsidenten des Parlaments, der nach Überprüfung der Ordnungsmäßigkeit des Verfahrens feststellt, dass der Jahreshaushaltsplan endgültig erlassen ist, stellt den letzten Schritt im Verfahren zum Erlass dieses Haushaltsplans dar und verleiht diesem Bindungswirkung.[51] Angesichts der Bedeutung des Erlasses des Jahreshaushaltsplans für die Handlungen der Union kann nicht

50 EuGH v. 2.10.2018, C-73/17, Rn. 50.

51 In diesem Sinne bereits EuGH, Urt. v. 17.9.2019, C-77/11, Rn. 50.

verlangt werden, dass der Präsident des Parlaments die nächste ordentliche Plenartagung in Straßburg abwartet, um den Abschluss des Haushaltsverfahrens festzustellen und dem Jahreshaushaltsplan der Union Bindungswirkung zu verleihen.[52] Wenn somit das Parlament im Einzelfall das Recht hat, den gemeinsamen Entwurf des Jahreshaushaltsplans in der zusätzlichen Plenartagung in Brüssel zu erörtern und darüber abzustimmen, trifft der Präsident dieses Organs diese Feststellung während derselben Plenartagung.[53] Auch die verfahrensabschließende Handlung des Parlamentspräsidenten verstößt demnach im Ergebnis nicht gegen Unionsrecht.

IV. Zwischenergebnis für die Rechtmäßigkeit der Handlungen des Parlaments bzw. von dessen Präsidenten

Das Parlament und dessen Präsident haben angesichts der Verfahrensabläufe im konkreten Fall nicht gegen die Verträge verstoßen, als sie am 1. Dezember die Haushaltsberatungen in Brüssel abgeschlossen haben. **27**

C. Ergebnis

Die Klage hat keine Aussicht auf Erfolg (a.A. vertretbar). **28**

[52] EuGH v. 2.10.2018, C-73/17, Rn. 64.
[53] EuGH v. 2.10.2018, C-73/17, Rn. 63.

Fall 3. Nahrungsergänzungsmittel

Sachverhalt[54]

Noria Distribution ist eine französische Gesellschaft, die Nahrungsergänzungsmittel vertreibt. Sie hat aus anderen EU-Staaten Nahrungsergänzungsmittel nach Frankreich importiert und dort verkauft, die in den Herkunftsstaaten ordnungsgemäß zugelassen sind, aber die nach französischem Recht zulässigen Tageshöchstdosen an Vitaminen und Mineralstoffen überschreiten. In einem französischen Strafverfahren wird *Noria Distribution* deshalb wegen eines Verstoßes gegen die französische Verordnung vom 9. Mai 2006 angeklagt. Da es bislang keine unionsweiten Regelungen über Nahrungsergänzungsmittel auf der Grundlage von Art. 5 Abs. 4 RL 2002/46/EG gibt, hat Frankreich mit dieser Verordnung Höchstmengen für Vitamine und Mineralstoffe festgesetzt und den Vertrieb von Nahrungsergänzungsmitteln, die diese Höchstmengen überschreiten, unter Strafe gestellt, weil deren Einnahme Gesundheitsschäden verursachen kann.

Noria Distribution räumt den Sachverhalt und den Verstoß gegen die französische Verordnung ein. Die französische Verordnung sei aber unvereinbar mit dem Unionsrecht. Denn sie räume – was zutrifft – Unternehmen keine Möglichkeit ein, eine Genehmigung für solche Nahrungsergänzungsmittel, die in anderen EU-Staaten zugelassenen sind, zu erhalten. Unter diesen Umständen habe man gegen französisches Recht verstoßen müssen, ohne dafür nun strafrechtlich belangt werden zu können. Die französische Staatsanwaltschaft hält diese Rechtsauffassung für abenteuerlich: Die fragliche französische Verordnung diene dem Gesundheitsschutz, und RL 2002/46/EG sehe ausdrücklich vor, dass bis zu einer unionsweiten Regelung durch die Kommission die Regelungen für Nahrungsergänzungsmittel durch jeden Mitgliedstaat selbst festgesetzt werden.

Das mit der Sache befasste Strafgericht, das *Tribunal de grande instance de Perpignan,* hat Zweifel an der Vereinbarkeit der französischen Verordnung mit dem Unionsrecht. Es setzt daher sein Verfahren aus und legt dem EuGH die Frage vor, ob die RL 2002/46/EG und die Bestimmungen des AEUV zum freien Warenverkehr dem Erlass nationaler Vorschriften wie der französischen Verordnung vom 9. Mai 2006 entgegenstehen, nach denen die in einem EU-Mitgliedstaat rechtmäßig in den Verkehr gebrachten Nahrungsergänzungsmittel in einem anderen Mitgliedstaat nicht vertrieben werden dürfen, wenn sie die dortigen nationalen Höchstmengen bestimmter Inhaltsstoffe überschreiten, ohne dass ein Verfahren zur Anerkennung der im anderen EU-Mitgliedstaat erteilten Zulassung besteht.

Wie wird der EuGH entscheiden?

Auszug aus RL 2002/46/EG

„Art. 3.

Die Mitgliedstaaten sorgen dafür, dass Nahrungsergänzungsmittel in der Gemeinschaft nur dann in den Verkehr gebracht werden dürfen, wenn sie den Vorschriften dieser Richtlinie entsprechen.

---

[54] Fall nach EuGH v. 27.4.2017, C-672/15.

Art. 5.

(1) Für Vitamine und Mineralstoffe, die in Nahrungsergänzungsmitteln enthalten sind, werden Höchstmengen, bezogen auf die vom Hersteller empfohlene Tagesdosis, festgesetzt, ...

(4) Die Höchst-und Mindestmengen, auf die in den Absätzen 1, 2 und 3 Bezug genommen wird, werden [durch die Kommission] ... festgesetzt.

Art. 11.

(1) ... die Mitgliedstaaten [dürfen] den Handel mit den in Artikel 1 genannten Erzeugnissen nicht aus Gründen ihrer Zusammensetzung, Herstellungsmerkmale, Aufmachung oder Kennzeichnung untersagen oder beschränken, wenn die Erzeugnisse dieser Richtlinie und den etwaigen zu ihrer Durchführung erlassenen Gemeinschaftsbestimmungen entsprechen.

(2) Unbeschadet des Vertrags, insbesondere der Artikel 28 und 30, berührt Absatz 1 nicht die einzelstaatlichen Bestimmungen, die in Ermangelung von aufgrund dieser Richtlinie erlassenen Gemeinschaftsbestimmungen gelten."

Vorüberlegungen und Anforderungsprofil

Bei diesem Fall handelt es sich um ein Vorabentscheidungsverfahren und damit um eine recht häufige Verfahrenskonstellation in europarechtlichen Klausuren.[55] Die Zulässigkeitsprüfung bietet keine besonderen Schwierigkeiten und entspricht dem, was üblicherweise im Rahmen von Vorabentscheidungsverfahrens zu prüfen ist. Dasselbe gilt für die materiell-rechtlichen Fragen des Falles: Es geht es um die Warenverkehrsfreiheit und den Grundsatz der gegenseitigen Anerkennung für die Verkehrsfähigkeit von Waren. Das ist ein Standardproblem für die Warenverkehrsfreiheit, die eine zentrale und in Klausuren die mit Abstand am häufigsten geprüfte Grundfreiheit ist. Der Fall kann daher als Standardfall einer europarechtlichen Klausur zu den Grundfreiheiten gelten.[56]

Gliederung

[55] Zur Übung: *Motzkus,* JuS 2018, 1226 ff., *Denga,* JA 2021, 984 ff., *Jukić,* JA 2018, 761 ff., *Lange,* JuS 2016, 50 ff.

[56] Zur Systematik der Prüfung der Grundfreiheiten im Allgemeinen: *Ruffert/Grischek/Schramm,* JuS 2021, 407 ff., *Lorenzen,* JURA 2021, S. 745 ff., *Sauer,* JuS 2017, 310 ff.; *Cremer,* JURA 2015, 39 ff., *Manger-Nestler,* JuS 2013, 503 ff.

Lösung

A. Zulässigkeit des Vorabentscheidungsverfahrens

1 Als statthaftes Verfahren kommt allein das Vorabentscheidungsverfahren[57] nach Art. 267 AEUV in Betracht.

I. Zuständigkeit

2 Zuständig für Vorabentscheidungsverfahren ist gemäß Art. 267 Abs. 1 AEUV der EuGH.

II. Vorlageberechtigung

3 Vorlageberechtigt sind „Gerichte“ der Mitgliedstaaten, Art. 267 Abs. 2, 3 AEUV, hier das mit dem Strafverfahren gegen *Noria Distribution* befasste *Tribunal de grande instance de Perpignan.*

Hinweis: Auf die Frage, ob es sich bei diesem französischen Strafgericht um ein letztinstanzlich entscheidendes Gericht handelt und nach welchem Kriterium sich dies bestimmt (abstrakte Stellung in der Gerichtshierarchie oder – richtigerweise – Instanzenzug im konkreten Verfahren), kommt es im vorliegenden Fall nicht an. Zwar differenziert Art. 267 AEUV zwischen Vorlageberechtigung aller Gerichte (Art. 267 Abs. 2 AEUV) und Vorlagepflicht nur des letztinstanzlich entscheidenden Gerichts (Art. 267 Abs. 3 AEUV). Entscheidend für die Zulässigkeit des Vorabentscheidungsverfahrens ist hier aber allein, dass das *Tribunal de grande instance* das Vorabentscheidungsverfahren eingeleitet hat; ob dieses Gericht dabei auf Grund einer Rechtspflicht (Art. 267 Abs. 3 AEUV) oder auf Grund einer eigenständigen Entscheidung (Art. 267 Abs. 2 AEUV) gehandelt hat, ist hierfür irrelevant (siehe auch → Fall 7/14)

III. Vorlagegegenstand

4 Nach Art. 267 Abs. 1 lit. a) AEUV entscheidet der EuGH in einem Vorabentscheidungsverfahren über die Auslegung der Verträge, nach Art. 267 Abs. 1 lit. b) AEUV über die Gültigkeit und Auslegung der Handlungen der Organe der Union. Bei der Vorlagefrage geht es einerseits um die Auslegung der Normen der Art. 34ff. AEUV zur Warenverkehrsverkehrsfreiheit (Vertragsbestimmung), andererseits um die Auslegung der RL 2002/46/EG (Handlung der Organe in Form einer Richtlinie) und damit um taugliche Vorlagegegenstände.

[57] Zu den Zulässigkeitsvoraussetzungen des Vorabentscheidungsverfahrens: *Sydow/Wittreck,* Dt. u. Eur. VerfR I, Rn. 17/65ff.; *Lorenzen,* JURA 2022, 415ff., *Lindner/Struzina,* JuS 2022, 220ff., *Mächtle,* JuS 2015, 314ff.

IV. Entscheidungserheblichkeit

Die Vorlagefrage muss nach Art. 267 Abs. 2 AEUV für die zu fällende Entscheidung des nationalen Gerichts, hier also für die Entscheidung des französischen Strafgerichts im Strafverfahren gegen *Noria Distribution,* entscheidungserheblich sein. Wenn die Warenverkehrsfreiheit und die RL 2002/46 EG so zu verstehen sind, dass sie der französischen Verordnung entgegenstehen, ist die französische Verordnung wegen des Anwendungsvorrangs des Unionsrechts nicht anwendbar. *Noria Distribution* ist also freizusprechen. Im anderen Fall ist *Noria Distribution* zu verurteilen. Die Auslegung der dem EuGH vorgelegten unionsrechtlichen Normen ist demnach für die zu treffende Entscheidung des französischen Strafgerichts entscheidungserheblich. 5

Hinweis: Wer das französische Strafverfahren an Hand des deutschen StGB durchdenkt, wird sich wundern, dass überhaupt ein Strafverfahren gegen *Noria Distribution* geführt wird. Denn nach deutschem Recht können nur natürliche Personen strafrechtlich verfolgt werden; Gesellschaften können nur in einem Ordnungswidrigkeitenverfahren mit finanziellen Sanktionen belegt werden. In Deutschland könnte also gegen *Noria Distribution* gar kein Strafverfahren durchgeführt werden. Darauf kommt es aber für diesen Fall nicht an. Denn dem Sachverhalt lässt sich entnehmen, dass das französische Recht auch die strafrechtliche Verfolgung von Gesellschaften ermöglicht. Wenn sich in diesem nach französischem Recht zulässigen Strafverfahren eine Auslegungsfrage in Bezug auf das Unionsrecht stellt, steht damit einem Vorabentscheidungsverfahren an den EuGH nichts im Weg. Als Rechtsfolge im Falle einer strafrechtlichen Verurteilung einer Gesellschaft wird nach französischem Strafrecht (wie nach deutschem Ordnungswidrigkeitenrecht) nur eine Geldstrafe, nicht aber eine Freiheitsstrafe in Betracht kommen. 6

V. Ordnungsgemäße Vorlage

Hinweis: Zu Formerfordernissen für die Formulierung und Übermittlung einer Vorlagefrage nach Art. 267 AEUV gibt es Vorgaben in Art. 21 Abs. 1, 23 EuGH-Satzung und Art. 28 VerfO, die von den vorlegenden nationalen Gerichten zu beachten sind. Da weder diese Normen abgedruckt sind noch der Sachverhalt irgendwelche Angaben enthält, die eine Prüfung und Subsumtion ermöglichen würden, lässt man diesen Prüfungspunkt besser ganz weg. Auch der Satz „Von einer ordnungsgemäßen Vorlage ist auszugehen“ ist bei Lichte betrachtet inhaltslos, bringt also die Falllösung nicht voran, sondern dient nur dazu, das Prüfschema abzuklappern (was aber gerade nicht gefordert ist). 7

B. Beantwortung der Vorlagefrage zur Auslegung des Unionsrechts

Hinweis: Anders als bei den meisten anderen Fallkonstellationen kann die Überschrift für die Prüfung der materiell-rechtlichen Probleme des Falles bei Vorabentscheidungsverfahren nicht „Begründetheit“ lauten. Denn das französische Gericht stellt keinen Antrag, über den der EuGH mit „ja“ oder „nein“ befinden, der also begründet oder unbegründet sein könnte. Das vorlegende Gericht fragt vielmehr nach der zutreffenden Auslegung des AEUV und der RL 2002/46/EG, und der EuGH antwortet darauf mit einer Darlegung, wie die fraglichen Unionsrechtsbestimmungen auszulegen sind. Die prozessuale Konsequenz daraus muss das französische Gericht dann selbst ziehen (siehe auch → Fall 7/19). Falls in einer Klausur doch „Begründetheit“ steht, mag man das als üblichen, hier aber unzutreffenden Begriff nicht für einen schwerwiegenden Fehler halten. Er könnte von der Klausurkorrektorin oder dem Korrektor aber als Hinweis verstanden werden, dass die Funktion des Vorabentscheidungsverfahrens nicht recht verstanden ist. Positiv gewendet: Wer „Beantwortung der Vorlagefragen“ statt „Begründetheit“ schreibt, punktet von Anfang an. 8

I. Tatbestand der Warenverkehrsfreiheit, Art. 34 AEUV

9 Der Import von Nahrungsergänzungsmitteln aus anderen EU-Mitgliedstaaten müsste tatbestandlich der Warenverkehrsfreiheit des Art. 34 AEUV unterfallen.[58] Der freie Warenverkehr zwischen den Mitgliedstaaten umfasst als elementarer Grundsatz des Unionsrechts das in Art. 34 AEUV niedergelegte Verbot mengenmäßiger Einfuhrbeschränkungen zwischen den Mitgliedstaaten sowie aller Maßnahmen gleicher Wirkung.[59] Dieses in Art. 34 AEUV aufgestellte Verbot der Maßnahmen gleicher Wirkung – wie eine Beschränkung – erfasst jede Handelsregelung der Mitgliedstaaten, die geeignet ist, den Handel innerhalb der Union unmittelbar oder mittelbar, tatsächlich oder potenziell zu behindern.[60]

II. Beschränkung der Warenverkehrsfreiheit

10 Die französische Verordnung, die Gegenstand des Verfahrens vor dem französischen Strafgericht ist, behindert den Handel innerhalb der Union, da ein Nahrungsergänzungsmittel, dessen Nährstoffgehalt die von dieser Regelung festgelegten Höchstgrenzen überschreitet, in Frankreich nicht vermarktet werden darf, obwohl es in einem anderen Mitgliedstaat rechtmäßig hergestellt oder vermarktet wird. Diese Regelung ist also eine Maßnahme mit gleicher Wirkung wie eine mengenmäßige Beschränkung im Sinne von Art. 34 AEUV.[61]

III. Rechtfertigung der Beschränkung, Art. 36 AEUV

11 Eine Regelung eines Mitgliedstaats, die das Inverkehrbringen von in einem anderen Mitgliedstaat rechtmäßig hergestellten und/oder in den Verkehr gebrachten Lebensmitteln, deren Nährstoffgehalt die von dieser Regelung festgesetzten Höchstmengen überschreitet, im eigenen Staat verbietet, könnte als eine Maßnahme mit gleicher Wirkung wie eine mengenmäßige Beschränkung im Sinne von Art. 34 AEUV gerechtfertigt sein, wenn sie den Anforderungen von Art. 36 AEUV entspricht.

1. Legitimes, in Art. 36 S. 1 AEUV vorgesehenes Ziel

12 Mit dem Gesundheitsschutz verfolgt eine Festsetzung von Höchstmengen für Vitamine und Mineralstoffen, wie sie durch die französische Verordnung vorgenommen wird, ein nach Art. 36 S. 1 AEUV legitimes Ziel.

2. Keine verschleierte Beschränkung des Handels nach Art. 36 S. 2 AEUV

13 Eine solche Regelung darf aber weder ein Mittel zur willkürlichen Diskriminierung noch zur verschleierten Beschränkung des Handels zwischen den Mitgliedstaaten darstellen, Art. 36 S. 2 AEUV. Um dies zu verhindern, muss eine solche Regelung ein Verfahren vorsehen, das es den Wirtschaftsteilnehmerinnen und -teilnehmern ermöglicht, die Genehmigung für das Inverkehrbringen von Nahrungsergänzungs-

[58] Zur Warenverkehrsfreit: *Petersen,* Dt. u. Eur. VerfR II, Rn. 7/7 ff., *Schildhauer,* Ad Legendum 2022, 165 ff.; zur Übung: *Chatziathanasiou,* JuS 2020, 843 ff., *Safoklov,* JA 2018, 194 ff., *Ludwigs/Sikora,* JA 2016, 514 ff., *Behme/Jukić,* JA 2015, 923 ff.; *Otto/Hein,* JuS 2014, 529 ff.

[59] EuGH v. 27.4.2017, C-672/15, Rn. 17.

[60] St. Rspr. seit EuGH v. 11.7.1974, C 8/74, Rn. 74 („Dassonville").

[61] EuGH v. 27.4.2017, C-672/15, Rn. 19 f.

mitteln zu erhalten, deren Nährstoffgehalt die im Inland erlaubten Höchstmengen überschreitet. Dieses Verfahren muss leicht zugänglich sein und innerhalb eines angemessenen Zeitraums abgeschlossen werden können; wenn es zu einer Ablehnung führt, muss die Ablehnungsentscheidung im Rahmen eines gerichtlichen Verfahrens angefochten werden können.[62]

Hinweis: Der vorstehende Absatz formuliert Maßstäbe dafür, wie der Grundsatz der gegenseitigen Anerkennung von Produktstandards konkret umzusetzen ist, wenn es in den Mitgliedstaaten Produktzulassungsverfahren gibt. Diese Maßstäbe entsprechen der ständigen Rechtsprechung des EuGH. Er hat sie aus Art. 36 S. 2 AEUV entwickelt, ohne dass man sie der Norm unmittelbar entnehmen könnte. Man kann daraus folgern, dass man diese Maßstäbe auswendig lernen muss. Falls man eine Klausur bekommt, in der es genau auf dieses Problem ankommt, ist auswendig gelerntes Wissen in diesem Fall auch einmal nützlich (sonst muss man sich damit behelfen, sich selbst etwas auszudenken, wie man die normativen Vorgaben aus Art. 36 S. 2 AEUV konkretisieren könnte). Wenn man so vorgehen will, muss man nur bis zum Examen ziemlich viel auswendig lernen und hat dabei am Ende nicht die Fähigkeit erworben, ein unbekanntes Problem selbst anzugehen. 14
Lerntipp also: Man kann gerne zur Kenntnis nehmen, was der EuGH in dieser Konstellation für geboten hält, aber sollte damit das eigene Gedächtnis nicht belasten. Wichtiger ist es, Strukturfragen zu durchdenken (siehe z. B. den nächsten Hinweis, worauf es in einem Vorabentscheidungsverfahren ankommt und worauf nicht und wie man das zutreffend formuliert – davon hat man nämlich bei jedem Vorabentscheidungsverfahren etwas und nicht nur dann, wenn die eigene Klausur gerade zufällig ein ganz bestimmtes Problem aus der EuGH-Judikatur thematisiert).

3. Zwischenergebnis zur Rechtfertigung nach Art. 36 AEUV

Da die im Ausgangsverfahren in Rede stehende Regelung den Vertrieb von Nahrungsergänzungsmitteln, deren Nährstoffgehalt die von ihr festgelegten Höchstgrenzen überschreitet, verbietet, ohne irgendein Verfahren für das Inverkehrbringen solcher Nahrungsergänzungsmittel vorzusehen, und das, obwohl sie in einem anderen Mitgliedstaat rechtmäßig hergestellt oder vertrieben werden, erfüllt die Regelung diese Anforderung nicht und kann also nicht nach Art. 36 AEUV gerechtfertigt sein.[63] 15

Hinweis: Diese Formulierung stammt von EuGH. Der Gerichtshof hat damit das getan, was angesichts von Art. 267 AEUV nicht richtig sein kann und in der Klausur als Fehler angestrichen werden müsste: Der EuGH hat erklärt, dass die französische Verordnung nicht mit dem Unionsrecht vereinbar ist. Das festzustellen ist aber ausweislich von Art. 267 Abs. 1 AEUV nicht Aufgabe des EuGH, sondern des vorlegenden Gerichts bei der Fortsetzung seines Verfahrens. Der EuGH müsste sich darauf beschränken, das Unionsrechts auszulegen. Dazu dienen üblicher- und richtigerweise Formulierungen wie: „Art. X AEUV ist dahingehend auszulegen, dass er einer nationalen Regelung wie der im Ausgangsverfahren entgegensteht, die normiert, dass …". Das ist umständlicher zu formulieren als der Satz: „Die nationale Regelung verstößt gegen Art. X AEUV." Wenn auch dem EuGH bisweilen ein solcher Formulierungsfehler unterläuft, wird man annehmen können, dass ein entsprechender Formulierungsfehler in der Klausur nicht schwer wiegt. Aber ins Positive gewendet: Wer richtig formuliert, kann in der Klausur gut punkten, weil das ein sicheres Verständnis von der Funktion des Vorabentscheidungsverfahrens unter Beweis stellt. Man sollte diese Formulierungen gezielt üben, weil sie anfangs etwas sperrig sind. 16

C. Ergebnis

Der EuGH wird daher für Recht erkennen:[64] Auf die Frage des vorlegenden Gerichts ist zu antworten, dass die Bestimmungen der RL 2002/46/EG und des 17

[62] EuGH v. 27.4.2017, C-672/15, Rn. 21 f., unter Verweis auf die st. Rspr.
[63] EuGH v. 27.4.2017, C-672/15, Rn. 27.
[64] EuGH v. 27.4.2017, C-672/15, Rn. 52.

AEUV über den freien Warenverkehr dahin auszulegen sind, dass sie einer Regelung eines Mitgliedstaats wie der im Ausgangsverfahren streitigen entgegenstehen, die für Nahrungsergänzungsmittel, deren Nährstoffgehalt die in dieser Regelung festgelegten Tageshöchstdosen überschreitet und die in einem anderen Mitgliedstaat rechtmäßig hergestellt oder vermarktet werden, kein Verfahren für das Inverkehrbringen im erstgenannten Mitgliedstaat vorsieht.

18 **Weiterführende Hinweise:** Man kann an diesem Fall sehr schön sehen, dass die primärrechtlichen Grundfreiheiten nach und nach an Bedeutung für die Verwirklichung des europäischen Binnenmarktes verlieren. Ihre Hauptfunktion haben sie nämlich, solange ein Sachbereich nicht durch Sekundärrecht der EU näher ausgestaltet und vereinheitlicht ist, sondern noch unterschiedliche gesetzliche Bestimmungen der Mitgliedstaaten gelten. Diese sind dann an den Grundfreiheiten zu messen und dürfen keine ungerechtfertigten Beschränkungen des freien Warenverkehrs, Dienstleistungsverkehrs etc. zwischen den Mitgliedstaaten errichten.

Wenn demgegenüber ein Sachverhalt sekundärrechtlich umfassend und einheitlich durch Unionsrecht geregelt ist, können wegen des Anwendungsvorrangs des Unionsrechts (vor möglicherweise noch entgegenstehenden nationalen Normen) üblicherweise keine Fallkonstellationen mehr entstehen, in denen die nationalen Normen auf ihre Vereinbarkeit mit den Grundfreiheiten geprüft werden müssten. Üblicherweise sind die Grundfreiheiten dann für die Verwirklichung des Binnenmarktes nicht mehr erforderlich, weil der Binnenmarkt durch Unionsgesetzgebung verwirklicht ist. Daraus können dann typischerweise eher Fälle erwachsen, in denen es um die Gesetzgebungskompetenz der EU zur Verwirklichung des Binnenmarktes geht (Art. 114 Abs. 1 S. 2 AEUV)[65] und um das Gesetzgebungsverfahren der EU, das zum Erlass des Sekundärrechtsakts geführt hat (zu einer solchen Fallkonstellation: → Fall 9 und Fall 10). Bei Vorhandensein von Sekundärrecht können die Grundfreiheiten nur ausnahmsweise noch von Bedeutung sein: Denkbar ist dann nur noch, dass eine nationale Verwaltungspraxis bei der Anwendung des Unionsrechts (bei sekundärrechtlicher Regelung durch eine Richtlinie auch: die nationale Umsetzung der Richtlinie) die Grundfreiheiten beeinträchtigt.

Der vorliegende Fall markiert in dieser Rechtsentwicklung einen Zwischenschritt: Es gibt zwar bereits Sekundärrecht (RL 2002/46/EG). Die für die Rechtsanwendung entscheidende Frage nach den konkreten Höchstengen sind aber noch nicht unionsrechtlich geregelt, auch wenn Art. 5 Abs. 4 RL 2002/46/EG dies ermöglichen würde. Wenn es solche unionsrechtlichen Höchstmengenfestsetzungen auf der Basis von Art. 5 Abs. 4 RL 2002/46/EG schon gäbe, würde Art. 11 Abs. 1 RL 2002746/EG greifen: Die Mitgliedstaaten dürften dann den Handel mit Nahrungsergänzungsmitteln nicht mehr aus Gründen ihrer Zusammensetzung untersagen, wenn die Nahrungsergänzungsmittel der Richtlinie und ihren Durchführungsbestimmungen (konkrete Höchstmengenfestsetzung) entsprechen. Bis dahin gelten „in Ermangelung von aufgrund dieser Richtlinie erlassenen Gemeinschaftsbestimmungen“ für die Höchstmengen noch nationale Bestimmungen, Art. 11 Abs. 2 RL 2002/46/EG. Für deren Festsetzung sind die Mitgliedstaaten aber nicht frei, sondern das geht nur „unbeschadet des Vertrags, insbesondere der Artikel 28 und 30“ (Art. 11 Abs. 2 RL 2002/46/EG). Konkret heißt das: Die nationalen Regelungen – hier: die französische Strafverordnung – sind an der Warenverkehrsfreiheit nach Art. 30 ff. AEUV zu messen.

Fall 3 ist damit im Kern noch ein „klassischer“ Fall zu den Grundfreiheiten. Mit der fortschreitenden Sekundärrechtsproduktion der EU nimmt die Häufigkeit solcher Fallgestaltungen aber ab. Lerntechnisch heißt das: Man sollte die Grundfreiheiten zwar nicht verabschieden, aber auch nicht überbewerten und zum zentralen Problem des EU-Rechts erklären (auch wenn manche Fallsammlungen das noch tun). Mindestens genauso wichtig ist es, sich mit den Kompetenz- und Verfahrensregelungen für die EU-Gesetzgebung vertraut machen und solche Fälle zu üben.

65 Zur Rechtsangleichung nach Art. 114 AEUV: *Geber*, JuS 2014, 20 ff.

II. Fälle für mittlere Semester

Fall 4. Europäische Bürgerinitiative

Sachverhalt[66]

Die Kläger, sieben wahlberechtigte Unionsbürger aus unterschiedlichen EU-Mitgliedstaaten, wenden sich gegen die israelische Siedlungspolitik in den palästinensischen Gebieten. Sie berufen sich dabei auf Resolutionen des Sicherheitsrats der Vereinten Nationen und Gutachten des Internationalen Gerichtshofs. Die Kläger möchten deshalb nach Art. 11 Abs. 4 EUV, 24 AEUV eine europäische Bürgerinitiative unter dem Titel „Gewährleistung einer mit den Unionsverträgen und dem Völkerrecht im Einklang stehenden gemeinsamen Handelspolitik" (im Folgenden: geplante EBI) initiieren. Damit möchten sie erreichen, dass Waren, die ihren Ursprung in den besetzten Gebieten haben, nicht auf den EU-Markt gelangen. Der Text der geplanten EBI fordert daher die Europäische Kommission auf, entsprechende Vorschläge für handelspolitische Rechtsakte der EU nach Art. 207 AEUV vorzulegen.

Die Kläger haben die geplante EBI bei der Europäischen Kommission angemeldet, damit sie nach Registrierung der EBI durch die Kommission mit der Sammlung der erforderlichen Unterstützerunterschriften beginnen können. Die Kommission hat die Registrierung der geplanten EBI per Beschluss abgelehnt. In den Erwägungsgründen des Beschlusses begründet die Kommission ihre Entscheidung ausschließlich mit diesen drei Erwägungen:

„(1) Ein Rechtsakt, in dem der Gegenstand der geplanten EBI behandelt wird, könnte nur auf der Grundlage des Art. 215 AEUV angenommen werden.
(2) Voraussetzung dafür wäre ein Beschluss gemäß Titel V Kapitel 2 EUV, der die Aussetzung, Einschränkung oder vollständige Einstellung der Wirtschafts- und Finanzbeziehungen zu dem betreffenden Drittland vorsieht. Die Kommission ist nicht befugt, Vorschläge für einen solchen Beschluss zu unterbreiten. In Ermangelung eines entsprechenden Beschlusses gemäß Titel V Kapitel 2 EUV ist die Kommission nicht befugt, einen Vorschlag für einen Rechtsakt nach Art. 215 AEUV zu unterbreiten.
(3) Die geplante EBI liegt somit im Sinne von Art. 6 Abs. 3 lit. c) i. V. m. Art. 1 VO (EU) 2019/788 offenkundig außerhalb des Rahmens, in dem die Kommission befugt ist, einen Vorschlag für einen Rechtsakt der Union vorzulegen."

Die Kläger erheben Nichtigkeitsklage gegen diesen Beschluss. Sie rügen als ersten Klagegrund eine Verletzung des Rechts auf eine gute Verwaltung aus Art. 41 GRCh:

---

[66] Fall nach EuG v. 12.5.2021, T-789/19; dieses Urteil des EuG basierte noch auf der Vorgängerverordnung der heutigen VO (EU) 2019/788 über die Bürgerinitiative, weil die vom Gericht zu beurteilenden Handlungen bereits vor Inkrafttreten der heutigen Verordnung abgeschlossen waren und daher nach der alten VO (EU) Nr. 211/2011 zu beurteilen waren. Die Falllösung legt die aktuell geltende Verordnung zu Grunde.

Die Kommission habe die geplante Bürgerinitiative verfälscht, indem sie deren eigentlichen Zweck, nämlich eine Maßnahme im Bereich der gemeinsamen Handelspolitik zu erreichen, missachtet habe. Als zweiten Klagegrund tragen sie vor: Der Beschluss sei unter Verstoß gegen Art. 296 Abs. 2 AEUV, 6 Abs. 7 EBI-VO nicht hinreichend begründet, weil er keinerlei Ausführungen dazu enthalte, warum denn die von den Klägern angestrebten Maßnahmen nicht über das Initiativrecht der Kommission im ordentlichen Gesetzgebungsverfahren aus Art. 207 Abs. 2 AEUV angestoßen werden könnten. Da dies aber möglich sei, verstoße die Verweigerung der Registrierung gegen die der Kommission obliegende Registrierungspflicht aus Art. 6 Abs. 3 EBI-VO. Die Kommission ist der Auffassung, die Begründung eines Rechtsakts müsse sich nun nicht mit jedem Argument auseinandersetzen; dem Erwägungsgrund 1 des angefochtenen Beschlusses sei hinreichend klar zu entnehmen, dass die Kommission ein Handeln auf der Basis von Art. 207 AEUV für nicht möglich halte.

Hat die Klage Aussicht auf Erfolg?

Bearbeitungshinweis: Die Ausführungen der Kommission, dass es keinen Beschluss im Rahmen der Gemeinsamen Außen- und Sicherheitspolitik (GASP) gemäß Titel V, Kapitel 2 EUV zur Aussetzung von Wirtschafts- und Finanzbeziehungen mit den fraglichen Drittstaaten oder Gebieten gibt und dass die Kommission für einen solchen Beschluss auch kein Vorschlagsrecht hat, treffen zu.

Auszug aus der Satzung des Gerichtshofs der Europäischen Union:

„**Art. 51 Abs. 1.** Abweichend von der in Art. 256 Abs. 1 AEUV vorgesehenen Regelung sind dem Gerichtshof die Klagen gemäß den Artikeln 263 und 265 AEUV vorbehalten, die von einem Mitgliedstaat gegen eine Handlung oder wegen unterlassener Beschlussfassung des Europäischen Parlaments oder des Rates oder dieser beiden Organe in den Fällen, in denen sie gemeinsam beschließen, erhoben werden, …"

Auszug aus der VO (EU) 2019/788 über die Bürgerinitiative (kurz: EBI-VO)

„Artikel 1 Gegenstand

Mit dieser Verordnung werden die Verfahren und Bedingungen für eine Initiative festgelegt, mit der die Kommission aufgefordert wird, im Rahmen ihrer Befugnisse geeignete Vorschläge zu Themen zu unterbreiten, zu denen es nach Ansicht von Bürgern eines Rechtsakts der Union bedarf, um die Verträge umzusetzen (im Folgenden „Europäische Bürgerinitiative" oder „Initiative").

Artikel 5 Organisatorengruppe

(1) Eine Initiative wird von einer Gruppe von mindestens sieben natürlichen Personen (im Folgenden „Organisatorengruppe") vorbereitet und verwaltet. Mitglieder des Europäischen Parlaments werden für die Zwecke dieser Mindestzahl nicht mitgerechnet.

(2) Bei den Mitgliedern der Organisatorengruppe muss es sich um Bürger handeln, die zum Zeitpunkt der Registrierung der Initiative das zur Ausübung des aktiven Wahlrechts bei Wahlen zum Europäischen Parlament erforderliche Mindestalter erreicht haben; die Mitglieder der Gruppe müssen in mindestens sieben verschiedenen Mitgliedstaaten ansässig sein. …

Artikel 6 Registrierung

(1) Mit der Sammlung von Unterstützungsbekundungen für eine Initiative kann erst nach der Registrierung der Initiative durch die Kommission begonnen werden.

(2) Die Organisatorengruppe reicht den Antrag auf Registrierung über das Register bei der Kommission ein. Bei der Einreichung des Antrags unternimmt die Organisatorengruppe ebenfalls folgende Schritte: …

(3) Die Kommission registriert die Initiative, sofern

a) die Organisatorengruppe geeignete Nachweise dafür vorgelegt hat, dass sie die Anforderungen des Artikels 5 Absätze 1 und 2 erfüllt und die Kontaktpersonen gemäß Artikel 5 Absatz 3 Unterabsatz 1 benannt hat,

b) in den Fällen des Artikels 5 Absatz 7 eine juristische Person speziell zum Zweck der Verwaltung der Initiative geschaffen wurde …,

c) kein Teil der Initiative offenkundig außerhalb des Rahmens liegt, in dem die Kommission befugt ist, einen Vorschlag für einen Rechtsakt der Union vorzulegen, um die Verträge umzusetzen,

d) die Initiative nicht offenkundig missbräuchlich, unseriös oder schikanös;

e) die Initiative nicht offenkundig gegen die Werte der Union, wie sie in Artikel 2 EUV festgeschrieben sind, oder gegen die in der Charta der Grundrechte der Europäischen Union verankerten Rechte verstößt.

… Sind eine oder mehrere der Anforderungen des vorliegenden Absatzes, Unterabsatz 1 Buchstaben a bis e nicht erfüllt, so lehnt die Kommission unbeschadet der Absätze 4 und 5 die Registrierung der Initiative ab. …

(7) Lehnt die Kommission eine Initiative ab …, führt sie Gründe für ihre Entscheidung an und unterrichtet die Organisatorengruppe. Ferner unterrichtet sie die Organisatorengruppe über alle möglichen gerichtlichen und außergerichtlichen Rechtsbehelfe, die der Organisatorengruppe zur Verfügung stehen."

Vorüberlegungen und Anforderungsprofil

Prozessual handelt es sich bei diesem Fall – wie in zahlreichen anderen Fällen auch – um eine Nichtigkeitsklage. Auf der Basis des EU-Prozessrechts ist das sehr naheliegend; die Statthaftigkeit der Nichtigkeitsklage ist dann kein Problem: Denn wenn in einem Fall nicht erkennbar eine spezifische Klageart statthaft ist (insb. Vorabentscheidungsersuchen eines nationalen Gerichts, Vertragsverletzungsverfahren gegen einen Mitgliedstaat), läuft es im EU-Prozessrecht praktisch immer auf die Nichtigkeitsklage hinaus. Studierende, die bereits Kenntnisse des deutschen Verwaltungsprozessrechts haben und auf dieser Basis den Fall zu lösen versuchen, tun sich mit der Feststellung der statthaften Klageart eventuell zunächst schwerer. Das heißt: Wer im Studium zunächst nur mit deutschem Recht konfrontiert worden ist (statt von Anfang an auch mit dem Europarecht), muss sich für die Beschäftigung mit dem Europarecht von der Vorstellung lösen, dass dessen Strukturen stets so sein müssten, wie man es aus einer einzelnen mitgliedstaatlichen Rechtsordnung gewohnt ist. Wenn die Statthaftigkeit der Nichtigkeitsklage erkannt ist, bietet die Zulässigkeitsprüfung keine größeren Schwierigkeiten mehr.

Inhaltlich geht es vor allem um das Begründungserfordernis, und zwar konkret darum, ob die von der Kommission gegebene Begründung den Mindestanforderungen an eine Begründung genügt. Da der Normtext der fraglichen Normen nur generell das Vorliegen einer Begründung vorschreibt, ist durch ihre (teleologische) Auslegung zu ermitteln, ob das Vorliegen irgendeiner Begründung ausreicht oder welche näheren Anforderungen an den Inhalt der Begründung zu stellen sind. Eine solche Ausarbeitung des Anforderungsmaßstabs, bevor dann subsumiert werden kann, ist durchaus anspruchsvoll und verlangt eigenständige Argumentation. In vergleichbarer Weise gilt für das für die Passagen zum Recht auf gute Verwaltung: Auch dafür ist in Auseinandersetzung mit dem Sachverhalt eine eigenständige Überlegung und

Argumentation für die Frage erforderlich, was der Gewährleistungsgehalt dieses Rechts sein dürfte.

Gliederung

Lösung

A. Zulässigkeit der Nichtigkeitsklage

I. Statthaftigkeit der Nichtigkeitsklage

1 Als statthafte Klageart kommt nur die Nichtigkeitsklage gemäß Art. 263 AEUV in Betracht.[67]

2 **Hinweis:** Überträgt man den Sachverhalt auf die deutsche Rechtsordnung, wäre die Nichtregistrierung der EBI als Ablehnung eines beantragten begünstigenden Verwaltungsakts zu qualifizieren. Statthafte Klageart wäre die Verpflichtungsklage in Form der Versagungsgegenklage (§ 42 Abs. 1 VwGO). Das Unionsrecht kennt (in Übereinstimmung mit dem französischen Recht) keine unmittelbar vergleichbare Klageart. Geklagt werden muss deshalb gegen die ablehnende Entscheidung im Wege der Nichtigkeitsklage, die in dieser Konstellation der deutschen Anfechtungsklage entspricht.
Vertiefung: Die Klägerin oder der Kläger erreicht also vor den europäischen Gerichten im Falle des Obsiegens formal weniger als mit einem Verpflichtungsurteil nach VwGO. Denn im unionsrechtlichen Rechtsschutzsystem spricht das Gericht nicht die Verpflichtung der oder des Beklagten aus, den begehrten Verwaltungsakt zu erlassen (vgl. § 113 Abs. 5 S. 1 VwGO), sondern erklärt lediglich die Ablehnung

[67] Zu den Zulässigkeitsvoraussetzungen der Nichtigkeitsklage: *Sydow/Wittreck,* Dt. u. Eur. VerfR I, Rn. 17/55 ff., *Mächtle,* JuS 2015, 28 ff.; zur Übung: *Schuster,* JuS 2019, 39 ff., *Kühling/Drechsler,* JuS 2017, 335 ff.

des begehrten Beschlusses für rechtswidrig und daher für nichtig. Da die Unionsorgane allerdings rechtsstaatlich gebunden sind, müssen sie daraus selbst die Konsequenz ziehen und den begehrten Beschluss sodann erlassen (siehe die in Art. 266 I AEUV normierte Pflicht, die sich aus dem Urteil ergebenden Maßnahmen zu ergreifen).
Das gilt jedenfalls dann, wenn die Sache nach deutschem Verständnis spruchreif ist (vgl. § 113 Abs. 5 S. 1 VwGO), also dann, im deutschen Recht, ein Verpflichtungsurteil ergeht. Bei fehlender Spruchreife, wenn also vor der abschließenden Entscheidung ggfs. noch weitere Verfahrensschritte oder Überlegungen durch die Behörde erforderlich sind, ergeht auch im deutschen Recht kein Verpflichtungs-, sondern ein Bescheidungsurteil (§ 113 Abs. 5 S. 2 VwGO). Das Verwaltungsgericht entscheidet dann also auch im deutschen Recht nicht durch. Im Hintergrund der deutschen Differenzierung zwischen Verpflichtungs- und Bescheidungsurteil stehen Gewaltenteilungsüberlegungen: Das Verwaltungsgericht soll die Verwaltung kontrollieren, sich aber nicht an deren Stelle setzen und selbst administrativ tätig werden. Das Unionsrecht ist in dieser Hinsicht noch strikter und kennt deshalb bereits kein Verpflichtungsurteil, sondern nur die gerichtliche Nichtigkeitserklärung mit der Pflicht für das Unionsorgan aus Art. 266 Abs. 1 AEUV, die gebotenen Konsequenzen zu ziehen.

Zuständig für die Nichtigkeitsklage ist im ersten Rechtszug grundsätzlich das Gericht, Art. 256 Abs. 1 AEUV, soweit nicht die Satzung die Zuständigkeit dem Gerichtshof vorbehält (zu Unterscheidung dieser beiden Gerichte → Einleitung/53 ff.). Dies ist durch Art. 51 Abs. 1 Gerichtshofs-Satzung für Klagen eines Mitgliedstaats gegen Handlungen europäischer Organe geschehen, nicht aber für Klagen von Bürgern. Für die Klage der sieben Unionsbürger ist daher das Gericht zuständig. 3

II. Klagegegenstand

Klagegegenstand können nach Art. 263 Abs. 1 AEUV u.a. Handlungen der Europäischen Kommission sein, hier deren Beschluss über die Ablehnung der Registrierung der geplanten EBI. 4

Hinweis: Es handelt sich um einen Beschluss i.S. v. Art. 288 Abs. 4 S. 2 AEUV, also eine verbindliche Entscheidung, die gegenüber einem bestimmten Adressaten (hier: den sieben Unionsbürgerinnen und Unionsbürgern) erlassen worden ist. Funktional entspricht der Beschluss in dieser Konstellation dem Verwaltungsakt des deutschen Rechts.

III. Klageberechtigung der Unionsbürger

Natürliche Personen (sog. nicht-privilegierte Kläger) können Nichtigkeitsklage nach Art. 263 Abs. 1, 2 AEUV nur gegen die an sie gerichteten oder sie unmittelbar und individuell betreffenden Handlungen erheben, Art. 263 Abs. 4 AEUV. Da sich der Beschluss über die Nichtregistrierung der EBI an die sieben Unionsbürger richtet, sind sie klageberechtigt. 5

IV. Klagegründe

Die Kläger müssen einen der in Art. 263 Abs. 2 AEUV benannten Klagegründe vortragen. Gerügt wird eine Verletzung von Art. 41 GRCh, also einer Bestimmung der Verträge, sowie des teils primärrechtlich, teils sekundärrechtlich in der EBI-VO normierten Begründungserfordernisses. Auch dabei handelt es sich um eine Bestimmung der Verträge bzw. bei der EBI-VO um eine bei der Durchführung der Verträge anzuwendende Rechtsnorm. 6

Hinweis: Zur Auslegung von Art. 263 Abs. 2 AEUV, die anhand der grammatikalisch fehlerhaften deutschen Fassung nicht ganz einfach ist, siehe oben → Einführung/39 ff.

V. Frist

7 Die Nichtigkeitsklage ist gemäß Art. 263 Abs. 6 EUV binnen zwei Monaten nach Bekanntgabe des Beschlusses an die Kläger zu erheben.

Hinweis: Wenn der Sachverhalt keine Daten mitteilt, anhand derer die Beachtung von Fristerfordernissen nachgerechnet werden könnte, sollte man es beim schlichten Hinweis auf die gesetzliche Dauer der Frist belassen und keinen Subsumtionsversuch unternehmen. Ein Satz wie „Mangels Hinweisen im Sachverhalt ist davon auszugehen, dass die Kläger diese Frist noch einhalten können" ist spekulativ und bringt die Falllösung nicht voran.

V. Zwischenergebnis

8 Die Nichtigkeitsklage ist zulässig.

B. Begründetheit der Nichtigkeitsklage

9 Die Nichtigkeitsklage ist begründet, wenn mindestens ein Klagegrund gemäß Art. 263 Abs. 2 AEUV gegeben ist.

I. Verstoß gegen das Begründungserfordernis

1. Prüfungsmaßstab

10 Die Begründung des Beschlusses könnte gegen das Begründungserfordernis aus Art. 296 Abs. 2 AEUV, Art. 41 Abs. 2 lit. c) GRCh, Art. 6 Abs. 7 S. 1 EBI-VO verstoßen, weil die von der Kommission gegebene Begründung unzulänglich sein und die Anforderungen des Begründungserfordernisses verfehlen könnte.

11 **Hinweis zum Prüfungsmaßstab:** Das Begründungserfordernis ist in allen drei zitierten Normen normiert. Der Wortlaut dieser Normen unterscheidet sich zwar jeweils marginal, ohne dass es substanzielle Unterschiede gäbe und ohne dass auch nur einer der Norm nähere Maßstäbe dafür zu entnehmen wären, welchen Anforderungen eine Begründung entsprechen muss. Das müssen die Klausurbearbeiterinnen und -bearbeiter durch Auslegung der Normen, primär durch teleologische Auslegung mit Blick auf den Zweck des Begründungserfordernisses, selbst entwickeln. Es ist in diesem Fall nicht weiterführend, die drei Normen getrennt oder nacheinander durchzuprüfen, weil sich am inhaltlichen Prüfungsmaßstab ohnehin nichts ändern wird. Es reicht aus, die parallelen Normen einmal alle zu erwähnen.
Wenn es im weiteren Verlauf der Bearbeitung noch einmal eines näheren Rekurses auf eine Norm bedarf, bietet es sich an, einschlägiges Sekundärrecht vor einschlägigem Primärrecht als Prüfungsmaßstab heranzuziehen. Denn typischerweise ist Sekundärrecht detaillierter und näher am Sachproblem, hat also in der Normanwendung grundsätzlich Vorrang vor dem Primärrecht (also nicht aus Gründen der Normenhierarchie vorrangig das Primärrecht anwenden, sondern gerade umgekehrt). Anders ist das nur, wenn zweifelhaft wäre, ob das einschlägige Sekundärrecht primärrechtskonform ist: Dann müsste das Sekundärrecht am Maßstab des Primärrechts gemessen werden. Aber um diese Konstellation geht es hier nicht, sondern um einen Beschluss, der sowohl und gleichermaßen gegen eine VO als auch gegen Vertragsbestimmungen verstoßen kann.

12 Art. 6 Abs. 7 S. 1 EBI-VO (und ebenso Art. 296 Abs. 2 AEUV, Art. 41 Abs. 2 lit. c) GRCh) ist zunächst das Erfordernis zu entnehmen, dass überhaupt eine Begründung erfolgen muss. Dem genügt der angefochtene Beschluss. Fraglich ist indes, ob die abgegebene Begründung auch bestimmten inhaltlichen Mindesterfordernissen genügen muss, um als ausreichend akzeptiert werden zu können. Dem Wortlaut der Normen ist dazu nichts Näheres zu entnehmen.

2. Anforderungen an die Begründung

Weitergehende Anforderungen können sich aber ggfs. aus dem Zweck des Begründungserfordernisses ergeben. Das Begründungserfordernis ist nach den Umständen des Einzelfalls, insbesondere nach dem Inhalt des Rechtsakts, der Art der angeführten Gründe und nach dem Interesse zu beurteilen, das die Adressatinnen und Adressaten oder andere durch den Rechtsakt unmittelbar und individuell betroffene Personen an Erläuterungen haben können. Vom Zweck des Begründungserfordernisses her muss Begründung die Überlegungen des Organs, das den Rechtsakt erlassen hat, so klar und eindeutig zum Ausdruck bringen, dass die Betroffenen ihr die Gründe für die erlassene Maßnahme entnehmen können und das zuständige Gericht seine Kontrollaufgabe wahrnehmen kann. In der Begründung brauchen nicht alle tatsächlich oder rechtlich einschlägigen Gesichtspunkte genannt zu werden. Auch wenn die Organe in der Begründung der von ihnen erlassenen Entscheidungen nicht auf alle Argumente einzugehen brauchen, die die Betroffenen im Rahmen eines Verwaltungsverfahrens vorbringen, müssen sie doch die Tatsachen und rechtlichen Erwägungen anführen, denen nach dem Aufbau ihrer Entscheidungen eine wesentliche Bedeutung zukommt.[68] **13**

3. Subsumtion: Vorliegen einer hinreichenden Begründung im konkreten Fall?

Die Kommission ist der Auffassung, dass die geplante EBI offenkundig außerhalb des Rahmens ihrer Befugnisse liege, weil die Voraussetzungen des Art. 215 AEUV nicht vorliegen würden. Dazu finden sich in Erwägungsgrund 2 des Beschlusses begründende Ausführungen. Insbesondere verweist die Kommission darauf, dass die Anwendung dieser Norm einen vorhergehenden Beschluss über die Aussetzung, Einschränkung oder vollständige Einstellung der Wirtschafts- und Finanzbeziehungen auf der Basis von Kapitel V, Titel 2 EUV (Gemeinsame Außen- und Sicherheitspolitik) erfordere, an dem es mangele und den Kommission auch nicht herbeiführen können. Ohne dass es im vorliegenden Zusammenhang darauf ankommt, ob dies in der Sache zutreffend ist, handelt es sich jedenfalls um eine Begründung, die erkennen lässt, warum die Kommission ein Handeln im Rahmen der Gemeinsamen Außen- und Sicherheitspolitik für nicht möglich und die EBI daher für unzulässig hält. **14**

Der von den Klägern der Kommission unterbreitete Text der geplanten EBI bezieht sich indes explizit auf die Handelspolitik der EU, nicht auf die Gemeinsame Außen- und Sicherheitspolitik, und fordert die Kommission auf, einen Vorschlag nach Art. 207 Abs. 2 AEUV zu unterbreiten. Hierzu lässt sich aus Erwägungsgrund 1 erschließen, dass die Kommission dies nicht für möglich hält, weil sie sich ausdrücklich „nur“ auf Art. 215 AEUV als mögliche Grundlage ihres Handels bezieht. Irgendein Begründungsansatz, warum ein Handeln auf der Basis von Art. 207 Abs. 2 AEUV nicht möglich sein soll, ist den Erwägungsgründen des Beschlusses nicht zu entnehmen. Anhand der Begründung des angefochtenen Beschlusses durch die Kommission, die sich im Wesentlichen darauf beschränkt, Art. 215 AEUV als einzige mögliche Rechtsgrundlage für einen Rechtsakt anzuführen, der dem Gegenstand der geplanten EBI entsprechen könnte, können die Überlegungen, die zur **15**

[68] EuG v. 12.5.2021, T-789/19, Rn. 29, 30.

ausschließlichen Betrachtung dieser Rechtsgrundlage geführt haben, nicht nachvollzogen werden.[69]

16 Da der von Klägern ausdrücklich in Bezug genommene Art. 207 Abs. 2 AEUV prima facie geeignet erscheint, das gegenteilige Ergebnis der von der Kommission vorgetragenen Rechtsauffassung zu tragen, hätte es dazu als wesentlicher Weichenstellung für den Beschluss jedenfalls irgendwelcher Ausführungen bedurft. Der Beschluss ist daher mangels ausreichender Begründung unionsrechtswidrig.

II. Verstoß gegen das Recht auf gute Verwaltung, Art. 41 GRCh

17 Der Beschluss könnte zudem gegen das Recht auf gute Verwaltung aus Art. 41 GRCh verstoßen. Dieses Recht umfasst einerseits erneut das Begründungserfordernis (s. o.), zudem weitere, teils enumerativ aufgeführt Rechte. Ein Verstoß gegen das Recht auf gute Verwaltung könnte (außer durch Missachtung des Begründungserfordernisses) dadurch in Betracht kommen, dass die Kommission die geplante EBI der Kläger verfälscht haben könnte, indem sie sie ausschließlich als Initiative interpretiert hat, die auf ein Unionshandeln im Bereich der Gemeinsamen Außen- und Sicherheitspolitik zielt, obwohl die Kläger ihren Antrag explizit auf die gemeinsame Handelspolitik bezogen und mit Art. 207 Abs. 2 AEUV ausdrücklich eine Norm aus dem Titel über die Handelspolitik angeführt hatten.

18 Dazu müsste das Recht auf gute Verwaltung die Verpflichtung der Organe umfassen, Anträge nach Treu und Glauben gemäß den Intentionen der Antragsteller zu bearbeiten und nicht zu „verfälschen“. Es liegt sachlich in einer rechtsstaatlichen Demokratie durchaus nahe, als Erwartung an das Verwaltungshandeln zu formulieren, dass die EU-Organe dem Bürger nicht das Wort im Mund umdrehen oder an seinem Antrag vorbeireden. Explizit ist eine solche Verpflichtung oder ein „Verfälschungsverbot“ indes in Art. 41 Abs. 1, 2 GRCh nicht enthalten.

19 Das hindert eine Zuordnung einer solchen, möglicherweise bestehenden Verpflichtung zum Recht auf gute Verwaltung grundsätzlich nicht, weil sich das Recht auf gute Verwaltung ausweislich von Art. 41 Abs. 2 GRCh („insbesondere“) primär als Sammelbecken verschiedenster Einzelanforderungen an das Verwaltungshandeln darstellt, die nur teilweise und exemplarisch im Normtext erwähnt sind. Eine solche Verpflichtung könnte dem Gebot der „gerechten“ Behandlung nach Art. 41 Abs. 1 GRCh oder dem Anspruch auf rechtliches Gehör nach Art. 41 Abs. 2 lit. a) GRCh zuzuordnen sein. Dass die Antwort des EU-Organs mit dem Antrag der Bürgerin oder des Bürgers korrespondieren muss, ist zudem in Art. 41 Abs. 4 GRCh niedergelegt, dort allerdings nur für die gewählte Sprache und nicht für Einzelinhalte der Kommunikation.

Hinweis: In einer Klausur sind Studierende auf den deutschen Normtext des Art. 41 GRCh („gerecht behandelt werden“) beschränkt, der auch im Sinne von „materiell-rechtlich zutreffend“ verstanden werden könnte. Dass „gerechte Behandlung“ ein prozedurales Recht meint, dessen Verletzung vorliegend durchaus in Betracht zu ziehen ist, ist in der deutschen Fassung nur systematisch daraus zu erschließen, dass Art. 41 GRCh auch sonst Verfahrensrechte normiert. In der englischen *(„handled … fairly“)* und französischen Fassung *(„traitées … équitablement“)* wird der prozessuale Fairnesscharakter des Gewährleistungsgehalts besser deutlich.

[69] EuG v. 12.5.2021, T-789/19, Rn. 38.

Es ist indes zweifelhaft, ob mit einem eigenständigen Anspruch darauf, dass die Behörde nicht am Bürger vorbeireden dürfe, irgendein Mehrwert gewonnen werden kann. Sofern dies nämlich – wie es im vorliegenden Fall als nicht ganz fernliegend erscheint – geschieht, wird regelmäßig ein Verstoß gegen das Begründungserfordernis aus Art. 41 Abs. 2 lit. d) GRCh die Folge sein. Denn wenn sich die Behörde nicht sinnvoll mit dem Antrag des Bürgers auseinandersetzt, wenn sie ihn bewusst oder unbewusst missversteht oder verfälscht und sich sodann nicht mit dem Antrag gemäß den Intentionen des Bürgers, sondern mit selbst konstruierten Überlegungen auseinandersetzt, kann sie für das, was der Bürger beantragt hat, keine hinreichende Begründung geben. Es verbessert daher nicht den Grundrechtsschutz, wenn weitere Anforderungen an das Verwaltungshandeln in Art. 41 GRCh verortet werden, deren Missachtung ohnehin als Verstoß gegen das Begründungserfordernis aus Art. 41 Abs. 2 lit. c) AEUV sanktioniert wird. Art. 41 GRCh gewährt daher keinen Schutz vor „Verfälschung" von Anträgen. **20**

Zudem ist fraglich, ob die Kommission im konkreten Fall überhaupt gegen ein eventuelles Verbot der „Verfälschung" eines Antrags verstoßen hätte. Die Kommission hat nämlich durchaus zutreffend erkannt, worauf die von den Klägern geplante EBI in der Sache zielen soll. Sie hat lediglich für die rechtliche Beurteilung der Zulässigkeit der EBI eine andere Auffassung vertreten als die Kläger und sich sodann mit der Rechtsauffassung der Kläger in der Tat nicht weiter auseinandergesetzt. Darüber, ob die eine oder die andere Rechtsauffassung zutreffend ist, kann man streiten; es handelt sich dabei aber nicht um eine „Verfälschung" des Antrags. **21**

Hinweis zum Aufbau: Man kann den vorangehenden Absatz formal als Hilfsgutachten ausflaggen. Denn die Auslegung des Art. 41 GRCh hatte ja ergeben, dass diese Norm nach der hier vertretenen Auffassung keinen eigenständigen, vom Begründungserfordernis zu trennenden Schutz vor „Verfälschung" von Anträgen bietet. Damit kann das Kommissionshandeln mangels einschlägigen Gewährleistungsgehalts des Art. 41 GRCh unter diesem Aspekt nicht einem weiteren Rechtswidrigkeitsverdikt unterfallen. Wenn die Norm nach ihrer Auslegung bereits abstrakt ein bestimmtes Recht nicht gewährt, ist das Ergebnis der Prüfung dieser Norm damit gefunden. Eine Subsumtion mit der Frage, ob denn der konkrete Sachverhalt überhaupt die tatsächlichen Voraussetzungen der Norm erfüllen würde, ist dann nur noch hilfsgutachterlich geboten für den Fall, dass – entgegen der hier vertretenen Auffassung – doch ein entsprechender Schutz vor „Verfälschung" durch die Norm gewährleistet sein sollte. Da die Frage, ob die Kommission den Antrag überhaupt verfälscht hat, hier nur eine Nebenüberlegung ist, die mit wenigen Sätzen abgehandelt werden kann, kann man statt eines ausgeflaggten Hilfsgutachtens auch wie im vorstehenden Text formulieren. Entscheidend ist nicht so sehr, ob der Passus ausdrücklich als Hilfsgutachten bezeichnet wird oder nicht, sondern dass der Aufbau der Klausur stimmt: erst Auslegung der Norm zur Beantwortung der Frage, was sie abstrakt gewährleistet; dann (ggfs.) Subsumtion zur Klärung der Frage, ob die Voraussetzungen im konkreten Fall vorliegen. **22**

Ein über den Verstoß gegen das Begründungserfordernis aus Art. 41 Abs. 2 lit. c) GRCh hinausgehender Verstoß gegen das Recht auf gute Verwaltung ist daher nicht gegeben. **23**

Hinweis: Das EuG hat es sich – wohl wegen der allgemeinen Schwierigkeiten, dem Recht auf gute Verwaltung klare Konturen zu verleihen – mit Art. 41 GRCh einfach gemacht: Obwohl die Kläger einen Verstoß gegen das Recht auf gute Verwaltung explizit und als ersten Klagegrund gerügt hatten, hat das Gericht lediglich den Verstoß gegen das Begründungserfordernis geprüft und den Beschluss dann allein wegen fehlender Begründung für nichtig erklärt. Ein Gericht darf dies tun. Oft ist es sogar klug, wenn sich ein Gericht nicht ohne Not zu einer offenen Rechtsfrage positioniert, die im vorliegenden Fall zwar aufgeworfen werden kann, aber nicht geklärt zu werden braucht, weil sich bereits aus einem anderen Grund ein eindeutiges Ergebnis des Rechtsstreits ergibt. **24**

In einem Rechtsgutachten ist dieses Vorgehen unzulässig: Der Sachverhalt ist stets unter allen in Betracht kommenden Gesichtspunkten einer rechtlichen Würdigung zu unterziehen. Wenn also mehrere voneinander unabhängige Rechtsfehler gerügt werden, prüft man sie im Rechtsguten einfach alle nach und nach durch und sammelt die Gründe, die ggfs. alle gleichermaßen zum selben Ergebnis führen (auch wenn bereits nach der ersten Prüfung feststeht, was das Gesamtergebnis des Falles sein wird). Es bedarf dazu auch keines Hilfsgutachtens, sondern schlicht der schrittweisen Durchprüfung möglicher Rechtsfehler. Ein Hilfsgutachten ist nur geboten, wenn man ein Zwischenergebnis ziehen muss und dann dort ohne Hilfsgutachten aufhören müsste (Bsp.: Die Klage ist unzulässig. Dann ist ihre Begründetheit hilfsgutachterlich zu prüfen).

III. Materieller Verstoß gegen die Registrierungspflicht aus Art. 6 Abs. 3 EBI-VO

25 Der Beschluss der Kommission könnte schließlich gegen ihre Pflicht aus Art. 6 Abs. 3 EBI-VO verstoßen, eine angemeldete EBI zu registrieren, wenn die Bedingungen des Art. 6 Abs. 3 lit. a) bis e) EBI-VO gegeben sind. Diese Bedingungen sind grundsätzlich durchgängig erfüllt, nur gegebenenfalls mit Ausnahme des Erfordernisses aus Art. 6 Abs. 3 lit. c) EBI-VO, wonach die geplante EBI nicht offenkundig außerhalb des Rahmens liegen darf, in dem die Kommission befugt ist, einen Vorschlag für einen Rechtsakt der Union vorzulegen.

26 Soweit die Kommission vorträgt, keinen dem Ziel der geplanten EBI entsprechenden Vorschlag auf der Basis des Art. 215 AEUV vorlegen zu können, trifft dies zu: Es fehlt – siehe Bearbeitungshinweis – in der Tat an einem dafür als Voraussetzung zwingend erforderlichen Beschluss nach Titel V Kapitel 2 EUV. Wenn dies die einzige Möglichkeit wäre, dem Ziel der geplanten EBI zu entsprechend, würde sie in der Tat außerhalb des Rahmens liegen, in dem die Kommission befugt ist, einen Vorschlag für einen Rechtsakt der Union vorzulegen.

27 Die Kommission könnte aber gegebenenfalls auf der Basis des Art. 207 Abs. 2 AEUV einen Vorschlag vorlegen, der die Ziele der geplanten EBI realisieren könnte. Denn Art. 207 Abs. 2 AEUV verweist auf das ordentliche Gesetzgebungsverfahren, mithin auf Art. 294 AEUV. In diesem Rahmen hat die Kommission das Vorschlagsrecht für Rechtsakte, Art. 294 Abs. 2 AEUV. Voraussetzung dafür wäre, dass die Ziele der geplanten EBI durch eine handelspolitische Maßnahme erreicht werden können. Dass dies möglich ist, liegt nicht unbedingt auf der Hand, da sich die Handelspolitik ausweislich der Art. 28–32 AEUV, 207 Abs. 1 AEUV jedenfalls primär auf die Schaffung eines gemeinsamen Zolltarifs, den Abschluss von Zoll- und Handelsabkommen u. ä. stützt. Der mit der EBI angestrebte, politisch motivierte Boykott bestimmter Waren, weil die faktischen Verhältnisse am Produktionsort ggfs. völkerrechtswidrig sind, ist damit ggfs. keine zulässige handelspolitische Maßnahme und jedenfalls keine handelspolitische Schutzmaßnahme im Fall von Dumping oder Subventionen, wie sie in Art. 207 Abs. 1 AEUV erwähnt werden.

28 Als Prüfungsmaßstab gibt Art. 6 Abs. 3 lit. c) EBI-VO indes einen Offensichtlichkeitsmaßstab vor. Nur wenn die Ziele der geplanten EBI offensichtlich nicht im Rahmen des handelspolitischen Kompetenztitels erreicht werden können, könnte darauf die Ablehnung der Registrierung gestützt werden. Dass ein derartiger Warenboykott offensichtlich als handelspolitische Maßnahme unzulässig wäre und ein Handeln der Kommission nach Art. 207 Abs. 2 AEUV daher von vorneherein offensichtlich ausscheidet, lässt sich nicht feststellen. Die Ablehnung der Registrie-

rung der geplanten EBI verstößt somit auch gegen Art. 6 Abs. 3 EBI-VO als einer bei der Durchführung der Verträge anzuwendenden Rechtsnorm i.S. v. Art. 263 Abs. 2 AEUV.

C. Ergebnis

Die Klage hat Aussicht auf Erfolg. Das EuG wird den Beschluss der Kommission **29**
gemäß Art. 264 Abs. 1 AEUV für nichtig erklären.

Fall 5. Zugang zu Trilog-Dokumenten

Sachverhalt[70]

Die Europäische Kommission hat gemäß Art. 289 Abs. 1 AEUV einen Verordnungsvorschlag zur polizeilichen Zusammenarbeit auf der Grundlage von Titel V AEUV (Raum der Freiheit, der Sicherheit und des Rechts) vorgelegt, über den das Europäische Parlament und der Rat im ordentlichen Gesetzgebungsverfahren beraten. Kommission, Parlament und Rat haben sich verständigt, für dieses Gesetzgebungsverfahren – wie für 70% bis 80% aller Gesetzgebungsverfahren der EU – einen „Trilog" durchzuführen. Ein Trilog ist eine informelle, nicht-öffentliche Beratung zwischen Vertreterinnen und Vertretern des Parlaments, des Rates und der Kommission. Ziel dieser Beratung ist es, schnell eine Einigung über ein Paket von Abänderungen zu erzielen, die für das Parlament und den Rat annehmbar sind.

Der Hintergrund dieser primärrechtlich nicht normierten Praxis ist folgender: Das ordentliche Gesetzgebungsverfahren gemäß Art. 294 AEUV besteht grundsätzlich aus drei Lesungen, doch kann es in jeder dieser Phasen beendet werden, wenn das Parlament und der Rat eine Einigung erzielen. Parlament und Rat beschließen vielfach in erster Lesung nach Art. 294 Abs. 3, 4 AEUV, was im Trilog informell abgesprochen worden ist. Der Rückgriff auf Triloge ermöglicht daher ein flexibles Handeln und trägt zu raschen Einigungen in frühen Stadien des Gesetzgebungsverfahrens bei. Die im Trilog getroffenen informellen Absprachen werden üblicherweise in einer vierspaltigen Tabelle (Synopse) niedergelegt, wobei die erste den Wortlaut des Gesetzesvorschlags der Kommission, die zweite den Standpunkt des Parlaments und die von ihm vorgeschlagenen Abänderungen, die dritte den Standpunkt des Rates und die vierte den Wortlaut des vorläufigen Kompromisses aus dem Trilog enthält, über den dann Parlament und Rat formell noch beschließen müssen.

Emilio De Capitani, ein Unionsbürger, hat beim Europäischen Parlament auf der Grundlage der „Verordnung (EG) Nr. 1049/2001 über den Zugang der Öffentlichkeit zu Dokumenten des Europäischen Parlaments, des Rates und der Kommission" den Zugang zu den vierspaltigen Tabellen aus der laufenden Trilogverhandlung beantragt. Das Parlament hat ihm den Dokumentenzugang mit einem auf Art. 4 Abs. 3 VO (EG) Nr. 1049/2001 gestützten Beschluss verweigert: Die vierte Spalte des Dokuments enthalte einen vorläufigen Kompromisstext, dessen Verbreitung eine Beeinträchtigung des Entscheidungsprozesses des Organs sowie des interinstitutionellen Entscheidungsprozesses im Zusammenhang mit dem laufenden Gesetzgebungsverfahren darstelle. Der Bereich der polizeilichen Zusammenarbeit, zu dem die in Rede stehenden Dokumente gehörten, sei sehr sensibel. Die Verbreitung dieser Dokumente würde daher das Vertrauen zwischen den Mitgliedstaaten und zwischen den Organen der Europäischen Union und somit deren gute Zusammenarbeit schwächen.

---

70 Fall nach EuG v. 22.3.2018, T-540/15; eher kürzere Urteilsanmerkung dazu von *M. Jäkel,* NVwZ 2019, 150ff.; für einen weiteren Fall zum Trilog → Fall 9.

Herr *De Capitani* hat gegen diesen ablehnenden Parlamentsbeschluss Klage vor dem Europäischen Gericht erhoben. Der Rat und die Kommission, die sich am Gerichtsverfahren zur Unterstützung des Parlaments beteiligen, tragen vor Gericht vor, aus Art. 13 Abs. 1 EUV, Art. 294 AEUV sei eine generelle Regel abzuleiten, nach der zum Schutz der Effizienz und Integrität des Gesetzgebungsprozesses der Zugang zur vierten Spalte der Tabellen von laufenden Trilogen generell verweigert werden könne. Wenn Triloge nicht abgeschirmt von der Öffentlichkeit stattfinden könnten, würden sie ihres Sinnes beraubt.

Während des laufenden Gerichtsverfahrens teilt das Parlament Herrn *De Capitani* mit, das fragliche Gesetzgebungsverfahren sei nunmehr abgeschlossen, der Entscheidungsprozess also nicht mehr schützenswert, und übermittelt ihm nun das angeforderte Trilogdokument. Daraus ersieht Herr *De Capitani,* dass sich die in der vierten Spalte wiedergegebenen vorläufigen Einigungen auf allgemeine und abstrakte Fragen bezogen, u.a. auf die Besetzung des Verwaltungsrats von Europol, ohne dass dabei sensible Informationen – z.B. mit Bezug auf die Bekämpfung von Terrorismus, die organisierte Kriminalität oder konkrete polizeiliche Projekte – erwähnt worden wären. Das stellt Herrn *De Capitani* nicht zufrieden, weil er auch in künftigen Fällen Zugang zu Trilogdokumenten bekommen möchte.

Hat seine Klage (weiterhin) Aussicht auf Erfolg?

Auszug aus der Satzung des Gerichtshofs der Europäischen Union:

„**Art. 51 Abs. 1.** Abweichend von der in Art. 256 Abs. 1 AEUV vorgesehenen Regelung sind dem Gerichtshof die Klagen gemäß den Artikeln 263 und 265 AEUV vorbehalten, die von einem Mitgliedstaat gegen eine Handlung oder wegen unterlassener Beschlussfassung des Europäischen Parlaments oder des Rates oder dieser beiden Organe in den Fällen, in denen sie gemeinsam beschließen, erhoben werden, …"

Auszug aus VO (EG) Nr. 1049/2001

„Artikel 2 – Zugangsberechtigte und Anwendungsbereich

(1) Jeder Unionsbürger sowie jede natürliche oder juristische Person mit Wohnsitz oder Sitz in einem Mitgliedstaat hat vorbehaltlich der in dieser Verordnung festgelegten Grundsätze, Bedingungen und Einschränkungen ein Recht auf Zugang zu Dokumenten der Organe.

(3) Diese Verordnung gilt für alle Dokumente eines Organs, das heißt Dokumente aus allen Tätigkeitsbereichen der Union, die von dem Organ erstellt wurden oder bei ihm eingegangen sind und sich in seinem Besitz befinden.

Artikel 4 – Ausnahmeregelung

(1) Die Organe verweigern den Zugang zu einem Dokument, durch dessen Verbreitung Folgendes beeinträchtigt würde:

a) der Schutz des öffentlichen Interesses im Hinblick auf:
   - die öffentliche Sicherheit,
   - die Verteidigung und militärische Belange, …

(3) Der Zugang zu einem Dokument, das von einem Organ für den internen Gebrauch erstellt wurde oder bei ihm eingegangen ist und das sich auf eine Angelegenheit bezieht, in der das Organ noch keinen Beschluss gefasst hat, wird verweigert, wenn eine Verbreitung des Dokuments den Entscheidungsprozess des Organs ernstlich beeinträchtigen würde, es sei denn, es besteht ein überwiegendes öffentliches Interesse an der Verbreitung. …

(7) Die Ausnahmen gemäß den Absätzen 1 bis 3 gelten nur für den Zeitraum, in dem der Schutz aufgrund des Inhalts des Dokuments gerechtfertigt ist. …"

Vorüberlegungen und Anforderungsprofil

Es handelt sich erneut um eine Nichtigkeitsklage. In diesem Fall besteht die Besonderheit, dass sich die Hauptsache durch die öffentliche Zugänglichmachung der fraglichen Dokumente nach Abschluss des Gesetzgebungsverfahrens erledigt hat. Somit ist die Klageberechtigung näher zu erörtern. Studierende mit fortgeschrittenen Kenntnissen im deutschen Verwaltungsprozessrecht können Parallelen zur Prüfung der Statthaftigkeit und Zulässigkeit der Fortsetzungsfeststellungsklage auf Basis der VwGO ziehen und die Überlegungen auf die Klageberechtigung in der europarechtlichen Fallkonstellation einer Nichtigkeitsklage nach Erledigung übertragen.

Die Begründetheitsprüfung erfordert ein paar Überlegungen für einen überzeugenden Aufbau. In materieller Hinsicht geht es im Fall 5 nicht unmittelbar um die Frage, ob die Durchführung des Trilogs eine Verletzung der Verträge darstellt, auch wenn die Entscheidung des EuG den Trilog implizit anerkannt und damit konstitutionalisiert hat (zum Trilog nochmals → Fall 9/42 ff.). Stattdessen thematisiert Fall 5 vorrangig das primärrechtlich verankerte Transparenzgebot (Art. 15 Abs. 2 AEUV) und seine Einschränkbarkeit. Die Maßstäbe dafür müssen eigenständig entwickelt werden. Das kann man anspruchsvoll gestalten, wenn man dafür mit den Funktionslogiken des parlamentarischen Verfahrens argumentiert; brauchbare Ausführungen dazu zeichnen dann eine Klausurbearbeitung als deutlich überdurchschnittlich gelungen aus. Im Anschluss daran ist die Prüfung der Voraussetzung des Art. 4 VO (EG) Nr. 1049/2001 im konkreten Fall ein einfacher Subsumtionsvorgang, der keine große Schwierigkeit darstellen dürfte.

Gliederung

Lösung

A. Zulässigkeit der Klage

I. Statthaftigkeit der Nichtigkeitsklage

1 Als statthafte Klageart kommt nur die Nichtigkeitsklage gemäß Art. 263 AEUV in Betracht.[71] Zuständig für die Nichtigkeitsklage ist im ersten Rechtszug grundsätzlich das Gericht (EuG), Art. 256 Abs. 1 AEUV, soweit nicht die Satzung die Zuständigkeit dem Gerichtshof (EuGH) vorbehält. Dies ist durch Art. 51 Abs. 1 Gerichtshofs-Satzung für Klagen eines Mitgliedstaats gegen Handlungen europäischer Organe geschehen, nicht aber für Klagen von Bürgern. Für die Klage des Herrn *De Capitani* ist daher das Gericht zuständig.

Hinweis zur statthaften Klageart: Die prozessuale Konstellation dieses Falles hat deutliche Parallelen zu Fallkonstellationen, in denen im deutschen Verwaltungsprozessrecht eine Fortsetzungsfeststellungsklage zu führen wäre (Fortführung einer Verpflichtungs- oder Leistungsklage nach Erledigung der Hauptsache im Falle von Wiederholungsgefahr o. ä.). Das EU-Prozessrecht kennt aber keine Verpflichtungs- und Leistungsklagen, sondern nur die Nichtigkeitsklage gegen ablehnende Entscheidungen. Wenn es schon keine Verpflichtungs- und Leistungsklagen gibt, können sie nach Erledigung der Hauptsache auch nicht in Form einer speziellen Fortsetzungsfeststellungsklage fortgeführt werden. Einzige denkbare Klageart ist im EU-Prozessrecht die Nichtigkeitsklage. Gemäß Art. 266 Abs. 1 AEUV sind die vertragswidrig handelnden oder untätig gebliebenen EU-Organe dann verpflichtet, die sich aus dem Urteil ergebenden Maßnahmen zu ergreifen (siehe bereits → Fall 4/10).

II. Klagegegenstand

2 Klagegegenstand können nach Art. 263 Abs. 1 AEUV u. a. Handlungen des Europäischen Parlaments mit Rechtswirkungen gegenüber Dritten sein, hier der Beschluss über die Ablehnung des Dokumentenzugangs.

Hinweis: Es handelt sich um einen Beschluss i. S. v. Art. 288 Abs. 4 S. 2 AEUV, also eine verbindliche Entscheidung, die gegenüber einem bestimmten Adressaten erlassen worden ist. Funktional entspricht der Beschluss in dieser Konstellation dem Verwaltungsakt des deutschen Rechts.[72]

III. Klageberechtigung nach Erledigung

3 Natürliche Personen (sog. nicht-privilegierte Kläger) können Nichtigkeitsklage nach Art. 263 Abs. 1, 2 AEUV nur gegen die an sie gerichteten oder sie unmittelbar und

[71] Zu den Zulässigkeitsvoraussetzungen der Nichtigkeitsklage: *Sydow/Wittreck,* Dt. u. Eur. VerfR I, Rn. 17/55 ff.; zusammenfassend zum europäischen Rechtsschutzsystem: *Lorenzen,* JURA 2022, 415 ff.; *Mächtle,* JuS 2014, 508 ff.

[72] Zu den Rechtsquellen im Unionsrecht: *Ruffert/Grischek/Schramm,* JuS 2020, 413 ff.

individuell betreffenden Handlungen erheben, Art. 263 Abs. 4 AEUV.[73] Da sich der Beschluss über die Ablehnung des Dokumentenzugangs an Herrn *De Capitani* richtet, ist er grundsätzlich klageberechtigt. Er hat indes mittlerweile Zugang zu den begehrten Dokumenten erhalten.

4 Nach ständiger Rechtsprechung ist eine Nichtigkeitsklage einer natürlichen oder juristischen Person nur zulässig, wenn der Kläger ein Interesse an der Nichtigerklärung der angefochtenen Handlung hat.[74] Das Rechtsschutzinteresse setzt also voraus, dass die Klage derjenigen Partei, die sie erhoben hat, im Ergebnis einen Vorteil verschaffen kann. Es muss grundsätzlich bei Klageerhebung gegeben sein und bis zum Erlass der gerichtlichen Entscheidung weiter vorliegen. Liegt das Rechtsschutzinteresse von Anfang an nicht vor, ist die Klage unzulässig; entfällt es vor Erlass der gerichtlichen Entscheidung, ist der Rechtsstreit in der Hauptsache erledigt.[75] Es ist daher zu prüfen, ob die öffentliche Zugänglichmachung der fraglichen Dokumente nach Abschluss des Gesetzgebungsverfahrens, auf das sie sich bezog, die Zulässigkeit der Klage auf Nichtigerklärung des angefochtenen Beschlusses entfallen lässt.

5 Der Kläger kann auch nach Erledigung weiterhin ein Interesse daran haben, eine Handlung eines Unionsorgans für nichtig erklären zu lassen, um zu verhindern, dass sich der behauptete Rechtsverstoß in Zukunft wiederholt. Ein solches Interesse folgt aus Art. 266 Abs. 1 AEUV, wonach das Organ, dem das für nichtig erklärte Handeln zur Last fällt, die sich aus dem Urteil ergebenden Maßnahmen zu ergreifen hat. Dieses Rechtsschutzinteresse kann jedoch nur gegeben sein, wenn sich der behauptete Rechtsverstoß unabhängig von den Umständen der Rechtssache, die zur Klageerhebung geführt haben, in Zukunft wiederholen kann. Dies ist in der vorliegenden Rechtssache der Fall, da der vom Kläger behauptete Rechtsverstoß auf einer Auslegung einer der in VO (EG) Nr. 1049/2001 vorgesehenen Ausnahmen beruht, deren Wiederholung anlässlich eines neuerlichen Antrags sehr wahrscheinlich ist. Zudem lässt sich ein Teil der geltend gemachten Gründe für die Verweigerung des Zugangs in dem angefochtenen Beschluss übergreifend auf alle Anträge auf Zugang zu den Arbeiten der laufenden Triloge übertragen.[76] Der behauptete Rechtsverstoß kann sich somit in Zukunft wiederholen.

Hinweis: Diese Argumentation des EuG zur (fortbestehenden) Zulässigkeit der Nichtigkeitsklage trotz Erledigung der Hauptsache bei Wiederholungsgefahr deckt sich sachlich vollständig mit den Überlegungen, mit denen die deutschen Verwaltungsgerichte Statthaftigkeit und Zulässigkeit einer Fortsetzungsfeststellungsklage begründen.

IV. Klagegrund

6 Der Kläger muss einen der in Art. 263 Abs. 2 AEUV benannten Klagegründe vortragen. Gerügt wird eine Verletzung der VO (EG) Nr. 1049/2001, also des europäischen Sekundärrechts, was einen tauglichen Klagegrund darstellt.

73 Zur individuellen Betroffenheit bei Nichtigkeitsklagen: *Kingreen,* JURA 2021, 1133.

74 EuG v. 22.3.2019, T – 540/15, Rn. 29 mit weiteren Nachweisen.

75 EuG v. 22.3.2019, T – 540/15, Rn. 30.

76 EuG v. 22.3.2019, T – 540/15, Rn. 32.

V. Frist

Die Nichtigkeitsklage war gemäß Art. 263 Abs. 6 EUV binnen zwei Monaten nach Bekanntgabe des Beschlusses zu erheben. 7

VI. Zwischenergebnis

Die Nichtigkeitsklage ist zulässig. 8

B. Begründetheit der Nichtigkeitsklage

Zum Aufbau der Begründetheitsprüfung: Angesichts des Parteivorbringens sind zwei Fragen zu unterscheiden: 9
- Das Parlament trägt vor, dass im konkreten Fall ein Ausnahmetatbestand nach Art. 4 VO (EG) Nr. 1049/2001 greife, was eine Subsumtion unter diese Norm erfordern wird;
- Rat und Kommission sind der (weitergehenden) Auffassung, dass die Funktion des Trilogverfahrens es generell gebiete, dass dieses unter Ausschluss der Öffentlichkeit stattfinde.

Das EuG hat die weitergehende zweite Frage zuerst geprüft, weil sich im Falle der Richtigkeit der Rechtsauffassung von Rat und Kommission die erste Frage prozessual nicht mehr stellen würde. In der Klausur ist diese Überlegung kein zwingender Grund für den Klausuraufbau, weil in jedem Fall beide Fragen – ggfs. hilfsgutachterlich – zu klären sind. Gleichwohl ist es sinnvoll, die weiterreichende Frage zunächst zu erörtern.

I. Genereller Ausschluss des Zugangs zu Dokumenten über laufende Triloge

1. Grundsatz der Öffentlichkeit des Gesetzgebungsverfahrens, Art. 15 Abs. 2 AEUV

Grundsätzlich tagt das Parlament nach Art. 15 Abs. 2 AEUV öffentlich, ebenso der Rat, wenn er über Entwürfe zu Gesetzgebungsakten berät oder abstimmt.[77] Zudem kommt dem Grundsatz der Transparenz im Bereich des Gesetzgebungsprozesses eine hohe Bedeutung für die Vermittlung von Legitimität bei. Die Möglichkeit für die Bürger, sich über die Grundlagen der Gesetzgebungstätigkeit zu informieren, ist nämlich eine Voraussetzung dafür, dass sie ihre demokratischen Rechte effektiv ausüben können. Die Grundsätze der Offenheit und der Transparenz sind somit dem Gesetzgebungsverfahren der Union inhärent.[78] Da der Trilog sowohl in zeitlicher Hinsicht als auch mit Blick auf seine Funktion Teil des Gesetzgebungsverfahrens ist, gilt dies auch für Trilogdokumente. 10

Hinweis: Das EuG hat mit diesen Ausführungen nicht nur einen generellen Maßstab für den Dokumentenzugang im Trilog gesetzt, sondern implizit den Trilog überhaupt erst einmal als zulässig anerkannt. Das ist von Bedeutung, weil es auch Stimmen in der Literatur gibt bzw. bis zum Urteil gab, die die Zulässigkeit des Trilogverfahrens generell bestreiten, weil dieses Verfahren in Art. 294 AEUV nicht vorgesehen sei und die dort normierten Verfahrensschritte in ihrer Bedeutung aushöhle.[79] Das EuG hat

---

[77] Allgemein zum Gesetzgebungsverfahren in der Union: *Sydow/Wittreck,* Dt. u. Eur. VerfR I, Rn. 15/194 ff.; *Otto,* JA 2018, 447 ff.; *Pernice-Warnke,* JuS 2018, 666 ff.

[78] EuG v. 22.3.2019, T – 540/15, Rn. 80 f.

[79] Zur Funktionsweise und primärrechtlichen Zulässigkeit des Trilogs: *Sydow/Wittreck,* Dt. u. Eur. VerfR I, Rn. 15/197 ff.

diese Auffassung mit seinem Urteil implizit abgelehnt und den Trilog damit „konstitutionalisiert", d. h. als üblichen und zulässigen Bestandteil des EU-Gesetzgebungsverfahrens akzeptiert. Diese Entscheidung ist überzeugend, weil Art. 294 AEUV ja selbst die Möglichkeit vorsieht, das Gesetzgebungsverfahren bereits in erster Lesung zu beenden, und damit primärrechtlich diejenige Option schafft, die der Trilog nutzt (siehe hierzu auch → Fall 9/43 ff.).

11 Die Auffassung von Rat und Kommission, dass Dokumente über laufende Triloge generell nicht öffentlich zugänglich zu machen seien, müsste daher auf eine normative Grundlage auf Ebene des Primärrechts gestützt werden können, um das Transparenzgebot des Art. 15 Abs. 2 AEUV einschränken zu können.

2. Effizienz und Integrität des Gesetzgebungsprozesses als rechtfertigender Grund

12 Der Rat und die Kommission machen geltend, dass die Effizienz und Integrität des Gesetzgebungsprozesses, wie er in Art. 13 Abs. 1 EUV, Art. 294 AEUV geregelt sei, es den Organen ermöglichen müssten, sich auf eine allgemeine Vermutung der Nichtverbreitung der vierten Spalte der Tabellen der laufenden Triloge zu stützen. Normhierarchisch wären diese Primärrechtsbestimmungen grundsätzlich geeignet, Ausnahmen vom Öffentlichkeitsgebot des Gesetzgebungsverfahrens aus Art. 15 Abs. 2 AEUV zu tragen.

13 Es ist indes kein Anhaltspunkt ersichtlich, warum das grundsätzlich öffentlich ablaufende Gesetzgebungsverfahren nur dann effizient geführt werden können soll, wenn Teile davon nicht-öffentlich verhandelt werden. Es ist zwar richtig, dass es stets informeller Gespräche am Rande von Plenarsitzungen und sonstiger Vorklärungen und Abstimmungen bedarf, um ein förmliches Gesetzgebungsverfahren effektiv zu einem Ergebnis zu führen. Das bezieht sich aber gerade auf nichtformalisierte Verfahrensschritte. Da die am Gesetzgebungsverfahren beteiligten Organe den Trilog als regulären Verfahrensschritt im Gesetzgebungsverfahren etabliert und ihn – etwa durch Erstellung der vierspaltigen Synopsen – auch formalisiert haben, unterliegt er grundsätzlich den aus Art. 15 Abs. 2 AEUV abzuleitenden Anforderungen an Transparenz und Öffentlichkeit.

II. Ernstliche Beeinträchtigung des Entscheidungsprozesses bei Gewährung von Dokumentenzugang im konkreten Fall

1. Art. 4 VO (EG) Nr. 1049 als primärrechtlich zulässige Ausnahmeklausel für Einzelfälle

14 Ein Ausschluss vom grundsätzlichen Transparenzgebot kann sich daher nur ergeben, wenn im konkreten Fall für das vorliegende Gesetzgebungsverfahren und das in diesem Rahmen erarbeitete Trilogdokument ein Ausschlusstatbestand greift. Dass solche Ausschlusstatbestände primärrechtlich zulässig sind, bestimmt Art. 15 Abs. 3 UAbs. 2 AEUV, wonach durch Verordnung auch Einschränkungen für den Zugang zu Dokumenten normiert werden können. Solche Einzelfälle, in denen der Dokumentenzugang zulässigerweise verweigert werden darf, sind durch Art. 4 VO (EG) Nr. 1049/2001 normiert worden. Fraglich ist, ob dessen Voraussetzungen im konkreten Fall vorliegen.

2. Voraussetzungen des Art. 4 Abs. 1 lit. a) VO (EG) Nr. 1049/2001 im konkreten Fall

In Betracht kommt, dass der Dokumentenzugang auf Grund von Art. 4 Abs. 1 lit. a) VO (EG) Nr. 1049/2001 zum Schutz des öffentlichen Interesses im Hinblick auf die öffentliche Sicherheit verweigert werden durfte. **15**

Dass sich die in Rede stehenden Dokumente auf den Bereich der polizeilichen Zusammenarbeit beziehen, kann indes für sich allein nicht genügen, um die besondere Sensibilität dieser Dokumente zu belegen. Das hätte nämlich zur Folge, dass ein gesamter Bereich des Unionsrechts den Anforderungen an die Transparenz des entsprechenden Gesetzgebungsverfahrens entzogen werden würde.[80] Dass die Beratungen über die Zusammensetzung des Verwaltungsrats von Europol sensibler Natur seien, ist kaum ein tragfähiges Argument. Denn diese Frage hat eher institutionelle oder organisatorische Aspekte.[81] Die öffentliche Sicherheit wäre daher durch eine Veröffentlichung des Trilogdokuments nicht beeinträchtigt worden. **16**

3. Voraussetzungen des Art. 4 Abs. 3 VO (EG) Nr. 1049/2001 im konkreten Fall

In Betracht kommt schließlich, dass der Zugang zum fraglichen Trilogdokument nach Art. 4 Abs. 3 VO (EG) Nr. 1049/2001 verweigert werden durfte. Danach ist ein Dokument vertraulich, das von einem Organ für den internen Gebrauch erstellt wurde oder bei ihm eingegangen ist und das sich auf eine Angelegenheit bezieht, in der das Organ noch keinen Beschluss gefasst hat, wenn eine Verbreitung des Dokuments den Entscheidungsprozess des Organs ernstlich beeinträchtigen würde, es sei denn, es besteht ein überwiegendes öffentliches Interesse an der Verbreitung. Bei dem Trilog handelte es sich um einen laufenden Entscheidungsprozess. Fraglich ist, ob die weiteren Voraussetzungen der Norm gegeben sind. **17**

Das Parlament hat sich auf allgemeine Erwägungen zum vorläufigen Charakter der in der vierten Spalte der Tabellen der Triloge enthaltenen Informationen, zum Klima des Vertrauens bei den Debatten in den Trilogen, zum Risiko eines Drucks von außen, der den Ablauf der laufenden Erörterungen beinträchtigen könnte, zur Erhaltung eines Platzes für den Schutz der Vertraulichkeit sowie zum vorübergehenden Charakter der Zugangsverweigerung berufen. **18**

In einem System, das auf dem Grundsatz der demokratischen Legitimität beruht, müssen sich die Mitgesetzgeber aber für ihre Handlungen gegenüber der Öffentlichkeit verantworten. Die Ausübung der demokratischen Rechte durch die Bürger setzt nämlich die Möglichkeit voraus, den Entscheidungsprozess innerhalb der an den Gesetzgebungsverfahren beteiligten Organe im Einzelnen zu verfolgen und Zugang zu sämtlichen einschlägigen Informationen zu erhalten. Daher ist die Manifestation der öffentlichen Meinung zu diesem oder jenem Vorschlag oder einer vorläufigen legislativen Einigung, die im Rahmen eines Trilogs zustande gekommen ist und in der vierten Spalte der Tabellen der Triloge wiedergegeben wird, Bestandteil der Ausübung der demokratischen Rechte der Unionsbürgerinnen und Unionsbürger, zumal diese Einigungen im Allgemeinen anschließend ohne wesentliche Ände- **19**

[80] EuG v. 22.3.2019, T – 540/15, Rn. 89.
[81] EuG v. 22.3.2019, T – 540/15, Rn. 91.

rungen durch die Mitgesetzgeber angenommen werden.[82] Somit greift auch Art. 4 Abs. 3 VO (EG) Nr. 1049/2001 im konkreten Fall nicht.

C. Ergebnis

20 Es gibt keinen allgemeinen Grundsatz, nach dem der Zugang zu Dokumenten aus laufenden Trilogen generell ausgeschlossen ist. Auch greift im konkreten Fall keine Ausnahme der VO (EG) Nr. 1049/2001. Der Beschluss des Parlaments zur Verweigerung des Dokumentenzugangs war daher rechtswidrig. Das Gericht wird ihn wegen Wiederholungsgefahr auch nach Erledigung für nichtig erklären. Die Klage hat daher weiterhin Aussicht auf Erfolg.

[82] EuG v. 22.3.2019, T – 540/15, Rn. 98.

Fall 6. Kürzung von Haushaltsmitteln

Sachverhalt[83]

Der EU-Gesetzgeber hat 2020 auf der Rechtsgrundlage des Art. 322 Abs. 1 lit. a) AEUV die VO (EU, Euratom) 2020/2092 über eine allgemeine Konditionalitätsregelung zum Schutz des Haushalts der Union (Konditionalitäts-VO) erlassen. Die Konditionalitäts-VO ermöglicht es, im Falle von Rechtsstaatsdefiziten in einem Mitgliedstaat die Auszahlung von EU-Haushaltsmitteln für von den Mitgliedstaaten verwaltete EU-Förderprogramme an den betreffenden Mitgliedstaat auszusetzen. Der betreffende Mitgliedstaat würde dann beispielsweise keine Erasmus-Mittel aus dem EU-Haushalt mehr zugewiesen bekommen, sondern müsste die Erasmuszahlungen an Studierende aus seinen eigenen Steuereinnahmen finanzieren. Über das Vorliegen von Rechtsstaatsdefiziten und die Verhängung dieser Sanktion entscheidet nach der Konditionalitäts-VO auf Vorschlag der Kommission der Rat mit Mehrheitsentscheidung.

Der Konditionalitäts-VO liegen nach ihren Erwägungsgründen folgende Überlegungen zu Grunde: Bei der Ausführung des Haushaltsplans der Union durch die Mitgliedstaaten ist die Achtung der Rechtsstaatlichkeit eine Grundvoraussetzung für die Einhaltung des Grundsatzes der Wirtschaftlichkeit der Haushaltsführung, der in Art. 317 AEUV verankert ist. Eine wirtschaftliche Haushaltsführung kann von den Mitgliedstaaten nur gewährleistet werden, wenn die Behörden im Einklang mit dem Gesetz handeln, wenn Betrugsfälle, Steuerhinterziehung, Korruption, Interessenkonflikte und andere Gesetzesverstöße wirksam von Ermittlungs- und Strafverfolgungsinstanzen verfolgt werden und wenn willkürliche oder unrechtmäßige Entscheidungen von Behörden einer wirksamen gerichtlichen Kontrolle durch unabhängige Gerichte unterworfen werden können.

Ungarn fürchtet, zu den ersten Staaten zu zählen, denen auf der Grundlage der Konditionalitäts-VO Mittel aus dem EU-Haushalt gekürzt werden, und klagt daher vor dem EuGH auf Nichtigerklärung der Verordnung. Als ersten Klagegrund trägt Ungarn vor, dass Art. 322 Abs. 1 lit. a) AEUV keine geeignete Rechtsgrundlage für den Erlass der angefochtenen Verordnung darstelle, weil die Sicherung einer ordnungsgemäßen Haushaltsführung nur vorgeschoben sei; in Wirklichkeit gehe es der EU darum, Ungarn das EU-Verständnis von Rechtsstaatlichkeit aufzuzwingen und Geld dafür als Druckmittel einzusetzen. Als zweiten Klagegrund trägt Ungarn vor, diese Verordnung umgehe das in Art. 7 EUV vorgesehene Verfahren und das in Art. 7 Abs. 2 EUV vorgesehene Erfordernis der Einstimmigkeit im Europäischen Rat, obwohl ausschließlich dieses Verfahren des Art. 7 EUV zum Schutz der in Art. 2 EUV genannten Werte anwendbar sei, und untergrabe die in Art. 269 AEUV geregelte Einschränkung der Zuständigkeiten des EuGH.

Mit dem dritten Klagegrund macht Ungarn mit Unterstützung der Republik Polen geltend, die angefochtene Verordnung verstoße gegen die als allgemeine Grundsätze des Unionsrechts anerkannten Grundsätze der Rechtssicherheit und der Normen-

[83] Fall nach EuGH v. 16.2.2022, C-156/21.

klarheit.[84] So wie der Begriff „Rechtsstaatlichkeit" in Art. 2 der Verordnung definiert oder besser nicht definiert sei, lasse er erhebliche konzeptuelle Unsicherheiten zutage treten. Rechtsstaatlichkeit sei ein Ideal oder allenfalls ein Orientierungspunkt, das bzw. der niemals vollständig erreicht werde. Ob die Rechtsstaatlichkeit gewahrt werde, sei daher im Wege einer relativen Betrachtung zu beurteilen, zumal kein Staat von sich behaupten könne, sie perfekt umzusetzen. Der Begriff der Rechtsstaatlichkeit entziehe sich einer präzisen Definition. und sein Gehalt entwickle sich ständig fort. Die Union müsse nach Art. 4 Abs. 2 EUV die nationale Identität der Mitgliedstaaten achten, die in ihren grundlegenden politischen und verfassungsmäßigen Strukturen zum Ausdruck komme.

Hat die Klage Aussicht auf Erfolg?

Auszug aus der Konditionalitäts-VO:

„**Artikel 1.**

In dieser Verordnung sind die Regeln festgelegt, die zum Schutz des Haushalts der Union im Falle von Verstößen gegen die Grundsätze der Rechtsstaatlichkeit in den Mitgliedstaaten erforderlich sind.

Artikel 3.

Für die Zwecke dieser Verordnung kann Folgendes ein Hinweis auf Verstöße gegen die Grundsätze der Rechtsstaatlichkeit sein:

a) die Gefährdung der Unabhängigkeit der Justiz;

b) das Versäumnis, willkürliche oder rechtswidrige Entscheidungen von Behörden[,] einschließlich Strafverfolgungsbehörden, zu verhüten, zu korrigieren oder zu ahnden, die ihre ordnungsgemäße Arbeit beeinträchtigende Einbehaltung finanzieller und personeller Ressourcen oder das Versäumnis, sicherzustellen, dass keine Interessenkonflikte bestehen;

c) die Einschränkung der Zugänglichkeit und Wirksamkeit von Rechtsbehelfen, auch mittels restriktiver Verfahrensvorschriften und der Nichtumsetzung von Gerichtsentscheidungen oder der Einschränkung der wirksamen Untersuchung, Verfolgung oder Ahndung von Rechtsverstößen."

Auszug aus der Satzung des Gerichtshofs der Europäischen Union:

„**Artikel 51 Abs. 1.** Abweichend von der in Artikel 256 Abs. 1 AEUV vorgesehenen Regelung sind dem Gerichtshof die Klagen gemäß den Artikeln 263 und 265 AEUV vorbehalten, die von einem Mitgliedstaat gegen eine Handlung oder wegen unterlassener Beschlussfassung des Europäischen Parlaments oder des Rates oder dieser beiden Organe in den Fällen, in denen sie gemeinsam beschließen, erhoben werden, …"

Vorüberlegungen und Anforderungsprofil

Bei der Prüfung der Zulässigkeitsvoraussetzungen der Nichtigkeitsklage besteht die einzige Schwierigkeit darin, den gerügten Verstoß gegen allgemeine Rechtsgrundsätze einem der in Art. 263 Abs. 2 AEUV genannten Klagegründe zuzuordnen. Im Übrigen handelt es sich um eine Standardprüfung der Zulässigkeit einer Nichtigkeitsklage. Eine intensivere Auseinandersetzung mit den einzelnen Zulässigkeitspunkten wäre verfehlt.

[84] Der hier wiedergegebene Parteivortrag ist nicht fiktiv; Ungarn hat diese Aussagen zur Rechtsstaatsprinzip als eines bloßen Orientierungspunktes und Ideals mit Unterstützung Polens im Verfahren vor dem EuGH allen Ernstes so vorgetragen, siehe EuGH v. 16.2.2022, C-156/21, Rn. 199 ff.

In materieller Hinsicht werden grundlegende Kenntnisse über die Kompetenzverteilung zwischen der Europäischen Union und den Mitgliedstaaten (Stichwort „Prinzip der begrenzten Einzelermächtigung") vorausgesetzt. Sofern diese vorhanden sind, dürfte der erste Klagegrund mit gründlicher Auswertung der Informationen aus dem Sachverhalt und den Voraussetzungen der genannten Rechtsgrundlage, keine größeren Probleme bereiten. Hier kommt es für die Qualität der Bearbeitung insbesondere auf eine stringente Argumentation an. Der zweite Klagegrund ist hingegen deutlich anspruchsvoller und setzt voraus, das Verfahren nach Art. 7 EUV gründlich zu analysieren und zu den neuen Regelungen der Konditionalitäts-VO in Bezug zu setzen. Vorkenntnisse zu Art. 7 EUV werden dabei nicht erwartet, vielmehr ergeben sich die maßgeblichen Aspekte durch intensive Lektüre des Normtextes. Für die Prüfung des dritten Klagegrundes sind Kenntnisse zu den Grundsätzen der Rechtssicherheit und Normenklarheit von Vorteil, wobei hier auf Wissen zum nationalen Verfassungsrecht zurückgegriffen und dieses auf die europarechtliche Fallkonstellation übertragen werden kann.

Gliederung

Lösung

A. Zulässigkeit der Nichtigkeitsklage

I. Statthaftigkeit der Nichtigkeitsklage

Als statthafte Klage kommt nur die Nichtigkeitsklage gemäß Art. 263 AEUV in Betracht.[85] Zuständig ist im ersten Rechtszug grundsätzlich das Gericht, Art. 256 1

[85] Zu den Zulässigkeitsvoraussetzungen der Nichtigkeitsklage: *Sydow/Wittreck,* Dt. u. Eur. VerfRI, Rn. 17/55 ff., *Mächtle,* JuS 2015, 28 ff.; zur Übung: *Schuster,* JuS 2019, 39 ff., *Kühling/Drechsler,* JuS 2017, 335 ff.

Abs. 1 AEUV, soweit nicht die Satzung die Zuständigkeit dem Gerichtshof vorbehält. Dies ist durch Art. 51 Abs. 1 Gerichtshofs-Satzung für Klagen eines Mitgliedstaats gegen Handlungen europäischer Organe geschehen. Da mit Ungarn ein Mitgliedstaat klagt, ist die Zuständigkeit des Gerichtshofs (EuGH) begründet.

Hinweis zur Terminologie: Die hier anzuwendenden Normen kann man nur auf der Basis des Art. 19 Abs. 1 EUV verstehen (siehe → Einleitung/53 ff. und Fall 1/9). Danach ist der „Gerichtshof der Europäischen Union" eine Zusammenfassung mehrerer organisatorisch selbständiger Gerichte: des „Gerichts" (EuG) und des „Gerichtshofs" (EuGH).

II. Klagegegenstände

2 Klagegegenstand können nach Art. 263 Abs. 1 AEUV u.a. Handlungen des Europäischen Parlaments und des Rats in den Fällen sein, in denen sie gemeinsam beschließen. Das ist nach Art. 289 Abs. 1 AEUV beim Erlass von Gesetzgebungsakten wie der Konditionalitäts-VO der Fall, die deshalb ein tauglicher Klagegegenstand ist.

III. Klageberechtigung Ungarns

3 Als Mitgliedstaat gehört Ungarn nach Art. 263 Abs. 2 AEUV zum Kreis der Kläger, die ohne weitere Voraussetzungen Nichtigkeitsklage erheben können (privilegierter Kläger).

IV. Klagegründe

4 Der klagende Mitgliedstaat muss mindestens einen der in Art. 263 Abs. 2 AEUV benannten Klagegründe vortragen, wobei insbesondere Unzuständigkeit und eine Verletzung der Verträge in Betracht kommen. Ungarn rügt einerseits mit der fehlenden Kompetenzgrundlage die Unzuständigkeit der EU für den Erlass der Konditionalitäts-VO, andererseits eine Umgehung und damit eine Verletzung von Art. 7 EUV. Der gerügte dritte Verstoß gegen allgemeine Rechtsgrundsätze des Unionsrechts, nämlich der Rechtssicherheit und Normenklarheit, lässt sich nicht unmittelbar den in Art. 263 Abs. 2 AEUV im Einzelnen normierten Klagegründen zuordnen. Es ist aber allgemein anerkannt, dass auch die allgemeinen Rechtsgrundsätze des Unionsrechts, wie sie der EuGH aus den gemeinsamen Verfassungsüberlieferungen der Mitgliedstaaten entwickelt hat, Prüfungsmaßstab im Rahmen der Nichtigkeitsklage sind und ihre Verletzung damit ein Klagegrund sein kann. Denn der Gerichtshof legt den Klagegrund „Verletzung der Verträge oder einer bei seiner Durchführung anzuwendenden Rechtsnorm" als Auffangtatbestand weit aus und zieht als Prüfungsmaßstab auch ungeschriebenes Unionsrecht heran. Hierzu zählen auch die allgemeinen Rechtsgrundsätze.[86]

V. Zwischenergebnis

5 Die Nichtigkeitsklage ist zulässig.

86 *Wolfram/Cremer,* in: Calliess/Ruffert, EUV/AEUV, 6. Aufl. 2022, AEUV Art. 263 Rn. 96; Pechstein/Görlitz, in: Pechstein/Nowak/Häde, Frankfurter Kommentar EUV/GRC/AEUV, AEUV Art. 263, Rn. 188.

B. Begründetheit der Nichtigkeitsklage

I. Erster Klagegrund: Fehlende Verbandskompetenz der EU zum Erlass der Konditionalitäts-VO

Nach dem Prinzip der begrenzten Einzelermächtigung bedarf die EU für ihr Handeln einer vertraglichen Ermächtigungsgrundlage, Art. 5 Abs. 1 EUV.[87] Nach ständiger Rechtsprechung muss die Wahl der Rechtsgrundlage eines Unionsrechtsakts auf objektiven und gerichtlich nachprüfbaren Umständen beruhen, zu denen das Ziel und der Inhalt des Rechtsakts gehören.[88] Im vorliegenden Fall ist daher zu prüfen, ob Art. 322 Abs. 1 lit. a) AEUV eine geeignete Rechtsgrundlage für den Erlass der Konditionalitäts-VO darstellen konnte; andere Rechtsgrundlagen kommen nicht in Betracht. Die Konditionalitäts-VO müsste dafür als Haushaltsvorschrift zu qualifizieren sein. Das könnte zweifelhaft sein, weil diese Verordnung letztlich darauf abzielen könnte, der Kommission und dem Rat zu gestatten, die Einhaltung der Grundsätze der Rechtsstaatlichkeit durch die Mitgliedstaaten zu prüfen. 6

In der angefochtenen Verordnung sind gemäß ihrem Art. 1 „die Regeln festgelegt, die zum Schutz des Haushalts der Union im Falle von Verstößen gegen die Grundsätze der Rechtsstaatlichkeit in den Mitgliedstaaten erforderlich sind“. Aus dem Wortlaut dieser Bestimmung ergibt sich somit, dass die angefochtene Verordnung darauf abzielt, den Unionshaushalt vor Beeinträchtigungen zu schützen, die sich daraus ergeben können, dass in einem Mitgliedstaat gegen die Grundsätze der Rechtsstaatlichkeit verstoßen wird.[89] Dabei handelt es sich auch nicht um eine Schutzbehauptung, die andere Ziele der Verordnung kaschieren würde. Denn der Unionshaushalt ist eines der wichtigsten Instrumente der EU, mit denen in den Politiken und Maßnahmen der Union der in Art. 2 EUV genannte Grundsatz der Solidarität konkretisiert werden kann, der seinerseits einer der tragenden Grundsätze des Unionsrechts ist. Soweit dieser Grundsatz mittels des Unionshaushalts umgesetzt wird, basiert dies auf dem gegenseitigen Vertrauen der Mitgliedstaaten in die verantwortungsvolle Verwendung der in diesen Haushalt eingeflossenen gemeinsamen Mittel.[90] Dem Schutz des Unionshaushalts kommt somit insgesamt eine hohe Bedeutung zu. 7

Die Wirtschaftlichkeit der Haushaltsführung und die finanziellen Interessen der Union können durch in einem Mitgliedstaat begangene Verstöße gegen die Grundsätze der Rechtsstaatlichkeit schwer beeinträchtigt werden. Denn solche Verstöße können unter anderem zur Folge haben, dass keine Gewähr dafür besteht, dass vom Unionshaushalt gedeckte Ausgaben allen unionsrechtlich vorgesehenen Finanzierungsbedingungen genügen und damit den Zielen entsprechen, die die Union verfolgt, wenn sie solche Ausgaben finanziert. Insbesondere kann die Einhaltung dieser Bedingungen und Ziele als Elemente des Unionsrechts nicht in vollem Umfang gewährleistet werden, wenn es an einer wirksamen gerichtlichen Kontrolle fehlt, die darauf ausgerichtet ist, für die Einhaltung des Unionsrechts zu sorgen.[91] 8

[87] Zum Prinzip der begrenzten Einzelermächtigung: *Sydow/Wittreck,* Dt. u. Eur. VerfR I, Rn. 15/60 ff.
[88] EuGH v. 16.2.2022, C-156/21, Rn. 107.
[89] EuGH v. 16.2.2022, C-156/21, Rn. 110.
[90] EuGH v. 16.2.2022, C-156/21, Rn. 129.
[91] EuGH v. 16.2.2022, C-156/21, Rn. 131 f.; zur Rolle der Konditionalität in der Durchsetzung des unionsverfassungsrechtlichen Rechtsstaatsprinzips: *Payandeh,* JuS 2021, 481 (488 f.).

9 Das Ziel der angefochtenen Verordnung besteht demnach entgegen dem, was Ungarn mit Unterstützung der Republik Polen geltend macht, darin, den Unionshaushalt vor Beeinträchtigungen zu schützen, die sich hinreichend unmittelbar aus in einem Mitgliedstaat begangenen Verstößen gegen die Grundsätze der Rechtsstaatlichkeit ergeben, und nicht etwa darin, derartige Verstöße als solche zu ahnden.[92] Die Konditionalitäts-VO konnte daher zulässigerweise als Haushaltsvorschrift auf Art. 322 Abs. 1 AEUV gestützt werden.

II. Zweiter Klagegrund: Sperrwirkung der in Art. 7 EUV normierten Verfahrensvorschriften, Organzuständigkeiten und Mehrheitserfordernisse

10 Gemäß dem zweiten Klagegrund ist zu prüfen, ob ausschließlich das in Art. 7 EUV vorgesehene Verfahren den Unionsorganen Handlungsbefugnisse verleiht, um in einem Mitgliedstaat begangene Verstöße gegen die in Art. 2 EUV genannten Werte zu prüfen, festzustellen und gegebenenfalls zu ahnden.[93] Die Konditionalitäts-VO könnte dieses Verfahren, dessen Voraussetzungen und Organzuständigkeiten umgehen. Dies könnte das in Art. 7 EUV, Art. 13 Abs. 2 EUV verankerte institutionelle Gleichgewicht verletzen, wenn die Konditionalitäts-VO dem Rat, der Kommission oder dem Gerichtshof neue Kompetenzen verleiht. Art. 7 EUV könnte also eine Sperrwirkung entfalten, die der Möglichkeit zum Erlass der Konditionalitäts-VO entgegenstehen könnte.

11 In der Tat kann der Unionsgesetzgeber nicht, ohne gegen Art. 7 EUV zu verstoßen, ein Verfahren einführen, das parallel zu dem in dieser Bestimmung vorgesehenen Verfahren besteht und im Wesentlichen denselben Gegenstand hat, dasselbe Ziel verfolgt und das Ergreifen identischer Maßnahmen ermöglicht, dabei aber das Tätigwerden anderer Organe oder andere materielle und verfahrensrechtliche Voraussetzungen als die in dieser Bestimmung genannten vorsieht. Jedoch steht es dem Unionsgesetzgeber, wenn er über eine entsprechende Rechtsgrundlage verfügt, frei, in einem Sekundärrechtsakt andere Verfahren bezüglich der in Art. 2 EUV genannten Werte, darunter die Rechtsstaatlichkeit, einzuführen, sofern sich diese Verfahren sowohl nach ihrem Zweck als auch nach ihrem Gegenstand von dem in Art. 7 EUV vorgesehenen Verfahren unterscheiden.[94]

12 Das Verfahren des Art. 7 EUV zielt unmittelbar auf eine Ahndung von schwerwiegenden Verletzungen der Werte der Union, u.a. durch eine Aussetzung der Stimmrechte des betreffenden Mitgliedstaates auf EU-Ebene. Demgegenüber ergibt sich aus der Art der Maßnahmen, die nach der Konditionalitäts-VO ergriffen werden können, dass das mit dieser Verordnung eingeführte Verfahren darauf abzielt, im Einklang mit dem Grundsatz der Wirtschaftlichkeit der Haushaltsführung den Unionshaushalt zu schützen, wenn in einem Mitgliedstaat gegen die Grundsätze der Rechtsstaatlichkeit verstoßen wird. Es ist hingegen nicht Sinn und Zweck dieses Verfahrens, mittels des Unionshaushalts Verstöße gegen die Grundsätze der Rechtsstaatlichkeit zu ahnden. Daraus folgt, dass das in der Konditionalitäts-VO

---

92 EuGH v. 16.2.2022, C-156/21, Rn. 119.

93 Zum Sanktionsmechanismus des Art. 7 EUV: *Sydow/Wittreck,* Dt. u. Eur. VerfR I, Rn. 4/12ff.

94 EuGH v. 16.2.2022, C-156/21, Rn. 167f.

vorgesehene Verfahren ein anderes Ziel verfolgt als das Verfahren nach Art. 7 EUV.[95]

Was den jeweiligen Gegenstand der beiden Verfahren anbelangt, ist festzustellen, dass der Anwendungsbereich des in Art. 7 EUV vorgesehenen Verfahrens sämtliche in Art. 2 EUV genannten Werte umfasst, während der des mit der angefochtenen Verordnung eingeführten Verfahrens nur einen dieser Werte umfasst, nämlich die Rechtsstaatlichkeit. **13**

Zu den Voraussetzungen für die Einleitung der beiden Verfahren ist festzustellen, dass das in Art. 7 EUV vorgesehene Verfahren nach Abs. 1 dieser Vorschrift eingeleitet werden kann, wenn die eindeutige Gefahr einer schwerwiegenden Verletzung der in Art. 2 EUV genannten Werte durch einen Mitgliedstaat besteht. Insoweit steht das Initiativrecht einem Drittel der Mitgliedstaaten, dem Parlament oder der Kommission zu. Die erforderliche Schwelle ist anfänglich die eindeutige Gefahr einer schwerwiegenden Verletzung der fraglichen Werte und sodann, wenn es darum geht, nach Art. 7 Abs. 2 und 3 EUV bestimmte Rechte auszusetzen, die sich aus der Anwendung der Verträge auf den betroffenen Mitgliedstaat herleiten, eine schwerwiegende und anhaltende Verletzung dieser Werte durch diesen Mitgliedstaat. Dagegen kann das mit der angefochtenen Verordnung eingeführte Verfahren allein von der Kommission eingeleitet werden, wenn hinreichende Gründe nicht nur für die Feststellung vorliegen, dass Verstöße gegen die Grundsätze der Rechtsstaatlichkeit in einem Mitgliedstaat begangen worden sind, sondern auch und vor allem für die Feststellung, dass diese Verstöße die wirtschaftliche Führung des Unionshaushalts oder den Schutz der finanziellen Interessen der Union hinreichend unmittelbar beeinträchtigen oder ernsthaft zu beeinträchtigen drohen.[96] **14**

Hinweis: Die europäischen Institutionen und auch verschiedene andere Mitgliedstaaten, die die Konditionalitäts-VO im Verfahren vor dem EuGH verteidigt haben, haben sich bereits beim Erlass der Verordnung und sodann auch bei ihrem Parteivortrag im Verfahren sehr penibel darum bemüht, stets diesen funktionalen Zusammenhang zwischen dem Sanktionsmechanismus der Konditionalitäts-VO und dem Schutz des EU-Haushalts aufrechtzuerhalten und zu betonen. Das dürfte in der rechtlichen Konstruktion der Konditionalitäts-VO auch gelungen sein, so dass letztlich nichts daran auszusetzen ist, dass der EuGH keine Umgehung von Art. 7 EUV festgestellt hat. Beim Erlass der Konditionalitäts-VO stand indes durchaus die Überlegung Pate, dass das Verfahren des Art. 7 EUV u. a. wegen des Einstimmigkeitserfordernisses trotz des in Art. 7 Abs. 5 i. V. m. Art. 354 AEUV vorgesehenen Ausschlusses des Stimmrechts des betroffenen Mitgliedstaates praktisch wirkungslos ist, wenn sich Polen und Ungarn gegenseitig decken. Zudem erschienen die in Art. 7 EUV angedrohten Maßnahmen auch nicht als besonders scharfes Schwert, so dass der Impetus zur Erarbeitung der Konditionalitäts-VO durchaus daraus resultierte, dass nach wirkungsvolleren Mechanismen Ausschau gehalten werden sollte und daher der Geldhahn in den Blick kam. **15**

Nach alledem ist festzustellen, dass das in Art. 7 EUV vorgesehene Verfahren und das mit der Konditionalitäts-VO eingeführte Verfahren unterschiedliche Ziele verfolgen und jeweils einen eigenen, klar abgegrenzten Gegenstand haben. Die Konditionalitäts-VO umgeht demnach nicht die in Art. 7 EUV vorgesehenen Verfahren und Mehrheitserfordernisse, sondern schafft ein anderes Instrument. **16**

[95] EuGH v. 16.2.2022, C-156/21, Rn. 171 f.
[96] EuGH v. 16.2.2022, C-156/21, Rn. 175.

III. Dritter Klagegrund: Verstoß gegen die Grundsätze der Rechtssicherheit und Normenklarheit

17 Gemäß dem dritten Klagegrund ist zu prüfen, ob die Konditionalitäts-VO gegen die Grundsätze der Rechtssicherheit und der Normenklarheit verstößt, indem sie die Setzung von einschneidenden Rechtsfolgen an unklare Tatbestandsmerkmale knüpft, weil der für die Anwendung der Verordnung zentrale Begriff der Rechtsstaatlichkeit keiner präzisen Definition zugänglich sein und in jedem Mitgliedstaat anders ausgelegt werden könnte.

18 Nach ständiger Rechtsprechung der Unionsgerichte müssen die Rechtsakte der Union eindeutig und ihre Anwendung für die Betroffenen vorhersehbar sein.[97] Dieses Gebot muss im Fall einer Regelung, die zu finanziellen Konsequenzen führen kann, in besonderem Maße gelten, damit die Betroffenen in der Lage sind, den Umfang der ihnen durch diese Regelung auferlegten Verpflichtungen genau zu erkennen. Diese Erfordernisse sind jedoch weder dahin zu verstehen, dass sie den Unionsgesetzgeber darin hindern, im Rahmen einer von ihm erlassenen Norm einen abstrakten Rechtsbegriff zu verwenden, noch dahin, dass sie gebieten, dass in einer solchen abstrakten Norm die verschiedenen konkreten Fälle genannt werden, auf die sie angewandt werden kann, sofern der Gesetzgeber nicht alle diese Fälle im Voraus bestimmen kann.[98]

19 Die Pflicht zur Achtung der Rechtsstaatlichkeit, deren Verletzung die Sanktionen der Konditionalitäts-VO auslösen kann, ist eine spezifische Ausprägung der Anforderungen, die sich für die Mitgliedstaaten gemäß Art. 2 EUV aus ihrer Zugehörigkeit zur Union ergeben. Art. 2 EUV enthält aber keine bloße Aufzählung politischer Leitlinien oder Absichten, sondern Werte, die der Union als Rechtsgemeinschaft schlechthin ihr Gepräge geben, wobei sich diese Werte in Grundsätzen niederschlagen, die rechtlich verbindliche Verpflichtungen für die Mitgliedstaaten beinhalten. Diese Grundsätze der Rechtsstaatlichkeit, wie sie auf der Grundlage der Unionsverträge in der Rechtsprechung des Gerichtshofs entwickelt worden sind, werden somit in der Unionsrechtsordnung anerkannt und präzisiert und gehen auf gemeinsame Werte zurück, die auch von den Mitgliedstaaten in ihren eigenen Rechtsordnungen anerkannt und angewandt werden.[99]

20 Art. 3 der Konditionalitäts-VO enthält zudem eine Konkretisierung, was im Einzelnen eine Verletzung der Grundsätze der Rechtsstaatlichkeit darstellen kann. Ein Mitgliedstaat kann daher durchaus mit hinreichender Sicherheit vorhersehen, unter welchen Voraussetzungen ein Verstoß gegen die Grundsätze der Rechtsstaatlichkeit im Sinne dieser Verordnung festgestellt werden kann. Die Verordnung verstößt daher nicht gegen die Gebote der Rechtssicherheit und Normenklarheit.

C. Ergebnis

21 Der EuGH wird die zulässige Nichtigkeitsklage als unbegründet abweisen.

[97] Allgemein zum Gebot der Rechtssicherheit: *Sydow/Wittreck,* Dt. u. Eur. VerfR I, Rn. 6/18 ff.

[98] EuGH v. 16.2.2022, C-156/21, Rn. 223 f.

[99] EuGH v. 16.2.2022, C-156/21, Rn. 231 f., 237.

Weiterführende Hinweise:

- Zu den Instrumenten der Konditionalitäts-VO: *Neumeier/Sangi,* JZ 2022, 282 ff.
- Zur praktischen Anwendung der Konditionalitäts-Verordnung gegen Polen und Ungarn: Die Kommission hatte bis zur EuGH-Entscheidung, die dem vorliegenden Fall zu Grunde liegt, die Konditionalitäts-VO nicht vollziehen wollen: Sie hatte sich dazu auf Schlussfolgerungen des Europäischen Rates (Schlussfolgerungen des Europäischen Rates vom 11.12.2020, Az. EUCO 22/20) berufen, die ein Anwendungsmoratorium für die Verordnung bis zur Entscheidung des EuGH vorsahen, und zudem erklärt, sie müsse erst Leitlinien für die Anwendung der Verordnung ausarbeiten – wovon in der VO nichts steht). Das Europäische Parlament hat wegen Nichtanwendung geltenden Rechts daher am 29.10.2021 Untätigkeitsklage gegen die Kommission erhoben (Rs. C-657/21).

Fall 7. Strafverfolgungsimmunität für EZB-Ratsmitglied

Sachverhalt[100]

A war bis 2019 Präsident der lettischen Zentralbank und seit Lettlands EU- und Euro-Beitritt dementsprechend nach Art. 283 Abs. 1 AEUV Mitglied des Rats der Europäischen Zentralbank (EZB-Rat). In dieser Zeit soll er von K, dem Aufsichtsratspräsidenten einer lettischen Bank, kostenlos zu einer Urlaubsreise nach Russland eingeladen worden sein. Im Gegenzug soll er den K dazu beraten haben, wie sich dessen Bank am geschicktesten der staatlichen Finanzaufsicht entziehen könne, in die in Lettland die nationale Zentralbank eingebunden ist. Die ihm obliegenden Aufsichtsaufgaben soll A dann in Bezug auf diese Bank nicht ordnungsgemäß wahrgenommen haben.

A ist deshalb von einer lettischen Staatsanwältin wegen Bestechlichkeit angeklagt. Das lettische Strafgericht muss über die Eröffnung des Hauptverfahrens gegen A entscheiden. Dabei fragt sich das Gericht, ob A gemäß dem Protokoll über die Vorrechte und Befreiungen der Europäischen Union (Protokoll i. S. v. Art. 51 EUV; im Folgenden: Vorrechte-Protokoll, kurz: VP) Strafverfolgungsimmunität genießt, ohne deren Aufhebung die Strafverfolgung unzulässig wäre. Die Staatsanwaltschaft bestreitet nicht, dass A eine solche Befreiung zustehen könnte, wenn er in seiner Eigenschaft als Mitglied des EZB-Rates gehandelt hätte. Sie ist aber – was zutrifft – der Ansicht, dass die ihm zur Last gelegten Handlungen nicht mit seinen Aufgaben als Mitglied des EZB-Rates zusammenhingen.

Das lettische Strafgericht hält die Auslegung des Vorrechte-Protokolls für klärungsbedürftig, weil man die Mitglieder des EZB-Rates wegen Art. 130 AEUV wohl nicht als Vertreter der Mitgliedstaaten im Sinne von Art. 10 VP, andererseits aber auch nicht unbedingt als Beamte oder Bedienstete der Union im Sinne von Art. 11 lit. a) VP ansehen könne. Falls sie das aber sein sollten, stünde dem A eventuell Strafverfolgungsimmunität auch nach seinem Amtszeitende zu.

Das Strafgericht setzt deshalb sein eigenes Verfahren aus und legt dem EuGH folgende Fragen vor:

1. Ist das Vorrechte-Protokoll gemäß Art. 22 VP auf den Präsidenten der Zentralbank eines Mitgliedstaats anzuwenden?
2. Falls diese Frage bejaht wird, ist das Vorrechte-Protokoll so auszulegen, dass sich die Einzelheiten der für eine solche Person geltenden Befreiungen aus Art. 10 VP ergibt?
3. Falls diese Frage verneint wird, ist das Protokoll so auszulegen, dass sich die Einzelheiten der für eine solche Person geltenden Befreiungen dann stattdessen aus Art. 11 lit. a) VO ergibt?
4. Verschaffen diese Bestimmungen der genannten Person auch nach dem Ende ihrer Amtszeit weiterhin Immunität in einem Strafverfahren?
5. Ist nach den Bestimmungen des Vorrechte-Protokolls gegenüber einem Zentralbankpräsidenten eine Strafverfolgung zulässig, wenn die gegen ihn erhobene An-

[100] Fall nach EuGH v. 30.11.2021, Rs. C-3/20.

klage nicht mit seinen Aufgaben im EZB-Rat in Zusammenhang steht, sondern mit Tätigkeiten im Rahmen seiner Aufgaben für die nationale Zentralbank?

Wie wird der EuGH entscheiden?

Auszug aus dem Protokoll über die Vorrechte und Befreiungen der Europäischen Union

„Art. 9.

Während der Dauer der Sitzungsperiode des Europäischen Parlaments

a) steht seinen Mitgliedern im Hoheitsgebiet ihres eigenen Staates die den Parlamentsmitgliedern zuerkannte Unverletzlichkeit zu,

b) können seine Mitglieder im Hoheitsgebiet jedes anderen Mitgliedstaats weder festgehalten noch gerichtlich verfolgt werden.

Art. 10.

Den Vertretern der Mitgliedstaaten, die an den Arbeiten der Organe der Union teilnehmen, sowie ihren Beratern und Sachverständigen stehen während der Ausübung ihrer Tätigkeit und auf der Reise zum und vom Tagungsort die üblichen Vorrechte, Befreiungen und Erleichterungen zu. ...

Art. 11.

Den Beamten und sonstigen Bediensteten der Union stehen im Hoheitsgebiet jedes Mitgliedstaats ohne Rücksicht auf ihre Staatsangehörigkeit folgende Vorrechte und Befreiungen zu:

a) Befreiung von der Gerichtsbarkeit bezüglich der von ihnen in amtlicher Eigenschaft vorgenommenen Handlungen, einschließlich ihrer mündlichen und schriftlichen Äußerungen, ... Diese Befreiung gilt auch nach Beendigung ihrer Amtstätigkeit. ...

Art. 17.

Die Vorrechte, Befreiungen und Erleichterungen werden den Beamten und sonstigen Bediensteten der Union ausschließlich im Interesse der Union gewährt.

Jedes Organ der Union hat die Befreiung eines Beamten oder sonstigen Bediensteten in allen Fällen aufzuheben, in denen dies nach seiner Auffassung den Interessen der Union nicht zuwiderläuft.

Art. 22.

Dieses Protokoll gilt auch für die Europäische Zentralbank, die Mitglieder ihrer Beschlussorgane und ihre Bediensteten; ..."

Vorüberlegungen und Anforderungsprofil

Es handelt sich um ein Vorabentscheidungsverfahren und damit um eine recht häufige Verfahrenskonstellation in europarechtlichen Klausuren. Die Zulässigkeitsprüfung kann als typisch für ein Vorabentscheidungsverfahren gelten und ist von durchschnittlicher Schwierigkeit.

Materiell-rechtlich geht es um die Auslegung eines Vertragsprotokolls und um die Stellung und Organbesetzung der Europäischen Zentralbank. Zu beiden Bereichen sind keinerlei Vorkenntnisse zu erwarten. Wichtig ist, alle im Sachverhalt erwähnten Normen während der Klausurbearbeitung gründlich zu lesen. Mit den üblichen Auslegungsmethoden (Wortlaut, Systematik der Normen, Zweck) müsste die Norminterpretation gelingen können, ohne dass es dazu dogmatischer Kenntnisse gerade zu diesen Normen bedürfte.

Weil man sich beim Umgang mit völlig unbekannten Normen nicht auf abrufbares Wissen und ggfs. auch nicht auf Prüfschemata stützen kann, gelten entsprechende Klausuren aus Sicht von Studierenden meist als schwer. Dass sie auf den ersten Blick so wirken, ist verständlich. Im Unionsrecht (oder auch im Besonderen Verwaltungsrecht) kommen entsprechende Klausuren aber häufiger vor, weil man zur Vielzahl der Normen in diesen Rechtsgebieten ohnehin nicht stets etwas gelernt haben kann. Wenn man häufiger geübt hat, in einer Klausur eigenständig mit den üblichen Auslegungsmethoden zu einem Ergebnis zu kommen, statt erlerntes Einzelwissen zu reproduzieren, verlieren solche Klausuren ihren Schrecken. Die Klausur hat dann insgesamt einen durchschnittlichen Schwierigkeitsgrad.

Gliederung

Lösung

A. Zulässigkeit des Vorabentscheidungsverfahrens

1 Als statthaftes Verfahren kommt allein das Vorabentscheidungsverfahren[101] nach Art. 267 AEUV in Betracht.

I. Zuständigkeit

2 Zuständig für Vorabentscheidungsverfahren ist gemäß Art. 267 I AEUV der EuGH.

[101] Zu den Zulässigkeitsvoraussetzungen des Vorabentscheidungsverfahren: *Sydow/Wittreck,* Dt. u. Eur. VerfR I, Rn. 17/65 ff.; *Lorenzen,* JURA 2022, 415 ff., *Lindner/Struzina,* JuS 2022, 220 ff., *Mächtle,* JuS 2015, 314 ff.

II. Vorlageberechtigung

Vorlageberechtigt sind Gerichte der Mitgliedstaaten, Art. 267 Abs. 2, 3 AEUV, hier das mit dem Strafverfahren gegen A befasste lettische Strafgericht.[102] 3

Hinweis: Auf die Frage, ob es sich bei diesem lettischen Strafgericht um ein letztinstanzlich entscheidendes Gericht handelt und nach welchem Kriterium sich dies bestimmt (abstrakte Stellung in der Gerichtshierarchie oder – richtigerweise – Stellung im Instanzenzug im konkreten Verfahren), kommt es im vorliegenden Fall nicht an. Zwar differenziert Art. 267 AEUV zwischen Vorlageberechtigung aller Gerichte (Art. 267 Abs. 2 AEUV) und Vorlagepflicht nur des letztinstanzlich entscheidenden Gerichts (Art. 267 Abs. 3 AEUV). Entscheidend für die Zulässigkeit des Vorabentscheidungsverfahrens ist hier aber allein, dass mit dem lettischen Strafgericht ein mitgliedstaatliches Gericht bereits das Vorabentscheidungsverfahren eingeleitet *hat;* ob dieses Gericht dabei auf Grund einer Rechtspflicht (Art. 267 Abs. 3 AEUV) oder auf Grund einer eigenständigen Entscheidung (Art. 267 Abs. 2 AEUV) gehandelt hat, ist hierfür irrelevant. 4

Es wäre ein Fehler in der Klausur, Ausführungen zur Unterscheidung zwischen Vorlageberechtigung und Vorlagepflicht ohne Relevanz für die Lösung des Falls niederzuschreiben, nur um das eigene Wissen dazu irgendwie in der Klausur unterzubringen. Man würde sich dadurch zudem das Problem einhandeln, den Instanzenzug der lettischen Strafgerichtsbarkeit nicht beurteilen zu können, d. h. man könnte das unnötigerweise eröffnete Problem dann auch nicht lösen. Maximal zulässig ist ein kurzer Hinweis, worauf es im konkreten Fall *nicht* ankommt („Vorlageberechtigt sind nach Art. 267 Abs. 2, 3 AEUV mitgliedstaatliche Gerichte, wobei es im Fall einer durch ein Gericht tatsächlich bereits erfolgten Vorlage für die Zulässigkeit nicht mehr darauf ankommt, ob diese Vorlage durch ein letztinstanzlich entscheidendes Gericht und damit auf Grund einer Vorlagepflicht nach Art. 267 Abs. 3 AEUV erfolgt ist.").

III. Vorlagegegenstand

Nach Art. 267 Abs. 1 lit. a) AEUV kann ein Vorabentscheidungsverfahren über die Auslegung der Verträge durchgeführt werden. Das Protokoll über die Vorrechte und Befreiungen ist nach Art. 51 EUV Bestandteil der Verträge, so dass dessen Normen Gegenstand eines Vorabentscheidungsverfahrens sein können. 5

IV. Entscheidungserheblichkeit

Die Vorlagefrage muss für die zu fällende Entscheidung des nationalen Gerichts entscheidungserheblich sein, Art. 267 Abs. 2 AEUV, hier also für die Entscheidung des lettischen Strafgerichts über die Eröffnung des Hauptverfahrens gegen A. Wenn das Vorrechte-Protokoll so zu verstehen ist, dass es einem nationalen Zentralbankpräsidenten oder -präsidentin Strafverfolgungsimmunität auch nach Ende seiner Amtszeit und auch für Handlungen gewährt, die mit seiner Funktion im EZB-Rat nicht im Zusammenhang stehen, dürfte das lettische Strafgericht das strafrechtliche Hauptsacheverfahren nicht eröffnen. Wenn dem das Protokoll hingegen nicht entgegensteht, ist das Hauptsacheverfahren zu eröffnen. Die Auslegung des Vorrechte-Protokolls ist demnach für die zu treffende Entscheidung des lettischen Strafgerichts entscheidungserheblich. 6

Hinweis (für Studierende mit vertieften Kenntnissen des deutschen Prozessrechts): Wer eingehendere Kenntnisse des deutschen Strafprozessrechts hat, weiß eventuell, dass ein deutsches Strafgericht nach Anklageerhebung durch die Staatsanwaltschaft einen Eröffnungs*beschluss* für die Eröffnung des Hauptverfahrens erlässt (§ 203 StPO), während ein *Urteil* erst am Ende des Hauptverfahrens ergeht (§ 260 7

[102] Eine systematische Darstellung der Funktionsweise der Vorlagen zwischen Gerichten: *Lindner/Struzina,* JuS 2022, 220 ff.

StPO). Nun ist in Art. 267 Abs. 2 AEUV aber von einem *Urteil* die Rede, für das die Vorlagefrage relevant sein muss. Daraus darf man aber für den vorliegenden Fall kein Problem machen (etwa in der Weise, dass man die Vorlagefrage zum gegenwärtigen Zeitpunkt noch für unzulässig hält, weil das abschließende Strafurteil noch gar nicht anstehe). Denn zum einen wird niemand wissen und sagt der Sachverhalt nichts dazu, ob dem lettischen Strafverfahrensrecht – auf das es ja ankommen würde – eine vergleichbare Unterscheidung zwischen Urteilen und Beschlüssen zu Grunde liegt wie der deutschen StPO. Zum anderen sind die Begriffe des Unionsrechts ohnehin autonom, d.h. ohne Rückgriff auf nationale Begriffsverständnisse, auszulegen. Art. 267 Abs. 2 AEUV bezieht sich demnach nicht auf die Erforderlichkeit der Vorlagefrage nur für „Urteile" im Sinne des deutschen Prozessrechts, sondern für Entscheidungen nationaler Gerichte im Allgemeinen.

V. Ordnungsgemäße Vorlage

8 **Hinweis:** Zu Formerfordernissen für die Formulierung und Übermittlung einer Vorlagefrage nach Art. 267 AEUV gibt es Vorgaben in Art. 21 Abs. 1, 23 EuGH-Satzung und Art. 28 VerfO. Da weder diese Normen abgedruckt sind noch der Sachverhalt irgendwelche Angaben enthält, die eine Prüfung und Subsumtion ermöglichen würden, lässt man diesen Prüfungspunkt besser ganz weg. Auch der Satz „Von einer ordnungsgemäßen Vorlage ist auszugehen" ist bei Lichte betrachtet inhaltslos, bringt also die Falllösung nicht voran, sondern dient nur dazu, das Prüfschema abzuklappern (was aber gerade nicht gefordert ist).

B. Beantwortung der Vorlagefragen zur Auslegung des Protokolls

9 **Hinweis:** Die Überschrift kann hier ausnahmsweise nicht „Begründetheit" lauten. Denn das lettische Gericht stellt (in der Konstellation des Art. 267 Abs. 1 lit. a) AEUV) keinen Antrag, über den der EuGH mit „ja" oder „nein" befinden, der also begründet oder unbegründet sein könnte. Das vorlegende Gericht fragt vielmehr nach der zutreffenden Auslegung der Verträge, und der EuGH antwortet darauf mit einer Darlegung, wie die Verträge auszulegen sind. Die prozessuale Konsequenz daraus muss das lettische Gericht dann selbst ziehen (Eröffnung oder Nichteröffnung des Hauptsacheverfahrens gegen A), so dass es beim Vorlageverfahren auch nicht um die Begründetheit des Antrags der lettischen Staatsanwaltschaft auf Eröffnung des Hauptsacheverfahrens geht.

Bei bestimmten anderen Vorlageverfahren kann man freilich durchaus von „Begründetheit" sprechen, nämlich wenn sie auf die Nichtigerklärung einer Norm zielen, die das vorlegende Gericht nicht selbst für nichtig erklären darf (konkrete Normenkontrolle nach Art. 100 Abs. 1 GG, Vorabentscheidungsverfahren nach Art. 267 Abs. 1 lit. b) AEUV). In diesen Verfahren ist über den Antrag zu entscheiden, die fragliche Norm für nichtig zu erklären, und dieser Antrag kann begründet oder unbegründet sein. Bei einem Verfahren nach Art. 100 Abs. 2 GG (Klärung, ob eine Regel des Völkerrechts Bestandteil des Bundesrechts ist) wäre „Begründetheit" aber wiederum verfehlt: Denn das vorlegende Gericht stellt nach Art. 100 Abs. 2 GG ja keinen Antrag beim BVerfG, sondern will vom BVerfG etwas wissen.

I. Anwendbarkeit des Vorrechte-Protokolls auf einen nationalen Zentralbankpräsidenten

10 Mit seiner ersten Frage möchte das vorlegende Gericht wissen, ob Art. 22 VP dahin auszulegen ist, dass der Präsident oder die Präsidentin einer Zentralbank eines Mitgliedstaats, dessen Währung der Euro ist, sich grundsätzlich auf das Vorrechte-Protokoll berufen kann.

Hinweis: Der EuGH leitet seine einzelnen Prüfungspunkte im Vorabentscheidungsverfahren stets damit ein, dass er die Frage des vorlegenden Gerichts rekapituliert. Wer das in der Klausur ebenso handhabt, lässt eine gewisse Vertrautheit mit der EuGH-Judikatur erkennen, was positiv zu werten sein wird. In der Sache ergibt sich dadurch für die Formulierung der zu klärenden Rechtsfrage keine Veränderung gegenüber der sonst üblichen Einleitung mit „fraglich ist, ob …". Unabhängig von der einleitenden Floskel ist von zentraler Bedeutung, dass im Vorabentscheidungsverfahren nach der Auslegung des Unionsrechts gefragt wird (und nicht etwa danach, ob sich A auf Art. 22 VP berufen kann oder ob die Norm auf A anwendbar ist).

Art. 22 Abs. 1 VP sieht vor, dass das Vorrechte-Protokoll für die EZB, die Mitglieder ihrer Beschlussorgane und ihre Bediensteten gilt. Die Präsidentinnen und Präsidenten der Zentralbanken der Mitgliedstaaten, deren Währung der Euro ist, sind nach Art. 283 Abs. 1 AEUV Mitglieder des EZB-Rats, der nach Art. 129 Abs. 1 AEUV ein Beschlussorgan der EZB darstellt. Folglich gehört der Präsident oder die Präsidentin der Zentralbank eines Mitgliedstaats als Mitglied eines der Organe der EZB zu den in Art. 22 Abs. 1 VP genannten Personen. Daher ist dieses Protokoll grundsätzlich auf den Präsidenten einer nationalen Zentralbank anwendbar.[103] **11**

II. Anwendbarkeit von Art. 10 VP

Das Vorrechte-Protokoll gewährt in Art. 9ff. VP Befreiungen unterschiedlicher Art und unterschiedlichen Umfangs für drei Kategorien von Personen, wobei die Zugehörigkeit des Präsidenten einer nationalen Zentralbank zu diesen nicht offensichtlich ist. Mit der zweiten Frage möchte das vorlegende Gericht vor diesem Hintergrund wissen, ob der Präsident oder die Präsidentin einer nationalen Zentralbank unter Art. 10 VP fällt. **12**

Dazu müsste er „Vertreter seines Mitgliedstaates" sein. Art. 10 VP ist unmittelbar auf die Regierungsmitglieder im Rat nach Art. 16 EUV anwendbar. Sie werden in Art. 16 Abs. 2 EUV ausdrücklich als „Vertreter jedes Mitgliedstaates auf Ministerebene" bezeichnet, die befugt sind, „für die Regierung des von ihm vertretenen Mitgliedsstaats verbindlich zu handeln und das Stimmrecht auszuüben." Die „Vertreter der Mitgliedstaaten" im Rat zeichnen sich also dadurch aus, dass sie nicht in sachlicher Unabhängigkeit für sich selbst, sondern für ihre Regierung handeln und damit intern je nach den verfassungsrechtlichen Vorgaben des jeweiligen Mitgliedsstaates – in Deutschland Art. 65 GG – an kollegiale Beschlussfassungen des Kabinetts oder Weisungsrechte des Regierungschefs gebunden sind. **13**

Art. 130 AEUV sieht demgegenüber vor, dass die Präsidentinnen und Präsidenten der nationalen Zentralbanken zur Wahrnehmung der ihnen durch die Verträge übertragenen Aufgaben Weisungen, insbesondere von nationalen Behörden, weder einholen noch entgegennehmen dürfen. Das bezieht sich nach Art. 130 S. 1 EUV ausdrücklich auf die Mitglieder ihrer Beschlussorgane, also auch auf den EZB-Rat. Die Mitgliedstaaten sind nach Art. 130 S. 2 AEUV zur Achtung dieser Unabhängigkeit verpflichtet. Daher kann ein nationaler Zentralbankpräsident nicht als Vertreter seines Mitgliedstaats angesehen werden, wenn er seine Aufgaben als Mitglied des EZB-Rates wahrnimmt. Er kann sich daher nicht auf Art. 10 VP berufen.[104] **14**

III. Anwendbarkeit von Art. 11 lit. a) VP

Mit der dritten Frage möchte das vorlegende Gericht wissen, ob der Präsident oder die Präsidentin einer nationalen Zentralbank stattdessen die Befreiung von der Gerichtsbarkeit nach Art. 11 lit. a) VP in Anspruch nehmen kann. Dazu müsste man ihn oder sie als Beamten bzw. Beamtin oder Bediensteten bzw. Bedienstete der Union betrachten können. **15**

[103] EuGH v. 30.11.2021, C-3/20, Rn. 35ff.
[104] EuGH v. 30.11.2021, C-3/20, Rn. 43.

16 Die Präsidentinnen und Präsidenten der nationalen Zentralbanken sind in einer anderen Position als EU-Bedienstete. Zum einen werden sie als nationale Behörden von den Mitgliedstaaten ernannt und gegebenenfalls abberufen. Zum anderen sind sie keinem Organ der Union unterstellt, da sie nach Art. 130 AEUV weder von Organen, Einrichtungen oder sonstigen Stellen der Union noch von den Mitgliedstaaten oder anderen Stellen Weisungen einholen oder entgegennehmen dürfen. Die Position eines Präsidenten oder einer Präsidentin einer nationalen Zentralbank, der zwar nationale Behörde ist, aber zugleich einen Sitz im wichtigsten Leitungsorgan der EZB hat, ist durch eine funktionale Doppelstellung gekennzeichnet, die in einem hybriden Status zum Ausdruck kommt. Der oder die betreffende Zentralbankpräsident oder -präsidentin handelt somit bei der Wahrnehmung seiner Aufgaben als Mitglied des EZB-Rates im Auftrag eines Organs der Union, im vorliegenden Fall der EZB.

17 Die Immunität, die ein Präsident oder eine Präsidentin einer Zentralbank bei der Wahrnehmung seiner Aufgaben als Mitglied des EZB-Rates genießt, ergibt sich aus dem Erfordernis, die für die Erfüllung seiner Aufgaben notwendigen Immunitäten der EZB zu gewährleisten. Sonst würde die grundsätzliche Anwendbarkeit des Vorrechte-Protokolls auf die EZB nach Art. 22 VP leerlaufen. Würde den Präsidentinnen und Präsidenten der nationalen Zentralbanken die Befreiung von der Gerichtsbarkeit nach Art. 11 lit. a) VP verweigert, hätte dies, da sie offenkundig keine der beiden anderen im Vorrechte-Protokoll vorgesehenen Befreiungen in Anspruch nehmen können, die paradoxe Folge, dass den Personen, denen durch die Verträge die Verantwortung für die Durchführung der Währungspolitik der Union übertragen ist und die durch die Verträge ausdrücklich vor jeglicher Beeinflussung bei der Wahrnehmung dieser Aufgabe bewahrt werden sollen, jegliche Immunität genommen würde. Folglich gelten für einen Präsidenten oder eine Präsidentin einer Zentralbank bei der Wahrnehmung dieser Aufgaben die für die Erfüllung der Aufgaben der EZB notwendigen Vorrechte und Befreiungen nach Art. 11 lit. a) VP.[105]

IV. Zeitliche Erstreckung der Immunität auf Zeit nach Ende der Amtszeit

18 Entsprechend der vierten Frage des vorlegenden Gerichts ist Art. 11 lit. a) VP ausweislich des letzten Satzes dahin auszulegen, dass die einem Präsidenten oder einer Präsidentin einer nationalen Zentralbank nach dieser Vorschrift zustehenden Vorrechte und Befreiungen auch nach dem Amtszeitende bestehen.[106]

V. Inhaltliche Erstreckung der Immunität auf Handlungen ohne Bezug zur Funktion als EZB-Ratsmitglied

19 Mit seiner fünften Frage möchte das vorlegende Gericht wissen, ob Art. 11 lit. a) VP dahin auszulegen ist, dass die Befreiung von der Gerichtsbarkeit auch dann geltend gemacht werden kann, wenn die Person, der diese Befreiung zusteht, im Rahmen eines Strafverfahrens Handlungen beschuldigt wird, die nichts mit den Aufgaben zu tun haben, die sie für ein Unionsorgan wahrnimmt.

[105] EuGH v. 30.11.2021, C-3/20, Rn. 40 ff.
[106] EuGH v. 30.11.2021, C-3/20, Rn. 51 ff.

Zum einen ergibt sich aus Art. 11 lit. a) VP, dass die Beamtinnen und Beamten und sonstigen Bediensteten der Union nur für die in amtlicher Eigenschaft vorgenommenen Handlungen von der Gerichtsbarkeit befreit sind. Zum anderen folgt aus Art. 17 Abs. 1 VP, dass diese Befreiung nur gewährt wird, wenn sie durch ein Interesse der Union gerechtfertigt ist. Der Schutz durch das Vorrechte-Protokoll hat demnach eine funktionale und damit relative, auf die Wahrnehmung von Aufgaben für die EU bezogene, Tragweite. Folglich ist die Befreiung von der Gerichtsbarkeit im Rahmen eines Strafverfahrens gegen Beamtinnen und Beamte oder sonstigen Bedienstete der Union, das Handlungen betrifft, die in keinerlei Zusammenhang mit der Wahrnehmung seiner Aufgaben stehen, nicht anwendbar. Diese Schlussfolgerung gilt auch für den Präsidenten oder die Präsidentin einer Zentralbank eines Mitgliedstaats in seiner Eigenschaft als Mitglied eines Organs der EZB.[107] **20**

C. Ergebnis

Hinweis: Der EuGH fasst seine Antworten auf Vorlagefragen in der Art und Weise zusammen, wie es hier formuliert ist. Da sich die Ergebnisse aber bereits aus den vorhergehenden Ausführungen ergeben, dürfte es in einer Klausur nicht als Fehler gewertet werde, wenn sich keine solche Gesamtbeantwortung der Vorlagefragen findet. Unabhängig hiervon ist es wichtig, dass in der Klausur durchgängig und auch bei der Formulierung des Ergebnisses ausschließlich Ausführungen zur Auslegung des Unionsrechts gemacht werden und nicht dazu, wie das lettische Strafgericht mit dem Strafverfahren gegen A verfahren muss. Dazu sagt der EuGH unmittelbar nichts; das nationale Gericht zieht diese Konsequenzen nach Abschluss des Vorabentscheidungsverfahrens auf dessen Basis dann selbst (hier: das lettische Strafgericht wird das Hauptsacheverfahren gegen A eröffnen, weil er sich zwar in seiner Funktion als EZB-Ratsmitglied, nicht aber für die ihm konkret vorgeworfenen Handlungen auf das Vorrechte-Protokoll berufen kann – aber noch einmal: das gehört nicht in die Klausur!). **21**

Nach alledem wird der EuGH für Recht erkennen: **22**

1. Auf die erste Frage ist zu antworten, dass Art. 22 VP so auszulegen ist, dass sich das Vorrechte-Protokoll auch auf den Präsidenten oder die Präsidentin der Zentralbank eines Mitgliedstaates bezieht, dessen Währung der Euro ist und dessen Zentralbankpräsident dementsprechend Mitglied im EZB-Rat ist.
2. Auf die zweite Frage ist zu antworten, dass Art. 10 VP im Licht von Art. 130 AEUV dahin auszulegen ist, dass ein solcher Zentralbankpräsident oder -präsidentin die in Art. 10 VP vorgesehenen Vorrechte nicht beanspruchen kann.
3. Auf die dritte Frage ist zu antworten, dass ein solcher Zentralbankpräsident oder -präsidentin die in Art. 11 lit. a) VP vorgesehenen Vorrechte in Anspruch nehmen kann.
4. Auf die vierte Frage ist zu antworten, dass die in Art. 11 lit. a) VP vorgesehenen Vorrechte auch nach der Beendigung der Amtszeit in Anspruch genommen werden kann.
5. Auf die fünfte Frage ist schließlich zu antworten, dass Art. 11 lit. a) VP in Verbindung mit Art. 17 VP dahin auszulegen ist, dass die Vorrechte aus dieser Norm nicht zur Anwendung kommen, wenn die Person, der diese Befreiung grundsätzlich zusteht, in einem Strafverfahren einer Handlung beschuldigt wird, die nicht im Rahmen der Aufgaben vorgenommen wurde, die sie für ein Unionsorgan wahrnimmt.

[107] EuGH v. 30.11.2021, C-3/20, Rn. 91 ff.

23 **Weiterführender Hinweis:** Die nach Unionsrecht gewährleistete Immunität der Abgeordneten des Europäischen Parlaments ist über mehrere Jahre hinweg Gegenstand juristischer Auseinandersetzungen und der öffentlichen Debatte gewesen. Sie betreffen Carles Puigdemont, der 2016 zum Präsidenten der katalanischen Autonomieregierung gewählt worden war, die ein Referendum über die Unabhängigkeit Kataloniens von Spanien durchgeführt hatte. Die spanische Regierung hielt es für politisch klug, jedenfalls wohl für geboten, darauf mit einer Amtsenthebung und Strafverfolgung zu reagieren und einen Europäischen Haftbefehl zu erlassen. 2019 wurde Puigdemont indes in das Europäische Parlament gewählt, 2021 hat das Europäische Parlament die Abgeordnetenimmunität von Puigdemont aufgehoben. Nach seiner Verhaftung auf Sardinien hat das mit seiner Auslieferung nach Spanien befasst sardische Gericht indes entschieden, dass er bis zur endgültigen Entscheidung des EuGH über seine Immunität und die Rechtmäßigkeit des in Spanien erlassenen Europäischen Haftbefehlt auf freiem Fuß bleibt. Über jeden dieser Schritte gab es (teilweise noch anhängige) Hauptsache- und meist auch einstweilige Rechtsschutzverfahren, teils vor nationalen Gerichten in Spanien, Belgien, Deutschland und Italien, teils vor dem EuG und dem EuGH. Deren jeweils letzter Verfahrensstand kann über die Suchmaske des EuGH (https://curia.europa.eu) mit dem Stichwort „Puigdemont" recherchiert werden. Grundsätzlich Auseinandersetzung mit dem Thema:
Ch. Schultz-Bleis, Die parlamentarische Immunität der Mitglieder des Europäischen Parlaments, 2019.

III. Examensfälle

Fall 8. Umsiedlungsbeschluss

Sachverhalt[108]

Die Europäische Union hat 2013 im ordentlichen Gesetzgebungsverfahren nach Art. 289 Abs. 1 AEUV die Verordnung (EU) Nr. 604/2013 zur Festlegung der Kriterien und Verfahren zur Bestimmung des Mitgliedstaates, der für die Prüfung eines von einem Drittstaatsangehörigen oder Staatenlosen in einem Mitgliedstaat gestellten Antrags auf internationalen Schutz zuständig ist, erlassen (im Folgenden: Dublin-III-VO). Nach dieser Verordnung ist derjenige EU-Mitgliedstaat für die Prüfung von Anträgen auf internationalen Schutz zuständig, dessen Hoheitsgebiet der Antragsteller zuerst betritt.

In Folge eines Krieges außerhalb der EU ist die Zahl von Schutzsuchenden in den EU-Mitgliedstaaten A und B in den vergangenen Monaten sprunghaft angestiegen, so dass A und B nicht mehr in der Lage sind, die unerwartet hohe Zahl von Schutzsuchenden zu versorgen und ihre Anträge zu bearbeiten. Der Europäische Rat verabschiedet daraufhin auf der Grundlage von Art. 68 AEUV „Strategische Leitlinien", nach denen ein Kontingent von 100.000 Schutzsuchenden aus A und 20.000 Schutzsuchenden aus B in andere EU-Mitgliedstaaten umgesiedelt werden soll. Die konkreten Regelungen dafür sollen „einvernehmlich durch den Rat unter Berücksichtigung der besonderen Situation der Mitgliedstaaten" beschlossen werden.

Die Europäische Kommission erarbeitet daraufhin einen detaillierten Vorschlag für einen Ratsbeschluss. Danach sollen für 100.000 Schutzsuchende in A und 20.000 Schutzsuchende in B die Zuständigkeitsregeln der Dublin-III-VO vorübergehend ausgesetzt werden. Stattdessen soll für sie ein vom Rat zu verabschiedender Beschluss gelten, dessen Anhang Verteilungsquoten für die Schutzsuchenden in A und B auf die übrigen EU-Mitgliedstaaten vorsieht. Im Beschlusstext soll es heißen: „Bei der Durchführung dieses Beschlusses berücksichtigen die Mitgliedstaaten vor-

[108] Fall nach EuGH v. 6.9.2017, C-643/15 u.a. Der Begriff „Umsiedlung" hat in der deutschen Sprache eine Vergangenheit: Auf der Grundlage des Abkommens zwischen Hitler und Stalin von 1939 wurden zahlreiche „Volksdeutsche" aus ihren seit Jahrhunderten angestammten Siedlungsgebieten in Osteuropa zwangsweise umgesiedelt, euphemistisch „heim ins Reich" geholt, insbesondere um die westlichen Gebiete des besetzten Polen zu „germanisieren". Der im Sachverhalt geschilderte Ratsbeschluss und das daran anknüpfende EuGH-Urteil verwenden umstandslos den Begriff der Umsiedlung in der deutschen Fassung. In der englischen Fassung steht dafür *relocation,* in der französischen Fassung *relocalisation,* was diese historischen Reminiszenzen nicht weckt. Die Falllösung folgt dem Sprachgebrauch von Rat und Gerichtshof: Die Vergangenheit eines Begriffs lässt sich durch dessen Vermeidung nicht ungeschehen machen, so dass die Offenlegung dieser Vergangenheit hier der überzeugendere Weg sein dürfte (anders bei der Benennung von Kommentaren und Gesetzessammlungen nach Juristen, die in das NS-Regime verstrickt waren – ihre Umbenennung war geboten).

rangig das Kindeswohl. Familienangehörige sind in das Hoheitsgebiet desselben Mitgliedsstaates umzusiedeln." Dem Beschluss sollen Erwägungsgründe vorangestellt werden, die unter anderem die Formulierung enthalten sollen: „Bei der Entscheidung darüber, in welchen Mitgliedstaat die Umsiedlung erfolgen sollte, sollte den speziellen Qualifikationen und Eigenschaften der betreffenden Antragsteller wie ihren Sprachkenntnissen und anderen nachgewiesenen familiären, kulturellen und sozialen Bindungen, die ihre Integration in den Umsiedlungsstaat erleichtern könnten, besonders Rechnung getragen werden." Die Geltung dieses Ratsbeschlusses soll auf 12 Monate begrenzt sein.

Der Vorschlag der Kommission wird zunächst dem Europäischen Parlament übermittelt. Das Europäische Parlament nimmt eine „legislative Entschließung" an, mit der es den Kommissionsvorschlag billigt und den Rat zu einer erneuten Anhörung des Europäischen Parlaments auffordert, falls er beabsichtigen sollte, den Vorschlag der Kommission entscheidend zu ändern. Die Situation in B entspannt sich unterdessen entscheidend, so dass die Kommission ihren Vorschlag noch vor der Beschlussfassung im Rat modifiziert und ihn auf die Verteilung der 100.000 Personen beschränkt, die in A Zuflucht gesucht haben. Mit dieser einen Änderung nimmt der Rat den im Übrigen unveränderten Kommissionsvorschlag ohne erneute Parlamentsbeteiligung – in nicht-öffentlicher Sitzung und mit qualifizierter Mehrheit nach Art. 16 Abs. 3 EUV – auf der Grundlage von Art. 78 Abs. 3 AEUV an. Die Umsetzung des Ratsbeschlusses erweist sich in der Folgezeit als schwierig, weil sich mehrere Mitgliedstaaten – darunter C – weigern, die im Beschluss für sie vorgesehene Quote von Schutzsuchenden aufzunehmen. Daher werden auf der Grundlage des Beschlusses nur etwa 5.000 Personen aus A umgesiedelt.

EU-Mitgliedstaat C hatte im Rat gegen den Beschluss gestimmt und erhebt nun gegen den Beschluss fristgerecht Nichtigkeitsklage zum EuGH nach Art. 263 AEUV. Als ersten Klagegrund führt C an, der Beschluss hätte nicht auf Art. 78 Abs. 3 AEUV gestützt werden dürfen, weil der Ratsbeschluss in der Sache die Dublin-III-VO ändere und daher selbst als Rechtsakt mit Gesetzescharakter zu qualifizieren sei. Eine solche Regelung, die materiell eine Änderung der Dublin-III-VO sei, hätte ein ordentliches Gesetzgebungsverfahren nach Art. 8 Abs. 2 lit. e), 289 Abs. 1, 294 AEUV mit den dort normierten, weitergehenden parlamentarischen Beteiligungsrechten erfordert. Der Ratsbeschluss verstoße zweitens gegen Art. 68 AEUV i. V. m. den vom Europäischen Rat beschlossenen Strategischen Leitlinien, die nur zu einem einvernehmlichen Ratshandeln ermächtigt hätten. Es stelle einen Verstoß gegen das institutionelle Gleichgewicht und den Vertrauensschutz dar, dass der Rat mit qualifizierter Mehrheit gehandelt habe, ohne dass der Europäische Rat dessen Handlungsbefugnis vorab auf ein mehrheitliches Handeln erweitert habe. Auch aus Art. 293 Abs. 1 AEUV ergebe sich das Erfordernis eines einstimmigen Ratsbeschlusses.

Der Ratsbeschluss verletzte drittens mit Art. 78 Abs. 3 S. 2 AEUV eine weitere wesentliche Formvorschrift, weil das Europäische Parlament nach Änderung des Vorschlags nicht erneut angehört worden sei. Viertens verstoße der Ratsbeschluss auch deshalb gegen wesentliche Formvorschriften, weil er entgegen Art. 16 Abs. 8 EUV, 15 Abs. 2 AEUV nicht in öffentlicher Sitzung des Rates angenommen worden sei. Es sei im Hinblick auf die gebotene demokratische Legitimation und Kontrolle des

Ratshandelns unerträglich, dass eine derart weitreichende Entscheidung hinter verschlossenen Türen getroffen worden sei.

Der Ratsbeschluss verletze die Unionsverträge fünftens auch materiell, weil er unverhältnismäßig sei und sich mittlerweile als ungeeignet erwiesen habe, die Überlastungsproblematik in A zu lösen, was man schon an den geringen Umsiedlungszahlen in Vollzug des Beschlusses sehe. Statt durch einen alle Mitgliedstaaten verpflichtenden Ratsbeschluss hätte man das Überlastungsproblem in A weniger einschneidend auch durch freiwillige Selbstverpflichtungen der Mitgliedstaaten zur Aufnahme von Schutzsuchenden, vor allem aber durch eine verstärkte Überwachung der EU-Außengrenzen lösen können. Schließlich verstoße der Ratsbeschluss sechstens gegen die Grundsätze der Rechtssicherheit und Normenklarheit und damit gegen das Gebot der Rechtsstaatlichkeit aus Art. 2 EUV, weil der Ratsbeschluss die Auswahlkriterien für die Auswahl der umzusiedelnden Schutzsuchenden nicht festlege und so der Exekutive eine willkürliche Auswahl ermögliche. Irgendwelche vagen Erwägungen in Erwägungsgründen könnten diese Defizite im Normtext des Beschlusses nicht beheben.

Hat die Klage von C Aussicht auf Erfolg?

Bearbeitungshinweise: Alle vom Sachverhalt aufgeworfenen Rechtsfragen sind in einem Rechtsgutachten, ggfs. hilfsgutachterlich, zu erörtern. Die Genfer Flüchtlingskonvention und Fragen einer Beteiligung nationaler Parlamente am Ratsbeschluss gemäß den Protokollen zu den Unionsverträgen sind nicht zu prüfen. Die Dublin-III-VO ist nur insoweit heranzuziehen, als ihre Kernregelung zur mitgliedstaatlichen Zuständigkeit im Sachverhalt referiert ist. Eine Auseinandersetzung mit einzelnen Artikeln dieser Verordnung ist nicht geboten.

Auszug aus der Satzung des Gerichtshofs der Europäischen Union:

„**Artikel 51 Abs. 1.** Abweichend von der in Artikel 256 Absatz 1 AEUV vorgesehenen Regelung sind dem Gerichtshof die Klagen gemäß den Artikeln 263 und 265 AEUV vorbehalten,

a) die von einem Mitgliedstaat gegen eine Handlung oder wegen unterlassener Beschlussfassung des Europäischen Parlaments oder des Rates oder dieser beiden Organe in den Fällen, in denen sie gemeinsam beschließen, erhoben werden, mit Ausnahme
   - der Beschlüsse des Rates gemäß Artikel 108 Absatz 2 Unterabsatz 3 AEUV;
   - der Rechtsakte, die der Rat aufgrund einer Verordnung des Rates über handelspolitische Schutzmaßnahmen im Sinne von Artikel 207 AEUV erlässt;
   - der Handlungen des Rates, mit denen dieser gemäß Artikel 291 Absatz 2 AEUV Durchführungsbefugnisse ausübt;
b) die von einem Mitgliedstaat gegen eine Handlung oder wegen unterlassener Beschlussfassung der Kommission gemäß Artikel 331 Absatz 1 AEUV erhoben werden."

Vorüberlegungen und Anforderungsprofil

Der Sachverhalt lehnt sich in vereinfachter Weise an tatsächliche Entscheidungen des Europäischen Rates und des Rates aus dem Jahr 2015 an, die Gegenstand eines Verfahrens vor dem EuGH waren.[109] Da das EuGH-Urteil keine grundsätzlichen

[109] EuGH v. 6.9.2017, C-643/15 u.a.; Zusammenfassung und Besprechung dieser Entscheidung durch *Ruffert*, JuS 2018, 303ff.; nachfolgend EuGH v. 2.4.2020, C-715/17 u.a. (Feststellung eines Ver-

Neuerungen beinhaltet, sondern sich in einer Anwendung der Kompetenz- und Formbestimmungen der Unionsverträge auf den konkreten Sachverhalt erschöpft, ist die Kenntnis dieses Urteils für eine gute Fallbearbeitung nicht erforderlich. Politisch interessierten Studierenden dürfte der allgemeine Diskussionskontext über Fragen der Flüchtlingsverteilung vertraut sein.[110] Der konkrete Sachverhalt bezieht sich indes nur ganz am Rande auf die migrationsrechtlichen Regelungen des Unionsrechts (Dubliner Recht). Im Zentrum stehen die Kompetenzen der EU-Organe, die unterschiedlichen Handlungsformen des Unionsrechts und ihr Verhältnis zueinander.

Die Fallbearbeitung setzt eine gewisse generelle Vertrautheit mit den Organen und Handlungsformen des Unionsrechts voraus. Auf dieser Basis ist die Klausur durch methodisch zielgerichtetes Vorgehen zu lösen, insbesondere durch grammatikalische, systematische und teleologische Interpretation der für die Falllösung relevanten Normen der Unionsverträge. Sie sind zu diesem Zweck ausnahmslos im Sachverhalt erwähnt. Die Qualität der Fallbearbeitung hängt nicht vom Umfang des erlernten Wissens ab, sondern von diesen methodischen Fähigkeiten der Studierenden. Die Klausur ist eine anspruchsvolle Original-Examensklausur. Auch für eine gute Benotung war angesichts des recht hohen Anspruchsniveaus durchaus keine perfekte Bearbeitung erforderlich.

Gliederung

stoßes von Polen, Ungarn und Tschechien gegen die 2015 erlassenen Beschlüsse des Rates zur Umsiedlung von internationalen Schutz beantragenden Personen, denn Art. 72 AEUV sei als Ausnahmebestimmung eng auszulegen und verleihe den Mitgliedstaaten nicht die Befugnis, von Bestimmungen des Unionsrechts durch bloße Berufung auf die Interessen der Aufrechterhaltung der öffentlichen Ordnung und dem Schutz der inneren Sicherheit abzuweichen); zur Bedeutung dieses Urteils: *Epiney,* NVwZ 2021, 1345 ff. (1347).

[110] Zum Notfallumsiedlungsbeschluss des Rates von 2015: *Lehner,* ZAR 2015, 365 ff.; mittlerweile liegt ein Vorschlag für eine neue Verordnung zu diesem Themengebiet vor, dazu *Lührs,* NVwZ 2021, 1329 ff.

Lösung

A. Zulässigkeit der Nichtigkeitsklage

Der Gerichtshof der Europäischen Union entscheidet nach Art. 263 Abs. 1 S. 1 AEUV unter anderem über die Rechtmäßigkeit der Gesetzgebungsakte der Union und über die verbindlichen Handlungen des Rates. Nach Art. 19 Abs. 1 EUV umfasst der Gerichtshof der Europäischen Union den Gerichtshof, das Gericht und (zurzeit nicht eingerichtete) Fachgerichte. Nach Art. 256 AEUV ist für Nichtigkeitsklagen nach Art. 263 AEUV in der Regel das Gericht zuständig, soweit nicht die Satzung des Gerichtshofs der Europäischen Union den Streit dem Gerichtshof (EuGH) vorbehält. Dies ist nach Art. 51 Abs. 1 lit. a) der Satzung bei Nichtigkeitsklagen der Fall, die – wie vorliegend – von einem Mitgliedstaat erhoben werden. Damit ist der EuGH zur Entscheidung über den angegriffenen Ratsbeschluss berufen. Mitgliedstaat C ist nach Art. 263 Abs. 2 AEUV klageberechtigt und trägt verschiedene der in Art. 263 Abs. 2 AEUV genannten Klagegründe vor. Die Klage ist fristgerecht erhoben und damit zulässig.[111] 1

Hinweis: Die Zulässigkeit der Nichtigkeitsklage ist unproblematisch gegeben. Daher kann man hier davon absehen, die Zulässigkeit im Einzelnen schulbuchmäßig durchzuprüfen (Beispiele für schulbuchmäßige Zulässigkeitsprüfungen für die Nichtigkeitsklage: → Fälle 1, 2, 4, 5, 6 und 9). Denn auf Examensniveau kann man eine gewisse Souveränität im Umgang mit prozessualen Fragen auch dadurch unter Beweis stellen, dass man unter Benennung der einschlägigen Rechtsnormen die Zuständigkeit des Gerichts und die Kernpunkte der Zulässigkeitsanforderungen im Urteilsstil kurz feststellt (siehe hierzu auch → Fall 9/17).

B. Begründetheit der Nichtigkeitsklage

Aufbauhinweis: 2

Für den Aufbau der Begründetheitsprüfung kommen drei Möglichkeiten in Betracht:

1. Wegen des in Art. 263 Abs. 2 AEUV niedergelegten Systems von Klagegründen baut der EuGH seine Urteile in Nichtigkeitsklagen an Hand der einzelnen vorgetragenen Klagegründe auf. An dieser Praxis orientiert sich die nachfolgende Lösungsskizze, so dass sich angesichts von sechs durch C geltend gemachten Klagegründen eine fortlaufende Gliederung von I. bis VI. ergibt.

2. Alternativ zu einem solchen Aufbau an Hand der vom Kläger vorgetragenen Klagegründe können Bearbeiter auch unmittelbar von Art. 263 Abs. 2 AEUV ausgehen und die dort normierten vier Klagegründe im Einzelnen durchprüfen:
   I. Unzuständigkeit
   II. Verletzung wesentlicher Formvorschriften
   III. Verletzung der Verträge oder einer bei ihrer Durchführung anzuwendenden Rechtsnorm
   IV. Ermessensmissbrauch

Das führt in der Zuordnung der vorgetragenen zu den in Art. 263 Abs. 2 AEUV normierten Klagegründen zu einer etwas anderen Prüfungsreihenfolge. Im Verhältnis zum in der Praxis des EuGH

[111] Zu den Zulässigkeitsvoraussetzungen der Nichtigkeitsklage: *Sydow/Wittreck,* Dt. u. Eur. VerfR I, Rn. 17/55 ff., *Mächtle,* JuS 2015, 28 ff.; zur Übung: *Schuster,* JuS 2019, 39 ff., *Kühling/Drechsler,* JuS 2017, 335 ff.

üblichen Aufbau ist dieses Vorgehen gleichwertig, wenn es nicht den Vorteil einer noch engeren normativen Anbindung an Art. 263 Abs. 2 AEUV hat.

3. Am deutschen Recht geschulte Klausurbearbeiterinnen und -bearbeiter könnten schließlich dazu neigen, ein Aufbauschema mit folgender Gliederung zu wählen:
   I. Rechtsgrundlage des Ratsbeschlusses
   II. Formelle Rechtmäßigkeit des Ratsbeschlusses
   III. Materielle Rechtmäßigkeit des Ratsbeschlusses

Bei einem solchen Prüfungsaufbau wäre der vom Kläger vorgetragene Klagegrund 1 unter Rechtsgrundlage zu prüfen, die Klagegründe 2, 3 und 4 im Rahmen der formellen Rechtmäßigkeit, die Klagegründe 5 und 6 im Rahmen der materiellen Rechtmäßigkeit.

Alle drei Klausuraufbauten führen demnach gleichermaßen dazu, dass alle relevanten Rechtsfragen erörtert werden. Auch wenn das aus dem deutschen Recht übernommene Prüfschema das System der Klagegründe letztlich verfehlt, sollte seine Verwendung nicht negativ zu Buche schlagen. Denn dem anderen Aufbau liegt lediglich eine prozessuale Besonderheit des Unionsrechts zu Grunde, die Klausurbearbeiter in ihren Folgerungen für den Klausuraufbau nicht unbedingt beherrschen müssen. Ausführungen dazu, dass Art. 263 AEUV ein System von Klagegründen zu Grunde liegt, dürften demgegenüber positiv zu werten sein.

I. Erster Klagegrund: Wahl einer ungeeigneten Rechtsgrundlage

3 Der Ratsbeschluss könnte entsprechend dem ersten von C geltend gemachten Klagegrund dadurch gegen die Unionsverträge verstoßen, dass der Rat mit Art. 78 Abs. 3 S. 1 AEUV eine Rechtsgrundlage gewählt hat, die keine geeignete Grundlage für den getroffenen Beschluss gewesen sein könnte. Zu prüfen ist dementsprechend, ob der Ratsbeschluss als vorläufige Maßnahme zu Gunsten eines Mitgliedstaates qualifiziert werden kann – dann wäre Art. 78 Abs. 3 S. 1 AEUV eine geeignete Rechtsgrundlage – oder ob der Beschluss keine vorläufige Maßnahme im Sinne dieser Vorschrift darstellt.[112]

4 Die Frage stellt sich deshalb, weil der Ratsbeschluss Regelungen einer EU-Verordnung, der Dublin-III-VO, „aussetzt" und damit jedenfalls vorübergehend einen unionsrechtlichen Gesetzgebungsakt im Sinne von Art. 289 Abs. 3 AEUV modifiziert bzw. suspendiert, der im ordentlichen Gesetzgebungsverfahren nach Art. 289 Abs. 1 AEUV erlassen worden ist. Das könnte eine Änderung eines höherrangigen Rechtsakts, nämlich einer Verordnung als Gesetzgebungsakt, durch einen niederrangigen Rechtsakt sein, nämlich durch einen Ratsbeschluss ohne Gesetzgebungscharakter. In diesem Falle wäre zu prüfen, ob dieses Vorgehen der Normenhierarchie widerspricht und der Ratsbeschluss deshalb unwirksam sein könnte. Innerhalb der Sekundärrechtsakte des Unionsrechts existiert indes keine Normenhierarchie. Im Verhältnis von Sekundärrechtsakten untereinander gilt stets die *lex posterior* Regel, so dass die Änderung einer Verordnung durch einen Ratsbeschluss jedenfalls kein Problem der Normenhierarchie aufwirft.[113]

5 Die Änderung der Dublin-III-VO durch den Ratsbeschluss könnte entsprechend dem Vorbringen von C aber dazu führen, dass der Ratsbeschluss seinerseits mate-

112 Allgemein zum europäischen Asylsystem: *Geiger,* Ad Legendum 2014, 165 ff.

113 Zu den Sekundärrechtsakten der Europäischen Union: *Sydow/Wittreck,* Dt. u. Eur. VerfR I, Rn. 3/20; *Lorenzen,* JURA 2021, 745 ff., *Ruffert/Grischek/Schramm,* JuS 2020, 413 ff.

riell als Gesetzgebungsakt zu qualifizieren wäre (*actus contrarius* zum ursprünglichen Rechtsakt). Das hätte Folgen für die anzuwendenden Verfahrensbestimmungen: Gesetzgebungsakte können nach Art. 289 Abs. 3 AEUV nur in einem Gesetzgebungsverfahren erlassen werden, im Falle asylrechtlicher Zuständigkeitsregelungen nach Art. 78 Abs. 2 lit. e) AEUV, und zwar unter Beachtung der dafür erforderlichen Form- und Verfahrensschritte (Verfahren nach Art. 294 AEUV mit den dort vorgesehenen Lesungen und dem Zustimmungserfordernis des Europäischen Parlaments). Diese Vorschriften wurden offensichtlich nicht beachtet und brauchten auch nicht beachtet zu werden, wenn der Ratsbeschluss tatsächlich auf Art. 78 Abs. 3 AEUV gestützt werden konnte.

Die Abgrenzung zwischen Gesetzgebungsakten und anderen Rechtsakten erfolgt **6** gemäß Art. 289 Abs. 3 AEUV allein nach einem formalen Kriterium, nämlich nach der Frage, ob der Rechtsakt in einem Gesetzgebungsverfahren nach Art. 289 Abs. 1, 2 AEUV oder auf andere Weise angenommen worden ist.[114] Dieses formale und damit eindeutige Kriterium dient der Rechtssicherheit.[115] Auf den materiellen Inhalt des Rechtsakts kommt es nach dieser Vorschrift nicht an. Es würde daher den Zusammenhang verkehren, wenn ein bestimmtes Verfahren für geboten erachtet und von dort aus die anzuwendende Rechtsgrundlage bestimmt würde. Vielmehr ist umgekehrt die gewählte Rechtsgrundlage für die beim Erlass des Rechtsakts anzuwendenden Verfahrensbestimmungen maßgeblich.[116]

Richtig formuliert kann die zu erörternde Frage daher nicht lauten, ob der Rat statt **7** des Art. 78 Abs. 3 AEUV den Art. 78 Abs. 2 lit. e) AEUV als Rechtsgrundlage hätte wählen müssen. Zu fragen ist vielmehr allein, ob die vom Rat gewählte Rechtsgrundlage, nämlich Art. 78 Abs. 3 AEUV, der dann das in dieser Norm normierte Verfahren auslöst, eine inhaltliche Regelung zulässt, die vorübergehend einen Gesetzgebungsakt modifiziert, in diesem Fall die Dublin-III-VO.

Mangels ausdrücklicher Festlegung durch die Norm ist dies durch systematische **8** Auslegung von Art. 78 Abs. 2, 3 AEUV zu beantworten. Danach stellt dieser Artikel zwei getrennte Verfahrensmöglichkeiten zur Verfügung, nämlich einerseits in Art. 78 Abs. 2 AEUV das ordentliche Gesetzgebungsverfahren, das sowohl zum Erlass wie zur Änderung einer Verordnung genutzt werden kann, und andererseits das Verfahren zum Erlass vorläufiger Maßnahmen in einer Notlage nach Art. 78 Abs. 3 AEUV. Der Sinn und Zweck dieser Möglichkeit nach Art. 78 Abs. 3 AEUV besteht darin, rasch und daher mit vereinfachten Verfahrensbestimmungen auf Notlagen reagieren zu können.

Das schließt es einerseits aus, auf Art. 78 Abs. 3 AEUV Maßnahmen zu stützen, die **9** dauerhaft eine Verordnungsbestimmung verdrängen, ersetzen oder abändern. Damit würde das ordentliche Gesetzgebungsverfahren in der Tat umgangen. Andererseits wäre Art. 78 Abs. 3 AEUV weitgehend seines Anwendungsbereichs und damit seines Telos (in der Diktion des EuGH: seiner praktischen Wirksamkeit) beraubt, wenn auf ihn lediglich außerrechtliche Maßnahmen – etwa finanzielle Hilfen – gestützt werden könnten.[117] Die Möglichkeit einer raschen Reaktion auf Notlagen

[114] Zum Gesetzgebungsverfahren auf EU-Ebene: *Sydow/Wittreck,* Dt. u. Eur. VerfR I, Rn. 15/181 ff.
[115] EuGH v. 6.9.2017, C-643/15 u. a., Rn. 63.
[116] EuGH v. 19.7.2012, C-130/10, Rn. 80.
[117] EuGH v. 6.9.2017, C-643/15 u. a., Rn. 75.

wäre sehr begrenzt, wenn eine angemessene Lösung nur in einer Änderung der Rechtslage bestehen kann und dafür dann stets das zeitaufwändige ordentliche Gesetzgebungsverfahren durchlaufen werden müsste. Das spricht dafür, dass Art. 78 Abs. 3 AEUV auch eine vorübergehende Änderung von Verordnungsrecht durch vorläufige Maßnahmen zulässt.

10 Schließlich lässt sich Art. 78 Abs. 3 AEUV auch kein Hinweis entnehmen, dass er vorübergehende Modifikationen und Suspendierungen von Verordnungen nur bis zu dem Zeitpunkt ermöglicht, zu dem ein zügig durchgeführtes ordentliches Gesetzgebungsverfahren abgeschlossen sein könnte. Eine solche Norminterpretation würde zwar dem grundsätzlichen Vorrang des ordentlichen Gesetzgebungsverfahrens für die Änderung von Gesetzgebungsakten in besonderer Weise Rechnung tragen, zugleich aber die in einer Notlage gebotenen Verfahrensschritte verkomplizieren, was gerade nicht Sinn und Zweck des Art. 78 Abs. 3 AEUV ist. Soweit also die Modifikation eines Gesetzgebungsakts zeitlich und sachlich begrenzt ist, kann sie in einer Notlage durch einen Ratsbeschluss nach Art. 78 Abs. 3 AEUV erfolgen. Das ist hier wegen der zeitlich begrenzten Dauer der Regelung (zwölf Monate) und ihrer Beschränkung auf einen umgrenzten Personenkreis (100.000 bereits in A befindliche Personen) der Fall.

11 Der Ratsbeschluss tritt nach Zeitablauf bzw. nach seinem Vollzug durch Umsiedlung der Personen automatisch außer Kraft, so dass die Regelung der Dublin-III-VO wieder uneingeschränkt gilt. Art. 78 Abs. 3 AEUV ist somit die richtige Rechtsgrundlage für den Ratsbeschluss und kann die vom Rat beschlossene Rechtsfolge auch in Bezug auf die implizierte Änderung der Dublin-III-VO tragen.

12 **Hinweise:** Es ist vertretbar, im systematischen Abgleich zwischen Art. 78 Abs. 2 und Abs. 3 AEUV den Zweck und damit den Anwendungsbereich des Art. 78 Abs. 3 AEUV enger zu fassen, also z. B. auf finanzielle Hilfen zu beschränken, die keine vorübergehende Modifikation der Rechtslage erfordern.[118] Dies hätte zur Folge, dass die Umsiedlungsmaßnahme nur nach Art. 78 Abs. 2 lit. e) AEUV in einem ordentlichen Gesetzgebungsverfahren hätte beschlossen werden dürfen. Man müsste daher die Nichtigkeitsklage bereits wegen Wahl der falschen Rechtsgrundlage für begründet erachten und die nachfolgenden Prüfungsschritte hilfsgutachterlich durchprüfen. Wer ein ordentliches Gesetzgebungsverfahren für geboten erachtet, wird konsequenterweise in der weiteren Prüfung sub III. die Parlamentsbeteiligung für unzulänglich betrachten (weil nicht den Vorgaben des Art. 294 AEUV entsprechend) und sub IV. einen weiteren Verfahrensverstoß wegen fehlender Öffentlichkeit der Ratssitzung entgegen Art. 16 Abs. 8 EUV, 15 Abs. 2 AEUV annehmen.
Es ist zudem denkbar zu diskutieren, ob Art. 78 AEUV überhaupt Rechtsgrundlage für eine Entscheidung über die Umsiedlung von Schutzsuchenden sein kann. Das würde eine materielle Diskussion über die Reichweite der migrationspolitischen Kompetenzen der EU eröffnen.[119] Angesichts der Formulierung des ersten Klagegrundes im Sachverhalt liegt diese Überlegung zwar nicht nahe. Wenn aber diese Frage aufgeworfen wird, wird man eine Lösung im Wesentlichen mit der Überlegung bestreiten können, ob der Verweis auf Maßnahmen der EU im Falle eines Massenzustroms (Art. 78 Abs. 2 lit. C AEUV), ähnlich in Art. 78 Abs. 3 AEUV) nicht gerade insbesondere Umsiedlungsmaßnahmen umfassen muss.[120] Eine Verneinung der Frage ist als vertretbar zu werden. In diesem Fall müsste mit einem Hilfsgutachten fortgesetzt werden.

---

[118] So bspw. *Thym,* in: Grabitz/Hilf/Nettesheim, Das Recht der Europäischen Union, Art. 78 AEUV, Stand Januar 2022, Rn. 48.

[119] So *Nettesheim,* Verfassungsblog, 15.9.2017, URL: https://verfassungsblog.de/das-eu-recht-in-der-krise-ein-schwieriges-verhaeltnis (zuletzt abgerufen am 26.5.2022).

[120] Ablehnend *Nettesheim,* Verfassungsblog, 15.9.2017, URL: https://verfassungsblog.de/das-eu-recht-in-der-krise-ein-schwieriges-verhaeltnis (zuletzt abgerufen am 26.5.2022).

II. Zweiter Klagegrund: Verstoß gegen Vertrauensschutz und das institutionelle Gleichgewicht i.V.m. Art. 68 AEUV

Der Ratsbeschluss könnte zudem entsprechend dem zweiten von C geltend gemachten Klagegrund gegen das institutionelle Gleichgewicht der EU-Institutionen in Verbindung mit den Leitlinien des Europäischen Rates nach Art. 68 AEUV verstoßen, indem der Rat über den einvernehmlichen Handlungsrahmen hinausgegangen ist, den der Europäische Rat ihm durch seinen Beschluss über Strategische Leitlinien eröffnet hatte. Der EuGH nutzt diesen Topos des institutionellen Gleichgewichts regelmäßig dann, wenn er die EU-Organe auf die Beachtung ihrer eigenen Befugnisse unter Beachtung der Befugnisse anderer EU-Organe festlegen will.[121] Letztlich geht es dabei allein um die Beachtung der Organkompetenzen, deren Bedeutung durch Art. 13 Abs. 2 EUV noch einmal ausdrücklich herausgestellt wird. 13

Hinweis: Der Grundsatz des institutionellen Gleichgewichts findet im Wortlaut der Verträge keinen Anhaltspunkt und setzt daher gewisse Kenntnisse der Europarechtsdogmatik voraus. Es handelt sich um eine Rechtsfigur aus der Judikatur des EuGH, die allerdings keinen eigenständigen dogmatischen Gehalt hat, der über die Selbstverständlichkeit hinausgeht, dass Organkompetenzen zu beachten sind und ein Handeln außerhalb der eigenen Kompetenzen unionsrechtswidrig ist. Die Klausur kann daher auch ohne Rekurs auf diese Rechtsfigur gelöst werden.

In der Tat hat der Rat bei seiner Beschlussfassung mit qualifizierter Mehrheit und damit anders und mit geringeren Anforderungen gehandelt, als der Europäische Rat dies in seinem Leitlinienbeschluss vorgesehen hatte. Das ist freilich nur dann ein Verstoß gegen Art. 68 AEUV oder den Grundsatz des institutionellen Gleichgewichts, wenn der Europäische Rat den Rat durch einen solchen Leitlinienbeschluss wirksam auf ein Einstimmigkeitserfordernis festlegen konnte. Art. 78 Abs. 3 AEUV sieht nämlich gerade kein Einstimmigkeitserfordernis vor, so dass mangels anderer Festlegung in den Verträgen die allgemeine Bestimmung über Mehrheitserfordernisse im Rat nach Art. 16 Abs. 3 EUV gilt, nach der der Rat mit qualifizierter Mehrheit entscheiden durfte. Es stellt sich somit die Frage, ob der Europäische Rat dieses Erfordernis einer qualifizierten Mehrheit nach Art. 78 Abs. 3 AEUV, 16 Abs. 3 EUV durch seinen Leitlinienbeschluss wirksam in ein Erfordernis eines einstimmigen Ratsbeschlusses ändern konnte. Das hätte zur Konsequenz, dass das der Europäischen Kommission eingeräumte Initiativrecht – allgemein nach Art. 17 Abs. 2 EUV, konkret nach Art. 78 Abs. 3 AEUV – leer liefe, wenn man die nach Art. 78 Abs. 3 AEUV zu beachtenden Verfahrensschritte von Entscheidungen des Europäischen Rates abhängig machen wollte.[122] 14

Noch schwerer wiegt der Einwand, dass eine solche Interpretation auf eine Vertragsänderungskompetenz des Europäischen Rates hinausliefe, die diesem aber nicht zukommt. Der Europäische Rat gibt der Union zwar die erforderlichen Impulse und legt die allgemeinen politischen Zielvorstellungen und Prioritäten hierfür fest (Art. 15 Abs. 1 EUV). Durch seine Besetzung mit den Staats- und Regierungschefs der Mitgliedstaaten und den Präsidenten des Europäischen Rates und der 15

[121] St. Rspr., EuGH v. 14.4.2015, C-409/13, Rn. 64, mit weiteren Nachweisen; allgemein zu den Institutionen der Europäischen Union: *Voßkuhle/Wischmeyer,* JuS 2018, 1184ff.; *Ruffert/Grischek/Schramm,* JuS 2019, 974ff.

[122] EuGH v. 6.9.2017, C-643/15 u.a., Rn. 146f.

Kommission (Art. 15 Abs. 2 EUV) hat der Europäische Rat auch ein hohes politisches Gewicht.[123] Das verleiht ihm aber nicht die Befugnis, außerhalb des in Art. 48 EUV normierten Vertragsänderungsverfahrens materielle Änderungen an den Unionsverträgen vorzunehmen.[124] Wenn man also einen Verstoß gegen das institutionelle Gleichgewicht erblicken möchte, so lag er bereits in der von Art. 68 AEUV nicht gedeckten Entscheidung des Europäischen Rates, für den späteren Ratsbeschluss ein Einstimmigkeitserfordernis zu postulieren. Als unionsrechtswidriger Leitlinienbeschluss konnte dieser keine Wirkung entfalten, so dass es beim Erfordernis einer qualifizierten Mehrheit nach Art. 78 Abs. 3 AEUV i.V.m. Art. 16 Abs. 3 EUV blieb. Diesem Mehrheitserfordernis hat der Ratsbeschluss entsprochen.

16 Ein Einstimmigkeitserfordernis folgt auch nicht aus Art. 293 Abs. 1 AEUV, weil im vorliegenden Fall nicht der Rat den Vorschlag der Kommission abgeändert hat, sondern die Kommission im Laufe der Beratungen selbst einen geänderten Vorschlag vorgelegt hat. Dazu war sie nach Art. 293 Abs. 2 AEUV berechtigt. Der Schutzzweck des Art. 293 Abs. 1 AEUV – der Schutz des Initiativrechts der Kommission – ist demzufolge nicht tangiert.

17 Schließlich könnte überlegt werden, ob der Leitlinienbeschluss des Europäischen Rates für den Mitgliedstaat C einen Vertrauenstatbestand geschaffen hat und er legitimerweise darauf vertrauen durfte, dass der Rat nicht vom Einstimmigkeitsprinzip abweichen wird.[125] Es ist indes nicht ersichtlich, wie ein eventueller Vertrauenstatbestand rechtliche Relevanz im Sinne einer Rechtsbindung des Rates erlangen soll. Als Ausdruck des Rechtsstaatsprinzips kann Vertrauensschutz zu Gunsten Einzelner wirken. Ein Vertrauensschutztatbestand zu Gunsten von Staaten ist in der Europarechtsdogmatik hingegen nicht etabliert. Der Europäische Rat kann und soll das Handeln der Unionsorgane politisch vorprägen. Aber er kann es nicht in Abweichung von den Verträgen rechtlich binden. Dass C politisch auf die Festlegungen des Europäischen Rates vertraut haben könnte und das politische Verhältnis zwischen C und den übrigen Mitgliedstaaten durch die Mehrheitsentscheidung belastet sein mag, ändert nichts an der Kompetenzordnung der Verträge. Die Entwicklung des Unionsrechts ist gerade durch einen immer weitergehenden Übergang zu Mehrheitsentscheidungen geprägt, in die sich Art. 78 Abs. 3 AEUV einfügt. Der Rat konnte daher nach Art. 78 Abs. 3 AEUV mit qualifizierter Mehrheit entscheiden.

Hinweis: Das Ergebnis zu dieser Frage dürfte eindeutig sein. Sollte stattdessen auf Vertrauensschutz zu Gunsten von C angesichts der politischen Festlegungen durch den Europäischen Rat rekurriert werden, müsste die Bearbeitung darlegen, welche normative Grundlage die rechtliche Schutzwürdigkeit dieses Vertrauens haben soll. Mit einer entsprechenden Begründung ist auch diese Position als vertretbar zu werten.

---

[123] Zum Europäischen Rat: *Sydow/Wittreck,* Dt. u. Eur. VerfR I, Rn. 11/91 ff.

[124] EuGH v. 6.9.2017, C-643/15 u.a., Rn. 149 mit weiteren Nachweisen.

[125] So *Nettesheim,* Verfassungsblog, 15.9.2017, URL: https://verfassungsblog.de/das-eu-recht-in-der-krise-ein-schwieriges-verhaeltnis (zuletzt abgerufen am 26.5.2022), freilich von der unhaltbaren, mit Art. 1 EUV unvereinbaren Prämisse aus, dass die EU „letztlich weiterhin ein Club souveräner Staaten" sei. Supranationale Herrschaftsgewalt müsse „im Wissen um den Club-Charakter ausübt werden" – eine solche Auslegungsdirektive für das Unionsrechts ist nirgends etabliert und methodisch unhaltbar.

III. Dritter Klagegrund: Fehlende erneute Anhörung des Europäischen Parlaments

Der Ratsbeschluss könnte entsprechend dem dritten von C vorgetragenen Klagegrund gegen die Verfahrensvorschriften der Unionsverträge verstoßen haben, indem das Europäische Parlament nach Änderung des Kommissionsvorschlags nicht erneut angehört worden ist. Grundsätzlich handelt es sich bei Anhörungserfordernissen für das Parlament um wesentliche Formerfordernisse, deren Nichtbeachtung die Nichtigkeit der betreffenden Handlung zur Folge hat.[126] Das Anhörungserfordernis des Parlaments folgt aus Art. 78 Abs. 3 S. 2 AEUV. Nach den obenstehenden Ausführungen zum zweiten Klagegrund kann es – daneben oder ergänzend – nicht darauf ankommen, dass sich das Parlament eine erneute Anhörung vorbehalten hat, falls der Rat vom ursprünglichen Kommissionsvorschlag wesentlich abweichen sollten. Denn auch das Parlament verfügt nicht über eine Vertragsänderungskompetenz und kann sich nicht selbst mehr Beteiligungsrechte zulegen oder vorbehalten, als es nach den Verträgen hat. **18**

Es kommt demnach allein auf eine Auslegung des Art. 78 Abs. 3 S. 2 AEUV an, nämlich auf die Frage, ob dieser Norm durch die erste Anhörung des Parlaments bereits hinreichend Genüge getan ist oder ob eine spätere Änderung des Beschlussvorschlags eine erneute Anhörung des Parlaments erfordert. Das ist nach dem Zweck des Anhörungserfordernisses zu entscheiden, das dem Parlament die Möglichkeit geben soll, seine Position zur geplanten Maßnahme in den weiteren Beratungsgang einzuspielen. Diese Funktion wird vereitelt, wenn der Beschlussvorschlag nach Anhörung des Parlaments so wesentlich geändert wird, dass eine Meinungsbildung des Parlaments über die am Ende abzustimmende Frage gar nicht stattgefunden haben kann. Andererseits zielt Art. 78 Abs. 3 AEUV gerade im Vergleich zu Art. 78 Abs. 2 AEUV auf ein möglichst rasches Verfahren in Notsituationen. Dieses Ziel würde konterkariert, wenn jede marginale Änderung nach Anhörung des Parlaments eine erneute Parlamentsanhörung auslösen würde. Demzufolge ist das Parlament dann, aber auch nur dann erneut anzuhören, wenn der endgültig verabschiedete Text als Ganzes gesehen in seinem Wesen von demjenigen abweicht, zu dem das Parlament bereits angehört worden ist.[127] **19**

Im vorliegenden Fall hatte sich ein Teil des ursprünglichen Beschlussvorschlags – die Verteilung von Personen aus B – erledigt und ist somit nicht weiterverfolgt worden. Auf den übrigen Teil des Beschlussvorschlags, zu dem sich das Parlament bereits geäußert hatte, hat das keine Auswirkungen. Die Änderungen betreffen auch nur den kleineren Teil des ursprünglich in den Blick genommenen Personenkreises. Eine erneute Anhörung des Parlaments war daher nicht erforderlich.[128] **20**

Hinweis: Die gegenteilige Auffassung dürfte eher fernliegen; mit einem formalistischen Verständnis des Anhörungserfordernisses kann sie aber vertreten werden.

---

[126] EuGH v. 6.9.2017, C-643/15 u.a., Rn. 160.

[127] EuGH v. 10.6.1997, C-392/95, Rn. 15 mit weiteren Nachweisen.

[128] EuGH v. 6.9.2017, C-643/15 u.a., Rn. 169.

IV. Vierter Klagegrund: Fehlende Öffentlichkeit der Ratssitzung beim Erlass des Beschlusses

21 Der Rat könnte bei seiner Beschlussfassung gemäß dem vierten von C vorgetragenen Klagegrund gegen wesentliche Formvorschriften verstoßen haben, wenn die fehlende Öffentlichkeit bei seiner Beschlussfassung einen Verstoß gegen Art. 16 Abs. 8 EUV, 15 Abs. 2 AEUV dargestellt haben sollte.

22 Die Normen beziehen sich allein auf Beschlussfassungen über Gesetzgebungsakte, wie sich bereits aus ihrem Wortlaut und insbesondere noch einmal in systematischer Interpretation aus dem Vergleich von Art. 16 Abs. 8 S. 1 und Art. 16 Abs. 8 S. 2 EUV ergibt. Nach den Darlegungen zum ersten Klagegrund hat der Rat aber zutreffend auf Grund von Art. 78 Abs. 3 AEUV und damit außerhalb eines Gesetzgebungsverfahrens gehandelt, so dass ein Öffentlichkeitsgebot nicht bestand.[129] Dass diese Regelung im Hinblick auf die demokratische Legitimation und Kontrolle des Ratshandelns unbefriedigend ist, ist ein rechtspolitisches Argument, das keine andere Vertragsinterpretation rechtfertigt. Dazu müssten die Verträge gemäß Art. 48 EUV geändert werden.

23 **Hinweis:** Eine andere Vertragsinterpretation ergibt sich auch nicht aus einem Pauschalverweis darauf, dass unter demokratischen Gesichtspunkten eine öffentliche Ratssitzung geboten erscheint – das würde die Grenze zwischen Vertragsinterpretation und Rechtspolitik verwischen. Ein vertretbares anderes Ergebnis kann man methodisch nur erzielen, wenn man darauf abstellt, dass in diesem konkreten Fall unter Rückgriff auf Art. 78 Abs. 3 AEUV Regelungen eines Gesetzgebungsaktes suspendiert worden sind. Das führt zwar nicht zu einer anderen Rechtsgrundlage (siehe oben zum ersten Klagegrund). Es könnte aber als Argument dafür angeführt werden, dass der Inhalt dieses konkreten Ratsbeschlusses materiell einer Beschlussfassung in einem Gesetzgebungsverfahren gleichkommt und die Beschlussfassung jedenfalls für die Frage der Öffentlichkeit der Ratssitzung daher unter Art. 16 Abs. 8 S. 1 EUV fallen muss. Methodisch überzeugend wäre dies durch eine Analogie herzustellen. Die zu schließende Regelungslücke in Art. 16 Abs. 8 EUV wäre bei diesem Ansatz darin zu sehen, dass in Einzelfällen Ratsbeschlüsse außerhalb von Gesetzgebungsverfahren von ihrer Bedeutung Gesetzgebungsbeschlüssen gleichkommen, nämlich wenn sie Gesetzgebungsakte ändern, ohne dass Art. 16 Abs. 8 EUV dafür eine Regelung getroffen hätte.

V. Fünfter Klagegrund: Verstoß gegen den Verhältnismäßigkeitsgrundsatz

24 Der Ratsbeschluss könnte gemäß dem fünften von C geltend gemachten Klagegrund gegen den Grundsatz der Verhältnismäßigkeit verstoßen, nach dem die Handlungen der Unionsorgane zur Erreichung der mit ihnen verfolgten, legitimen Ziele geeignet sein müssen, nicht über das dazu Erforderliche hinausgehen dürfen und ihre Vorteile in einem angemessenen Verhältnis zu den bewirkten Nachteilen stehen müssen.[130] Dabei kommt den Institutionen ein weites Ermessen zu, so dass nur offensichtliche Verstöße gegen den Grundsatz der Verhältnismäßigkeit zur Nichtigkeit einer Maßnahme führen.

25 C trägt als Argument gegen die Eignung der Maßnahme insbesondere die geringe Zahl von Umsiedlungen auf der Grundlage des Ratsbeschlusses vor. Es ist indes fraglich, ob dieser Hinweis beachtlich ist. Die Verhältnismäßigkeit einer Maßnahme

[129] EuGH v. 6.9.2017, C-643/15 u. a., Rn. 193.

[130] St. Rspr., EuGH v. 4.5.2016, C-358/14, Rn. 78 mit weiteren Nachweisen; zum Verhältnismäßigkeitsprinzip als Kompetenzausübungsregel: *Sydow/Wittreck,* Dt. u. Eur. VerfR I, Rn. 15/120 ff.

ist nämlich an Hand der Umstände zu beurteilen, die zum Zeitpunkt des Erlasses des angefochtenen Beschlusses bekannt waren.[131] Dass mehrere Mitgliedstaaten den Vollzug eines wirksamen Beschlusses hintertreiben und sich somit unionsrechtswidrig verhalten würden, war indes nicht absehbar. Die Argumentation von C läuft zudem darauf hinaus, dass dieser Staat einen Vorteil daraus ziehen will, dass er seiner eigenen Rechtspflicht nicht nachgekommen ist. Allein die faktische Nichtbeachtung einer Rechtspflicht kann aber nicht zu deren Entfallen führen.

Der Hinweis auf weniger einschneidende Maßnahmen – etwa freiwillige Aufnahmeentscheidungen durch einzelne Mitgliedstaaten – verfängt ebenfalls nicht. Denn bereits an der Tatsache, dass es gegen den Ratsbeschluss Gegenstimmen gegeben hat, zeigt, dass verschiedene Mitgliedstaaten zu einer freiwilligen Aufnahme von Schutzsuchenden nicht bereit waren. Ein Verweis auf das Freiwilligkeitsprinzip hätte also nicht dieselbe Wirkung gehabt wie ein alle Mitgliedstaaten verpflichtender und von ihnen dann auch unionsrechtsgemäß vollzogener Ratsbeschluss. Eine verstärkte Überwachung der Außengrenzen hätte das Problem, das der Rat durch seinen Beschluss zu lösen versucht hat, jedenfalls zum – allein maßgeblichen – Zeitpunkt der Ratsentscheidung nicht (mehr) lösen können. Denn der Ratsbeschluss zielt ja auf die Bewältigung eines Zustroms von Personen nach A, der im Zeitpunkt des Ratsbeschlusses bereit stattgefunden hatte.[132] **26**

Hinweis: Im Rahmen der Verhältnismäßigkeitsprüfung sind verschiedenste Argumente und Gewichtungen denkbar. Entscheidend ist, dass die vorgetragenen Auffassungen jeweils einen hinreichenden Anhaltspunkt im Sachverhalt haben und nicht auf freien Spekulationen beruhen und die Argumente den einzelnen Stufen der Verhältnismäßigkeitsprüfung (legitimes Ziel, Eignung etc.) strukturiert zugeordnet werden. In Bezug auf den Prüfungsaufbau ist es vertretbar anzunehmen, dass unverhältnismäßige Maßnahmen nicht vom einschlägigen Kompetenztitel der Unionsverträge gedeckt sind und die Unverhältnismäßigkeit deshalb zum Fehlen der EU-Verbandskompetenz führt. Sofern die Lösung anhand der vier in Art. 263 Abs. 2 AEUV normierten Klagegründe aufgebaut wird, kann diese Grundannahme aufbautechnisch dazu führen, dass die hier eigenständig erörterten Fragen der Verhältnismäßigkeit bereits am Anfang der Klausur als Frage möglicher Unzuständigkeit erörtert werden. Ein solcher Aufbau ist nicht zu monieren. **27**

VI. Sechster Klagegrund: Verstoß gegen die Grundsätze der Rechtssicherheit und Normenklarheit

Schließlich könnte der Ratsbeschluss gemäß dem sechsten von C vorgetragenen Klagegrund gegen die Unionsverträge – konkret gegen das in Art. 2 EUV niedergelegte Gebot der Rechtsstaatlichkeit – verstoßen, sofern er den Grundsätzen der Rechtssicherheit und Normenklarheit nicht genügt, indem er die Auswahlkriterien für die umzusiedelnden Personen nicht festlegt.[133] **28**

Der Ratsbeschluss enthält indes durchaus einige Kriterien, die einer willkürlichen Auswahlentscheidung durch die Exekutive entgegenwirken, nämlich den Verweis auf das vorrangige Kindeswohl und das Gebot, Familienangehörige nur zusammen umzusiedeln, sowie zudem (in einer Soll-Vorschrift) Erwägungsgründe mit weiteren Auswahlkriterien.[134] Erwägungsgründe bilden einen integralen Bestandteil europäi- **29**

[131] EuGH v. 6.9.2017, C-643/15 u. a., Rn. 221.
[132] EuGH v. 6.9.2017, C-643/15 u. a., Rn. 258 f.
[133] Zur Rechtssicherheit und Normenklarheit: *Sydow/Wittreck,* Dt. u. Eur. VerfR I, Rn. 6/18 ff.
[134] Vgl. EuGH v. 6.9.2017, C-643/15 u. a., Rn. 329.

scher Rechtsakte und sind für die Auslegung von deren Einzelbestimmungen von erheblicher Bedeutung, so dass auch die in den Erwägungsgründen niedergelegten Auswahlkriterien von rechtlicher Relevanz sind.

30 Es ist richtig, dass auch nach diesen Kriterien ein konkreter, in A befindlicher Schutzsuchender dem Ratsbeschluss weder entnehmen kann, ob er zu dem umzusiedelnden Personenkreis gehören wird, noch eindeutig zu entscheiden ist, in welchen Staat er ggfs. umgesiedelt werden wird. Gleichwohl ist die exekutive Entscheidung über die Umsiedlungsmaßnahmen durch den Ratsbeschluss in einer Weise vorstrukturiert, dass von willkürlichen Umsiedlungsentscheidungen bei Anwendung der Kriterien des Ratsbeschlusses und seiner Erwägungsgründe nicht gesprochen werden kann. Es ist auch sachgerecht, dass einzelne Kriterien (Kindeswohl, Zusammenhalt von Familien) im Beschluss als harte Kriterien, die übrigen Kriterien hingegen in den Erwägungsgründen als bloße Soll-Vorschrift ausgestaltet sind. Das trägt der unterschiedlichen Bedeutung der Kriterien und dem unterschiedlichen Schutzbedarf verschiedener Schutzsuchender Rechnung. Der Ratsbeschluss verstößt somit nicht gegen die rechtsstaatlichen Gebote der Normenklarheit und der Rechtssicherheit.

Hinweis: Ein anderes Ergebnis dürfte vertretbar sein. Entscheidender als das Ergebnis ist, dass der Prüfungsmaßstab klar benannt und die rechtliche Bedeutung von Erwägungsgründen erfasst wird.

C. Ergebnis

31 Die Klage ist in allen Klagegründen unbegründet und wird keinen Erfolg haben (a. A. entsprechend den Hinweisen zu den einzelnen Klagegründen vertretbar).

Fall 9. Unabhängigkeitsregime

Sachverhalt[135]

Das Kraftfahrtbundesamt (KBA) ist durch Bundesgesetz als selbständige Bundesoberbehörde nach Art. 87 Abs. 3 S. 1 GG im Geschäftsbereich des Bundesministeriums für Verkehr und digitale Infrastruktur errichtet und untersteht den Weisungen des Bundesverkehrsministers. Zu den Aufgaben des KBA gehört die Erteilung der EU-Typgenehmigungen für Kraftfahrzeuge (im Folgenden: „Typgenehmigungen"). Die materiellen Erteilungsvoraussetzungen für die Typgenehmigungen, insbesondere zur Verkehrssicherheit, ergeben sich im Einzelnen aus verschiedenen europäischen Sekundärrechtsakten, deren Rechtsgrundlage Art. 114 Abs. 1 AEUV ist. Den Typgenehmigungen kommt auf der Grundlage des einschlägigen EU-Sekundärrechts transnationale Wirkung zu, das heißt, die von der zuständigen Behörde eines Mitgliedstaates erteilte Typgenehmigung begründet die Verkehrsfähigkeit der diesem Typus entsprechenden Kraftfahrzeuge in der gesamten Europäischen Union.

Die Europäische Kommission ist der Auffassung, man habe in den letzten Jahren sehr überzeugende Erfahrungen mit unabhängigen Verwaltungseinheiten gemacht, die nicht weisungsabhängig von nationalen Regierungen seien, zum Beispiel mit den weisungsfreien nationalen Regulierungsbehörden für die Telekommunikations- und Elektrizitätsmärkte. In Deutschland betrifft dies die Bundesnetzagentur mit Sitz in Bonn, deren Unabhängigkeit durch EU-Richtlinien vorgegeben ist. Die Kommission möchte ein solches Unabhängigkeitsregime auch für diejenigen nationalen Behörden etablieren, die Typgenehmigungen für Kraftfahrzeuge erteilen. Denn ihr Handeln sei von erheblicher Bedeutung für den Binnenmarkt und solle daher allein vom einschlägigen Unionsrecht und dem Binnenmarktziel, nicht aber von den Interessen der nationalen Regierungen geleitet sein. Insbesondere solle verhindert werden, dass die in mehreren Mitgliedsstaaten wirtschaftlich bedeutsame Autoindustrie durch gezielte Lobbyarbeit Einfluss auf die Entscheidungsprozesse in den Mitgliedsstaaten nehme. Die Kommission erarbeitet daher einen Vorschlag für eine auf Art. 114 Abs. 1 AEUV gestützte Richtlinie („Richtlinie über die Unabhängigkeit der mit dem EU-Typgenehmigungsverfahren für Kraftfahrzeuge betrauten nationalen Genehmigungsstellen", im Folgenden: „Unabhängigkeits-RL").

Die Kommission übermittelt den Richtlinienvorschlag für die Unabhängigkeits-RL nach Art. 294 Abs. 2 AEUV dem Europäischen Parlament und dem Rat. Die drei

[135] Der Fall beruht nicht auf einem einzelnen Urteil; teilweise liegt ihm zu Grunde: EuGH v. 19.10.2016, C-424/15. Dieses Urteil betrifft Richtlinienanforderungen an die Unabhängigkeit, das Fachwissen, die Unparteilichkeit und die Rechtsstellung der Mitglieder einer multisektoralen Regulierungsbehörde (Wettbewerb, Post, Energie) betrifft. Anlass zur Konzeption dieser Examensklausur war das Inkrafttreten der VO (EU) 2018/858 über die Genehmigung und die Marktüberwachung von Kraftfahrzeugen u. a. zum 1.1.2020. Diese Verordnung ist Grundlage des im Sachverhalt geschilderten EU-Typgenehmigungsverfahrens, enthält aber gerade keine Vorgaben über die Unabhängigkeit der damit betrauten nationalen Behörden; insoweit ist der Sachverhalt fiktiv bzw. an EuGH v. 19.10.2016, C-424/15, angelehnt. Für die Klausurpassagen zum Trilog siehe: EuG v. 22.3.2018, T-540/15 (→ Fall 5).

Institutionen kommen überein, über diesen Richtlinienvorschlag im Trilog zu beraten. Dieses im EUV und AEUV nicht näher normierte Verfahren, das für ca. 70 % bis 80% der europäischen Rechtsetzungsverfahren angewandt wird, besteht aus einer nichtöffentlichen Verhandlung zwischen Kommission, Rat und Parlament vor Durchführung der ersten Lesung eines Gesetzentwurfs.

Die deutsche Ratsvertreterin wendet in diesem Verfahren gegen den Kommissionsvorschlag ein, dass nach deutschem Verfassungsverständnis die Abhängigkeit der Verwaltungsbehörden von den Ministerien ein notwendiges Instrument zur Gewährleistung ihrer demokratischen Legitimation sei. Ein anderer Diskussionsteilnehmer verweist demgegenüber darauf, dass auch die Verfassungsordnung des Grundgesetzes schon vor der Begründung der EU eine unabhängige Zentralbank kannte und heute auf europarechtlicher Grundlage eine unabhängige deutsche Regulierungsbehörde bestehe. Die deutsche Ratsvertreterin hält diese Fälle nicht für vergleichbar, weil Währungspolitik und Marktregulierung jeweils ein weitreichendes Gestaltungsermessen beinhalteten, während die exekutive Tätigkeit der Typgenehmigungsbehörde dem Leitbild des tatbestandlich eng gebundenen Gesetzesvollzugs folge.

Die deutsche Ratsvertreterin bleibt mit ihren Einwänden isoliert. Die am Trilog beteiligten Organe einigen sich auf einen konkreten Formulierungsvorschlag für die Unabhängigkeits-RL. Danach darf der Leiter der mit der Typgenehmigung betrauten nationalen Behörde nicht durch den zuständigen Minister ernannt und entlassen werden. Auch ministerielle Weisungen an die nationale Typgenehmigungsbehörde sollen ausgeschlossen werden. Den Richtlinientext in der Fassung der Trilogverhandlungen legt das Europäische Parlament als seinen Standpunkt in der ersten Lesung des Gesetzgebungsverfahrens fest. Der Rat billigt ihn in erster Lesung mit qualifizierter Mehrheit gegen die deutschen Stimmen. Ohne weitere Lesungen durchzuführen, unterzeichnen der Präsident des Europäischen Parlaments und der Präsident des Rats die Unabhängigkeits-RL nach Art. 297 Abs. 1 AEUV und sorgen für die Veröffentlichung im Amtsblatt der EU.

Die Bundesrepublik Deutschland erhebt gegen die Unabhängigkeits-RL form- und fristgerecht Nichtigkeitsklage zum EuGH. Als ersten Klagegrund führt sie an, die Europäische Union sei für den Erlass dieser Richtlinie nicht zuständig, weil die Verwaltungsorganisation eine Frage mitgliedstaatlicher Organisationsautonomie sei. Der indirekte Vollzug des Unionsrechts beruhe ja gerade darauf, dass die Mitgliedstaaten das materielle Recht der EU durch ihre eigenen, nationalen Behörden und in einem nationalen Verwaltungsverfahren vollzögen.

Als zweiten Klagegrund führt sie an: Selbst wenn man europarechtliche Vorgaben für die mitgliedstaatliche Verwaltungsorganisation nicht kategorisch für unzulässig halte, so sei eine Unabhängigkeitsregelung jedenfalls für die Organisation der Typgenehmigung für Kraftfahrzeuge unverhältnismäßig und die EU deshalb nicht zuständig. Denn auch für das zuständige Bundesministerium gelte das Gebot der Unionstreue. Angesichts der engen Gesetzesbindung sei in diesem Bereich ohnehin keine Gefahr ministerieller Beeinflussung von Zulassungsentscheidungen gegeben, deren Vermeidung im Bereich des Regulierungsermessens für die Elektrizitäts- und Kommunikationsmärkte vielleicht noch als legitimes Ziel eines europarechtlich vorgegebenen Unabhängigkeitsregimes akzeptiert werden könne. Dass geltendes Recht nicht richtig, nur zögerlich oder nur mit unzureichender Personal- und Mittelausstattung durchgesetzt werde, liege – zumal in Deutschland – fern.

Als dritten Klagegrund trägt sie vor, die Unabhängigkeits-RL sei wegen des in den Verträgen nicht vorgesehenen Trilogverfahrens unter Verstoß gegen die Verträge zu Stande gekommen, konkret unter Verstoß gegen die Anforderungen des in Art. 294 AEUV normierten Gesetzgebungsverfahrens und gegen die dabei zu beachtenden, aus dem Demokratieprinzip abzuleitenden Gebote der Transparenz und Öffentlichkeit.

Als vierten Klagegrund trägt sie vor, die Umsetzung der Unabhängigkeits-RL würde die Bundesrepublik Deutschland zu einem Verstoß gegen nationales Verfassungsrecht zwingen, nämlich zur Missachtung der grundgesetzlichen Anforderungen an die demokratische Legitimation der Verwaltung. Die Vereinbarkeit europäischen Sekundärrechts mit dem nationalen Verfassungsrecht müsse trotz Art. 344 AEUV nicht nur vom Bundesverfassungsgericht, sondern erst recht auch vom Europäischen Gerichtshof geprüft werden. Auch als autonome, mit Anwendungsvorrang ausgestattete Rechtsordnung könne das Unionsrecht nicht einfach über mitgliedstaatliches Verfassungsrecht hinweggehen, denn seine Geltung in den Mitgliedstaaten sei von einem mitgliedstaatlichen Anwendungsbefehl und den dadurch gezogenen Grenzen abhängig.

Hat die Nichtigkeitsklage Aussicht auf Erfolg?

Bearbeitungshinweise:
1. Auf alle im Sachverhalt aufgeworfenen Rechtsfragen ist – ggf. hilfsgutachterlich – einzugehen.
2. Die im Sachverhalt erwähnten Sekundärrechtsakte der EU zu den Erteilungsvoraussetzungen und den transnationalen Wirkungen der Kfz-Typgenehmigung und zur Unabhängigkeit der Regulierungsbehörden für die Telekommunikations- und Energiemärkte sind nur insoweit heranzuziehen, als ihre Kernregelungen im Sachverhalt referiert sind. Eine Auseinandersetzung mit einzelnen Artikeln dieser Sekundärrechtsakte ist nicht geboten.
3. Das Protokoll über die Anwendung der Grundsätze der Subsidiarität und der Verhältnismäßigkeit ist nicht zu prüfen.
4. Auf die als Anlage abgedruckte Vorschrift (Art. 51 Abs. 1 Gerichtshof-Satzung) wird hingewiesen.

Auszug aus der Satzung des Gerichtshofs der Europäischen Union vom 26. Februar 2001:

„**Art. 51 Abs. 1.** Abweichend von der in Art. 256 Absatz 1 AEUV vorgesehenen Regelung sind dem Gerichtshof die Klagen gemäß den Artikeln 263 und 265 AEUV vorbehalten,

a) die von einem Mitgliedstaat gegen eine Handlung oder wegen unterlassener Beschlussfassung des Europäischen Parlaments oder des Rates oder dieser beiden Organe in den Fällen, in denen sie gemeinsam beschließen, erhoben werden, mit Ausnahme
   - der Beschlüsse des Rates gemäß Artikel 108 Absatz 2 Unterabsatz 3 AEUV;
   - der Rechtsakte, die der Rat aufgrund einer Verordnung des Rates über handelspolitische Schutzmaßnahmen im Sinne von Artikel 207 AEUV erlässt;
   - der Handlungen des Rates, mit denen dieser gemäß Artikel 291 Absatz 2 AEUV Durchführungsbefugnisse ausübt;

   die von einem Mitgliedstaat gegen eine Handlung oder wegen unterlassener Beschlussfassung der Kommission gemäß Artikel 331 Absatz 1 AEUV erhoben werden. ..."

Vorüberlegungen und Anforderungsprofil

Die Kombination der Themenfelder von Fall 9 entspricht keiner typischen Fallkonstellation, die Studierende in dieser oder in leicht modifizierter Weise schon vorher hätten kennen und üben können. Es geht zwar überwiegend um Dinge, die Examenskandidatinnen und Examenskandidaten in der Regel einigermaßen bekannt sind: Kompetenzabgrenzung zwischen der EU und den Mitgliedstaaten, Anwendungsvorrang des Unionsrechts und dessen Grenzen, Anforderungen demokratischer Legitimation, Prüfungskompetenzen von EuGH und BVerfG. Es ist aber nicht einfach, das eigene Wissen hierzu für die Lösung von Fall 9 konkret fruchtbar zu machen. Das Anspruchsniveau dieser Examensklausur ist daher hoch. Im Gegenzug wird dann auch für eine gute Benotung nicht erwartet, dass die Klausurbearbeiterinnen und -bearbeiter zu allen Klausurteilen perfekte Lösungen abliefern. Mehrfach wird ausdrücklich ein anderer Klausuraufbau oder andere Ansichten in der Sache für vertretbar erklärt, solange nur das Problem richtig erkannt und einem zutreffenden normativen Prüfungsmaßstab zugeführt worden ist.

Die Klausurpassage zur Unverhältnismäßigkeit der organisationsrechtlichen Vorgabe mangels realer Gefahr einer ministeriellen Einflussnahme auf das Kfz-Typgenehmigungsverfahren (zweiter Klagegrund) ist noch einmal aus einem anderen Grund anspruchsvoll. Denn sie setzt in Bezug auf das Handeln deutscher Verwaltungsbehörden ein Verständnis für verschiedene Typen gesetzlicher Steuerung und administrativer Aufgaben voraus. Die relevanten Argumente sind im Sachverhalt deutlich benannt, so dass jedenfalls ansatzweise eine Auseinandersetzung damit zu erwarten ist.

Aus der Korrekturerfahrung mit dieser Originalklausur lässt sich sagen: Vermutlich war der Schrecken bei vielen Bearbeiterinnen und Bearbeitern nach dem Austeilen des Sachverhalts erst einmal groß. Es gab auch Bearbeiterinnen und Bearbeiter, die mit dieser Klausur überhaupt nicht zurechtgekommen sind (einige wenige haben es auch gar nicht erst versucht und ein leeres Blatt abgegeben). Das waren vermutlich einerseits Examenskandidatinnen und -kandidaten ohne jede Kenntnis zum Europarecht, die auf eigenes Risiko „auf Lücke" gesetzt hatten. Andererseits dürften es auch solche gewesen sein, die in der Examensvorbereitung viel auswendig gelernt, aber nie die Fähigkeit erworben haben, außerhalb etablierter Prüfroutinen und des Abspulens ihrer Wissensbestände eine unbekannte Konstellation selbst zu durchdenken und juristisch zu strukturieren.

Die Klausur ist trotzdem in Bezug auf die (allenfalls leicht erhöhte) Durchfallquote und den Notendurchschnitt sehr durchschnittlich ausgefallen; Prädikatsnoten waren sogar häufiger als in sonstigen Klausuren. Vom ersten Schrecken angesichts unbekannter Probleme und ungewöhnlicher Konstellationen in einer Klausur sollte man sich also nicht leiten und in Panik versetzen lassen: Die Bewertungsmaßstäbe sind auf das Anforderungsprofil der Klausur abgestellt, und die Mehrzahl der Examenskandidatinnen und -kandidaten kommt mit solchen Klausuren durchaus zurecht, nicht wenige sogar besonders gut. Einen Schrecken sollte man im Examen eher bei einfach und vertraut erscheinenden Klausurfällen bekommen: Dann muss man ja angesichts des geringen Anspruchsniveaus der Klausur (und des natürlich auch darauf abgestellten Bewertungsmaßstabs) alles ziemlich perfekt machen, um eine passable Note zu erreichen.

Gliederung

Rn.

Lösung

A. Zulässigkeit der Nichtigkeitsklage

1 **Hinweis:** Die Zulässigkeit der Nichtigkeitsklage, deren Prüfung grundsätzlich zum Pflichtfachstoff zählt, ist unproblematisch gegeben. Es kann daher auch davon abgesehen werden, die Zulässigkeit im Einzelnen schulbuchmäßig durchzuprüfen. Es reicht auch aus, unter Benennung der einschlägigen Rechtsnormen die Zuständigkeit des EuGH und die Kernpunkte der Zulässigkeitsanforderungen im Urteilsstil kurz festzustellen (siehe hierfür auch → Fall 8/13).

I. Zuständigkeit des EuGH

2 Der Gerichtshof der Europäischen Union müsste für die Nichtigkeitsklage[136] zuständig sein. Nach Art. 19 Abs. 1 EUV umfasst der Gerichtshof der Europäischen Union den Gerichtshof, das Gericht und (zurzeit nicht eingerichtete) Fachgerichte. Nach Art. 256 AEUV ist für Nichtigkeitsklagen nach Art. 263 AEUV in der Regel das Gericht zuständig, soweit nicht die Satzung des Gerichtshofs der Europäischen Union den Streit dem Gerichtshof (EuGH) vorbehält. Dies ist nach dem in der Anlage abgedruckten Art. 51 Abs. 1 lit. a) der Satzung u.a. für Nichtigkeitsklagen geschehen, die – wie vorliegend – von einem Mitgliedstaat erhoben werden und sich gegen eine gemeinsame Handlung des Parlaments und des Rates richten. Mangels Eingreifens einer der in dieser Vorschrift aufgezählten Ausnahmen ist der EuGH zur Entscheidung über den angegriffenen Gesetzgebungsakt berufen.

II. Parteifähigkeit

3 Aktiv parteifähig gem. Art. 263 Abs. 2 AEUV sind u.a. die Mitgliedstaaten, hier die Bundesrepublik Deutschland. Die passive Parteifähigkeit richtet sich nach Art. 263 Abs. 1 S. 1 AEUV und erfasst u.a. den Rat und das Europäische Parlament, gegen deren Gesetzgebungsakt sich die Klage richtet.

III. Klagegegenstand

4 Zulässiger Klagegegenstand sind gem. Art. 263 Abs. 1 AEUV Gesetzgebungsakte der EU, vorliegend die Unabhängigkeits-RL.

IV. Klagebefugnis, Klagegründe, Rechtsschutzinteresse

5 Die weiteren Anforderungen an die Zulässigkeit der Nichtigkeitsklage hängen davon ab, wer im Verfahren als Kläger auftritt. Die in Art. 263 Abs. 2 AEUV genannten Klageberechtigten können als „privilegierte Klageberechtigte" die Nichtigkeitsklage erheben, ohne ein individuelles und unmittelbares Betroffensein oder die Verletzung eigener Befugnisse und Rechte geltend machen zu müssen (*arg e contrario* Art. 263 Abs. 4 AEUV). Die „privilegierten Klageberechtigten", zu denen auch die Bundesrepublik als Mitgliedsstaat zählt, müssen lediglich einzelne der in

---

136 Zu den Zulässigkeitsvoraussetzungen der Nichtigkeitsklage: *Sydow/Wittreck,* Dt.u.Eur. VerfR I, Rn. 17/55ff., *Mächtle,* JuS 2015, 28ff.

Art. 263 Abs. 2 AEUV genannten Klagegründe vortragen (Unzuständigkeit, Verletzung wesentlicher Formvorschriften, Verletzung der Verträge oder einer bei seiner Durchführung anzuwendenden Rechtsnorm oder wegen Ermessensmissbrauchs). Vorliegend beruft sich die Bundesrepublik Deutschland u.a. auf die Unzuständigkeit der Gesetzgebungsorgane und die Verletzung von Formvorschriften. Taugliche Klagegründe liegen damit vor.

Hinweis: Im Rahmen des Sachvortrags prüft der EuGH sämtliche Klagegründe des Art. 263 Abs. 2 AEUV (s. u.), nähere Ausführungen dazu, ob alle geltend gemachten Klagegründe (prinzipiell) beachtlich sind, sind daher an dieser Stelle (noch) nicht veranlasst.

Von einem Rechtsschutzinteresse hängt die Zulässigkeit der Klage hingegen nicht 6
ab (*arg e contrario* Art. 263 Abs. 4 und 4 AEUV).[137] Nichtigkeitsklagen privilegierter Kläger sind Ausfluss von deren institutioneller Verantwortung für die Wahrung des Unionsrechts und daher in Art. 263 Abs. 2 AEUV als objektive Kontrollverfahren ausgestaltet.[138]

Hinweis: Hier wäre es verfehlt, die aus dem deutschen Recht vertraute Dogmatik (bzw. ein auswendig gelerntes Prüfschema zum deutschen Recht) auf die Nichtigkeitsklage zu übertragen und die Klagegründe der Nichtigkeitsklage nach Art. 263 Abs. 2 AEUV für eine Frage der Klagebefugnis zu halten. Das entspricht nicht der Struktur der Nichtigkeitsklage, die im Gegensatz zur Anfechtungsklage der VwGO im vorliegenden Fall gerade nicht auf den subjektiven Rechtsschutz fokussiert ist. Dies lässt sich bei präziser Lektüre des Normtextes von Art. 263 Abs. 1 und 2 AEUV („Der Gerichtshof der Europäischen Union überwacht die Rechtmäßigkeit der Gesetzgebungsakte …") bereits aus dem Wortlaut der Norm entnehmen.

V. Form, Frist

Die Klage ist laut Sachverhalt form- und fristgerecht erhoben worden und damit 7
zulässig.

B. Begründetheit der Nichtigkeitsklage

Aufbauhinweis: Der EuGH baut seine Urteile in Nichtigkeitsklagen anhand der einzelnen vorgetrage- 8
nen Klagegründe i.S.d. Art. 263 Abs. 2 AEUV auf (siehe hierzu bereits → Fall 8/14). An dieser Praxis orientieren sich die nachfolgenden Ausführungen. Alternativ dazu kann man sich für den Aufbau der Begründetheitsprüfung an Art. 263 Abs. 2 AEUV orientieren und die dort normierten vier Klagegründe (Unzuständigkeit, Verletzung wesentlicher Formvorschriften, Verletzung der Verträge oder einer bei seiner Durchführung anzuwenden Rechtsnorm oder Ermessensmissbrauch) im Einzelnen durchprüfen, was hier letztlich auf dasselbe hinausläuft. In beiden Fällen müssen die vorgetragenen Monita klar den in Art. 263 Abs. 2 AEUV normierten Klagegründen zugeordnet werden. Beide Aufbauten – anhand der vom Kläger vorgetragenen oder an Hand der in Art. 263 Abs. 2 AEUV normierten Klagegründe – sind gleichermaßen vertretbar. In Anlehnung an das deutsche Recht könnte man zudem dazu neigen, die vorgetragenen Klagegründe anhand eines aus dem deutschen Recht gewohnten Prüfschemas (Rechtsgrundlage für die Richtlinie, formelle Rechtmäßigkeit, materielle Rechtmäßigkeit) durchzuprüfen. Auch wenn dieser Aufbau keine normative Rückbindung an Art. 263 Abs. 2 AEUV hat, führt auch

[137] *Cremer* in: Calliess/Ruffert, EUV/AEUV, 6. Aufl. 2022, Art. 263 AEUV Rn. 21 mit weiteren Nachweisen.

[138] *Dörr* in: Grabitz/Hilf/Nettesheim, Das Recht der EU, 75. EL Januar 2022, Art. 263 AEUV Rn. 110.

er im Ergebnis dazu, dass alle relevanten Rechtsfragen erörtert werden können. Um als vertretbar angesehen zu werden, muss aber auch dann jedenfalls im Ergebnissatz eine Zuordnung zu den Fallgruppen des Art. 263 Abs. 2 AEUV erfolgen. Eine Begründung des gewählten Aufbaus in der Klausur ist nicht gefordert und nicht zu erwarten.

9 Die Nichtigkeitsklage ist begründet, wenn der angefochtene Gesetzgebungsakt einem oder mehreren der vier in Art. 263 Abs. 2 AEUV genannten Nichtigkeitsgründe unterfällt. Der Gerichtshof ist im Rahmen der Begründetheitsprüfung nicht auf die vom Kläger geltend gemachten Nichtigkeitsgründe beschränkt (*arg. ex* Art. 263 Abs. 1 S. 1 AEUV „hat zu"). Vielmehr kommt ihm im Rahmen des Sachvortrags der Parteien eine umfassende Kontrollbefugnis zu, so dass er insoweit seiner Entscheidung auch solche Nichtigkeitsgründe nach Art. 263 Abs. 2 AEUV zugrunde legen kann, die nicht vom Kläger geltend gemacht wurden (objektive Rechtmäßigkeitsprüfung).[139]

Hinweis: Es können deshalb – über die nachfolgenden Prüfungsschritte hinaus – weitere Einzelfragen angesprochen werden, beispielsweise die Frage ausreichender Mehrheitsverhältnisse für die qualifizierte Mehrheit im Rat oder das Verfahren zur Ausfertigung und Verkündung der Unabhängigkeits-RL. Anhaltspunkte für Nichtigkeitsgründe sind indes in dieser Hinsicht nicht vorhanden. Eventuelle Ausführungen müssten sich daher darin erschöpfen, die Primärrechtskonformität jeweils kurz festzustellen. Entsprechende Ausführungen erbringen daher keinen Mehrwert, sind andererseits aber auch nicht zu monieren.

I. Erster Klagegrund: Unzuständigkeit der Europäischen Union wegen fehlender Kompetenz für Fragen der Verwaltungsorganisation

1. Prüfungskompetenz des EuGH

10 Der Erlass von Regelungen über die Organisation einer nationalen Verwaltungsstelle durch die Unabhängigkeits-RL könnte als *ultra-vires*-Handeln der Union kompetenzwidrig sein. Der EuGH hat die Einhaltung der Kompetenzgrenzen der Union als Frage der Unzuständigkeit nach Art. 263 Abs. 2 Var. 1 AEUV zu prüfen und kompetenzwidrige Unionsrechtsakte im Verfahren der Nichtigkeitsklage für nichtig zu erklären.

2. Kompetenzgrundlage für die Unabhängigkeits-RL

11 Nach dem Prinzip der begrenzten Einzelermächtigung (Art. 5 Abs. 1, 2 EUV) wird die Union nur innerhalb der Grenzen der Zuständigkeiten tätig, die die Mitgliedstaaten ihr in den Verträgen zur Verwirklichung der darin niedergelegten Ziele übertragen haben. Nach der Systematik der Unionsverträge werden demnach nicht bestimmte Kompetenzen für die Mitgliedstaaten reserviert, sondern es bedarf umgekehrt einer expliziten Kompetenzzuweisung an die Union. Normierungstechnisch ist daher die mitgliedstaatliche Kompetenz der Regelfall, die Unionskompetenz die begründungsbedürftige Ausnahme.[140] Einziger in Betracht kommender Kompetenztitel ist der Binnenmarktkompetenztitel nach Art. 114 Abs. 1 AEUV.[141]

[139] *Ehricke* in: Streinz, EUV/AEUV, 3. Aufl. 2018, Art. 263 AEUV Rn. 73, *Cremer* in: Calliess/Ruffert, EUV/AEUV, 6. Aufl. 2022, Art. 263 AEUV Rn. 87.

[140] Zu den Kompetenzen der Union: *Sydow/Wittreck,* Dt. u. Eur. VerfR I, Rn. 15/60 ff.

[141] Zur Übung: *Schuster,* JuS 2019, 39.

3. Reichweite der Binnenmarktkompetenz

Der Binnenmarkt umfasst nach Art. 26 Abs. 2 AEUV, auf den Art. 114 Abs. 1 AEUV verweist, einen Raum ohne Binnengrenzen, in dem der freie Verkehr u.a. von Waren gemäß den Bestimmungen der Verträge gewährleistet ist.[142] Die Erteilung einer Typgenehmigung durch die zuständige Behörde eines Mitgliedstaates hat transnationale Wirkungen und begründet so in der gesamten Europäischen Union die Verkehrsfähigkeit und Zulassungsfähigkeit sämtlicher Kraftfahrzeuge, die einem genehmigten Typen entsprechen. Diejenigen europäischen Sekundärrechtsakte, die das EU-Typgenehmigungsverfahren mit den transnationalen Wirkungen der Typgenehmigung etablieren und die einzelnen materiellen Genehmigungsvoraussetzungen normieren, dienen unmittelbar der Verwirklichung eines Binnenmarktes mit Kraftfahrzeugen und sind so durch den Kompetenztitel des Art. 114 Abs. 1 AEUV gedeckt. 12

Fraglich ist allein, ob auf diesen Kompetenztitel entsprechend dem ersten geltend gemachten Klagegrund auch die Unabhängigkeits-RL gestützt werden konnte, die organisatorische Anforderungen für diejenigen nationalen Behörden statuiert, die mit dem Typgenehmigungsverfahren betraut sind. Damit stellt sich die Frage nach der Reichweite des Kompetenztitels des Art. 114 Abs. 1 AEUV. Er könnte sich entweder allein auf die unmittelbar der unionsweiten Verkehrsfähigkeit von Kfz dienenden materiellen Genehmigungsvoraussetzungen und auf die transnationalen Wirkungen einer Genehmigungsentscheidung beziehen oder darüber hinaus auch prozedurale oder organisatorische Regelungen für die Erteilung einer Typgenehmigung durch eine nationale Genehmigungsbehörde umfassen. Nur in diesem letzten Fall wäre die Unabhängigkeits-RL kompetenzgemäß. Die Antwort auf diese Frage ist durch Auslegung des Art. 114 Abs. 1 AEUV zu gewinnen, insbesondere mit Blick auf den Wortlaut des Art. 114 Abs. 1 S. 2 AEUV und teleologisch durch den Rückbezug auf das Binnenmarktziel des Art. 26 AEUV in Art. 114 Abs. 1 S. 1 AEUV. 13

Nach Art. 114 Abs. 1 S. 2 AEUV kann die EU nicht näher bezeichnete Maßnahmen erlassen – in diesem Fall eine Richtlinie nach Art. 288 Abs. 3 AEUV –, die sich auf ebenfalls nicht näher bezeichnete Rechts- und Verwaltungsvorschriften der Mitgliedstaaten beziehen und deren Angleichung dienen sollen. Erforderlich ist allein ein funktionaler Bezug zum Binnenmarkt (Art. 114 Abs. 1 S. 2 AEUV a.E.).[143] Der Wortlaut des Art. 114 Abs. 1 S. 2 AEUV ist demnach weit gefasst und nimmt keine Einschränkungen in Bezug auf die Art der Rechts- und Verwaltungsvorschriften der Mitgliedstaaten vor, die Gegenstand einer Rechtsangleichung zur Verwirklichung des Binnenmarktes sein könnten. Insbesondere ist dem Wortlaut kein Hinweis darauf zu entnehmen, dass es sich bei den anzugleichenden Rechts- und Verwaltungsvorschriften der Mitgliedstaaten lediglich um materiell-rechtliche Bestimmungen handeln dürfe, Verfahrens- und Organisationsregelungen aber von einer Rechtsangleichung ausgenommen sein sollen. Art. 114 Abs. 1 AEUV ist demnach dahingehend zu verstehen, dass er die Grenzen der Binnenmarktkompetenz nicht vorrangig gegenständlich – etwa durch Beschränkung auf materiell-rechtliche Regelungen –, sondern funktional eingrenzt, nämlich durch den Bezug 14

[142] Zu den den Binnenmarkt stärkenden Grundfreiheiten: *Petersen,* Dt. u. Eur. VerfR II, Rn. 7/1 ff.
[143] *Khan* in: Geiger/Khan/Kotzur, EUV/AEUV, 6. Aufl. 2017, Art. 114 AEUV Rn. 1.

auf das Binnenmarktziel. Danach können von Art. 114 Abs. 1 S. 2 AEUV auch Organisationsvorgaben gedeckt sein.

15 Hiergegen wurde in der Vergangenheit teilweise ein „Grundsatz der institutionellen und verfahrensmäßigen Autonomie der Mitgliedstaaten" angeführt, der auch im Vorbringen der Bundesrepublik Deutschland zum ersten Klagegrund anklingt. Ein solcher Grundsatz findet in den Unionsverträgen unmittelbar keinen Anhaltspunkt. Er kann allenfalls durch Generalisierung tatsächlicher Gegebenheiten gewonnen werden, nämlich aus dem Umstand, dass das europäische Richtlinienrecht meist materiell-rechtlich ansetzt und prozedurale oder organisatorische Vorgaben für die mitgliedstaatlichen Verwaltungen selten sind. Aus diesen tatsächlichen Gegebenheiten folgt indes normativ nichts. Dass eine nach den Verträgen bestehende, funktional begrenzte Kompetenz durch die EU in bestimmter Hinsicht nicht allzu häufig genutzt wird, führt nicht zum Erlöschen dieser Kompetenz.

4. Anwendung dieser Maßstäbe auf die Unabhängigkeits-RL

16 Voraussetzung für die Anwendbarkeit des Art. 114 Abs. 1 AEUV im konkreten Fall ist es, dass das Unabhängigkeitsregime für die Typgenehmigungsbehörde tatsächlich funktional auf das Binnenmarktziel ausgerichtet ist. Nach der Zielsetzung der Richtlinie soll es die Unabhängigkeit der Typgenehmigungsbehörde ermöglichen, ihren gesetzlichen, auf den Binnenmarkt bezogenen Auftrag allein an Hand der gesetzlichen Maßgaben zu erfüllen, ohne dass dem Weisungen, die ggfs. aus anderen Gründen und mit anderen Zielen durch die Bundesregierung erteilt werden könnten, entgegenstehen. Das Unabhängigkeitsregime dient damit der Fokussierung auf den gesetzlichen Auftrag der Behörde und ist damit binnenmarktbezogen.

5. Beachtung der Anforderungen des Subsidiaritätsprinzips bei der Kompetenzausübung

17 Bei der Binnenmarktkompetenz handelt sich nach Art. 4 Abs. 2 lit. a) AEUV um eine mit den Mitgliedstaaten geteilte Kompetenz der EU mit der Folge, dass nach Art. 5 Abs. 3 EUV das Subsidiaritätsprinzip greift. Zudem wird – als zweiter Klagegrund – nach Art. 5 Abs. 4 EUV das Verhältnismäßigkeitsprinzip zu prüfen sein. Eine Prüfung am Maßstab des Subsidiaritätsprinzips setzt eine Vergewisserung über die Frage voraus, in welcher Hinsicht die EU überhaupt tätig wird. Vorliegend wird die Kompetenz zur Kfz-Typzulassung nicht auf die EU übertragen. Das Tätigwerden der EU beschränkt sich darauf, durch eine Richtlinie Vorgaben für die Ausübung weiterhin bestehender mitgliedstaatlicher Kompetenzen zu statuieren, nämlich in Bezug auf die Organisation der zuständigen Behörde. Dies soll einer einheitlichen Organisationsstruktur der mit dem EU-Zulassungsregime betrauten nationalen Behörden dienen. Eine solche einheitliche Organisationsstruktur lässt sich ohne vereinheitlichendes Tätigwerden der EU nicht erreichen. Die Zielsetzung der Richtlinie lässt sich daher auf Unionsebene besser verwirklichen, so dass ihr Erlass dem Subsidiaritätsprinzip gerecht wird.

6. Zwischenergebnis

18 Damit kann die Unabhängigkeits-RL auf Art. 114 Abs. 1 AEUV gestützt werden; ein kompetenzwidriges Handeln der Union liegt mithin nicht vor.

II. Zweiter Klagegrund: Unzuständigkeit der EU wegen Unverhältnismäßigkeit der organisationsrechtlichen Vorgabe mangels realer Gefahr ministerieller Einflussnahme auf das Kfz-Typgenehmigungsverfahren

1. Prüfungskompetenz des EuGH

Mit dem zweiten Klagegrund rügt die Bundesrepublik Deutschland einen Verstoß gegen den Grundsatz der Verhältnismäßigkeit, weil eine Gefahr ministerieller Einflussnahmen im Bereich des Kfz-Typgenehmigungsverfahrens ohnehin nicht bestehe und eine Unabhängigkeit der Behörde daher nicht erforderlich sei. Der Grundsatz der Verhältnismäßigkeit gilt für die Ausübung sämtlicher Zuständigkeiten der Union, Art. 5 Abs. 1 S. 2, Abs. 4 EUV. Seine Missachtung führt zu einer unionsrechtswidrigen Kompetenzausübung und ist daher als Frage der Unzuständigkeit der Union vom EuGH im Verfahren der Nichtigkeitsklage gemäß Art. 263 Abs. 2 Var. 1 AEUV zu prüfen. Nach dem Verhältnismäßigkeitsgrundsatz dürfen die Maßnahmen der EU – hier: der Erlass der Unabhängigkeits-RL – inhaltlich wie formal nicht über das zur Erreichung der Ziele der Verträge erforderliche Maß hinausgehen. 19

2. Binnenmarktbezogene Zielsetzung der Unabhängigkeits-RL

Die Unabhängigkeits-RL dient mit dem Binnenmarkt einem Ziel der Union (Art. 26 AEUV). Die Erreichung dieses Zieles soll nach der Konzeption der Unabhängigkeits-RL dadurch abgestützt werden, dass die nationalen Typgenehmigungsbehörden ihren binnenmarktbezogenen Auftrag erfüllen können, ohne Weisungen oder sonstigen Einflüssen der nationalen Regierungen ausgesetzt zu sein, die ggfs. anderen Zielen verpflichtet sein könnten.[144] 20

3. Erforderlichkeit eines Unabhängigkeitsregimes für die Zielerreichung

Fraglich ist, ob ein Unabhängigkeitsregime für dieses grundsätzlich legitime, binnenmarktbezogene Ziel erforderlich ist. Denn nach Art. 4 Abs. 3 EUV ist die Bundesrepublik Deutschland insgesamt – und damit auch die Bundesregierung – verpflichtet, die Union bei der Erfüllung ihrer Aufgaben zu unterstützen und alle Maßnahmen zu unterlassen, die die Verwirklichung der Ziele der Union gefährden könnten. Eine Weisung oder sonstige Einflussnahme auf das Kraftfahrtbundesamt, die unter Binnenmarktgesichtspunkten kontraproduktiv ist, ist damit der Bundesregierung, konkret dem Bundesverkehrsministerium, unionsrechtlich untersagt. Von daher ist zweifelhaft, ob die Gefahr etwaiger Einflussnahmen auf das Kraftfahrtbundesamt überhaupt besteht, die durch ein Unabhängigkeitsregime abgewehrt werden soll. 21

Eine solche Gefahr könnte mit dem Argument anzunehmen sein, dass das Bundesverkehrsministerium unter Umständen seine Rechtsbindung aus Art. 4 Abs. 3 EUV in Anbetracht zahlreicher anderer von ihm zu beachtender Vorgaben und Interessen weniger strikt interpretieren könnte als das Kraftfahrtbundesamt, das im Rahmen 22

[144] Siehe zum Begriff der Unabhängigkeit und ihren Anforderungen die Ausführungen des EuGH in EuGH v. 19.10.2016, C-424/15, Rn. 32f. und EuGH v. 2.9.2021, C-718/18, Rn. 108ff.

der Typgenehmigung ausschließlich mit diesem binnenmarktbezogenen Genehmigungsverfahren befasst ist. Aufgrund der großen wirtschaftlichen Bedeutung der Autoindustrie in Deutschland ist eine solche Sorge in Bezug auf das Handeln des zuständigen Ministeriums nicht grundsätzlich unberechtigt (a.A. vertretbar).

23 Es fragt sich aber, ob eine unter Umständen bestehende Neigung der Bundesregierung, den binnenmarktbezogenen Auftrag des Kfz-Typgenehmigungsverfahrens weniger konsequent zu interpretieren als das Kraftfahrtbundesamt, angesichts des hier zu erfüllenden Aufgabentypus von Relevanz sein kann. Hierauf weist die deutsche Ratsvertreterin hin, wenn sie die Kfz-Typgenehmigung für nicht vergleichbar mit Aufgaben der Währungspolitik oder der Marktregulierung ansieht, für die entsprechende Unabhängigkeitsregime auch im deutschen Recht bereits bestehen. In der Tat könnte man annehmen, dass sich die Aufgaben der Währungspolitik, wie sie früher durch die Bundesbank ausgeübt wurden, und der Marktregulierung, wie sie heute die Bundesnetzagentur ausübt, von den Aufgaben des Kraftfahrtbundesamtes im Bereich der Typgenehmigung in für den vorliegenden Zusammenhang relevanter Weise unterscheiden. Denn Währungspolitik wie Marktregulierung beinhalten einen weitreichenden exekutiven Gestaltungsfreiraum („Regulierungsermessen"), während die Kfz-Typzulassung dem Bild der gebundenen Verwaltung entspricht, die schlicht unter die gegebenen materiellen gesetzlichen Vorgaben subsumiert. Bei einer derartigen Rechtsbindung der zu treffenden Entscheidungen besteht kaum ein Spielraum, der durch Weisungen oder andere Einflussnahmen der Bundesregierung beeinflussbar wäre.

24 Das könnte dafür sprechen, dass Weisungen angesichts des hier relevanten Aufgabentypus in der Praxis nicht von Bedeutung sind, die Vermeidung solcher Weisungen durch ein Unabhängigkeitsregime also nicht erforderlich sein kann. Als Gegenargument lässt sich freilich anführen, dass sich auch die Tätigkeit der gesetzesgebundenen Verwaltung nie in einer mechanischen Subsumtion erschöpft und beispielsweise über die eingesetzten Ressourcen, die Priorisierung von Anträgen o.ä. durchaus auch im Bereich gesetzesgebundener Verwaltung Einfluss auf das Entscheidungsergebnis genommen werden kann. Mit dieser Überlegung ist eine Gefahr einer ministeriellen, binnenmarktschädlichen Einflussnahme auch im Bereich der Kfz-Typzulassung nicht von vorneherein ausgeschlossen, so dass einem Unabhängigkeitsregime zur Vermeidung solcher Einflussnahmen die Erforderlichkeit letztlich nicht abgesprochen werden kann. Die Unabhängigkeits-RL ist daher mit dem Grundsatz der Verhältnismäßigkeit vereinbar und somit nicht kompetenzwidrig (a.A. vertetbar).

25 **Hinweis:** Man könnte geneigt sein, zusätzlich noch die Angemessenheit bzw. Verhältnismäßigkeit i.e.S. zu prüfen und den Eingriff in mitgliedstaatliche Kompetenzen gegenüber dem Gewinn für den Binnenmarkt abzuwägen. Der für die Prüfung anzuwendende normative Maßstab – Art. 5 Abs. 4 S. 1 EUV – bietet für eine solche Prüfung indes keinen Anhaltspunkt, denn danach erschöpft sich der europarechtliche Verhältnismäßigkeitsgrundsatz als Kompetenzausübungsregel nach Art. 5 Abs. 4 EUV in der Prüfung der Erforderlichkeit, wie dem Wortlaut der Norm zu entnehmen ist („gehen die Maßnahmen … nicht über das … erforderliche Maß hinaus"). Eine Angemessenheitsprüfung kann nur für geboten erachten, wer ohne konkreten Normbezug prüft und dann die Dogmatik der deutschen Grundrechtsprüfung unbesehen auf den Verhältnismäßigkeitsgrundsatz des Art. 5 EUV überträgt. Demzufolge sind Ausführungen zur Angemessenheit durch die Aufgabenstellung nicht veranlasst und für die Bewertung der Klausur nicht verwendbar.

III. Dritter Klagegrund: verfahrensrechtlicher Verstoß gegen die Verträge

1. Prüfungskompetenz des EuGH

Mit dem dritten vorgetragenen Klagegrund rügt die Bundesrepublik Deutschland das Verfahren beim Erlass der Unabhängigkeits-RL, namentlich den Trilog.[145] Vom EuGH ist daher im Verfahren der Nichtigkeitsklage gemäß Art. 263 Abs. 2 Var. 3 AEUV zu prüfen, inwieweit in der Durchführung des Trilogs eine Verletzung der Verträge liegt. **26**

2. Verstoß gegen die in Art. 294 AEUV normierten Verfahrensschritte

In Betracht kommt ein Verstoß gegen Art. 294 AEUV. Diese Bestimmung besagt indes unmittelbar zum Trilog nichts. Die beteiligten Organe haben die in Art. 294 Abs. 2, 3, 4 AEUV vorgeschriebenen Verfahrensschritte durchlaufen und getan, was Art. 294 Abs. 4 AEUV als Möglichkeit vorsieht: nämlich den Rechtsakt bei übereinstimmenden Standpunkten von Europäischem Parlament und Rat bereits in erster Lesung zu verabschieden. **27**

3. Verstoß gegen den Zweck des Art. 294 AEUV (transparentes, demokratisch kontrollierbares Verfahren)

Ein Verstoß gegen Art. 294 AEUV kann daher überhaupt nur mit der Überlegung in Betracht kommen, dass der Trilog die in Art. 294 Abs. 5–14 AEUV für den Fall einer Nichteinigung in erster Lesung vorgesehenen weiteren Verfahrensschritte – gezielt und systematisch – untergräbt.[146] Das könnte zwar nicht unmittelbar gegen den Wortlaut des Art. 294 AEUV verstoßen, wohl aber gegen den Zweck der weiteren Verfahrensschritte nach Art. 294 Abs. 5–14 AEUV, die ein strukturiertes und für die Öffentlichkeit transparentes und somit demokratisch kontrollierbares Verfahren vorsehen, in dem eine Einigung der beteiligten Organe schrittweise erarbeitet wird. Durch die Vorverlegung der Verhandlungen in einen nichtöffentlichen Trilog vermeiden die Organe dieses Verfahren und entziehen ihren Verhandlungsprozess der Öffentlichkeit.[147] Damit könnte dieses Verfahren auch gegen das Demokratieprinzip aus Art. 2 EUV verstoßen. **28**

Dieser Gedankengang beruht auf der Annahme, dass bei Durchführung der weiteren Lesungen die formal in Art. 294 AEUV vorgeschriebenen Verfahrensschritte auch tatsächlich diejenigen Schritte sind, in denen die beteiligten Organe ihre Positionen entwickeln und daher die Durchführung der zweiten und dritten Lesung ein Mehr an demokratischer Öffentlichkeit bedeutet. Dafür müssten die im AEUV normierten Verfahrensschritte tatsächlich in erster Linie Willensbildungsprozessen dienen. Wenn dann der eigentliche Willensbildungsprozess in den Trilog vorverlegt wird, könnte dies eine primärrechtlich nicht vorgesehene Umwidmung des Verfahrens in ein reines Ratifizierungsverfahren darstellen.[148] **29**

---

[145] Zum Trilog bereits → Fall 5.

[146] *von Achenbach,* Der Staat 55 (2016), 33 ff.; *dies.,* S. 201 ff. (469 ff.).

[147] EuG v. 22.3.2018, T-540/15, Rn. 77 ff.

[148] *von Achenbach* in: Krüper/Pilniok, Organisationsverfassungsrecht, Wissenschaft – Theorie – Praxis, 2019, S. 121 ff. (137).

30 Eine solche Überlegung setzt aber das normativ vorgeschriebene, formalisierte Verfahren unbesehen mit dem tatsächlichen Verhandlungsprozess gleich. Ein komplexer Verhandlungsprozess ist indes immer auch durch informelle Absprachen, das Ausloten von Kompromissen außerhalb förmlicher Sitzungen etc. gekennzeichnet, die auch bei Durchführung der zweiten und dritten Lesung durch Art. 294 AEUV nicht verboten sind. Es trifft auch nicht zu, dass die im AEUV normierten Verfahrensschritte durch die Vorverlegung des eigentlichen Willensbildungsprozesses in den Trilog zu einem reinen Ratifikationsverfahren degenerieren würden. Vielmehr dienen die notwendigerweise zu durchlaufenden Verfahrensschritte des formalisierten Verfahrens, die im vorliegenden Fall auch tatsächlich durchgeführt worden sind, im Falle eines bereits im Vorfeld mehr oder minder abgeschlossenen Willensbildungsprozesses weiterhin der öffentlichen Präsentation der inhaltlichen Festlegungen der Verfahrensbeteiligten und Darstellung ihrer Motive und Interessen, die in die Willensbildung eingeflossen sind.[149] In dieser Darstellungsfunktion liegt ein wesentlicher demokratischer Wert des formalisierten Verfahrens, der sich nicht in reiner Ratifikation erschöpft.

31 Das Mehr an demokratischer Öffentlichkeit, dass sich Kritiker des Trilogs von seiner Abschaffung und den stattdessen dann durchzuführenden weiteren Lesungen eines Gesetzentwurfs versprechen, dürfte also auf einer Idealisierung des formalen Gesetzgebungsverfahrens beruhen, wenn nicht auf Fehlvorstellungen über seinen realen Ablauf. Dies bedeutet im Gegenzug, dass der Trilog die Öffentlichkeit des Gesetzgebungsverfahrens nicht stärker bedroht, als es andere informelle Verfahrensweisen tun würden, die sich bei Durchführung der weiteren Lesungen aller Voraussicht nach etablieren würden bzw. bereits etabliert haben. Es kann vor diesem Hintergrund nicht Sinn und Zweck des Art. 294 AEUV sein, jedes Vorgehen außerhalb der formalisierten Verfahrensschritte zu unterbinden, sondern nur dafür zu sorgen, dass die vorgegebenen formalisierten Verfahrensschritte auch tatsächlich durchlaufen werden. Dies war hier der Fall.

4. Zwischenergebnis

32 Der Trilog verstößt somit nicht gegen die Verträge und das in ihnen enthaltene Transparenz- und Öffentlichkeitsgebot (a.A. vertretbar).

IV. Vierter Klagegrund: Unvereinbarkeit eines Unabhängigkeitsregimes für eine Verwaltungsbehörde mit den grundgesetzlichen Anforderungen an demokratische Legitimation

1. Fehlender Prüfungsmaßstab für den EuGH gemäß Art. 263 Abs. 2 AEUV

33 Mit dem vierten Klagegrund rügt die Klägerin, dass die Umsetzung der erlassenen Richtlinie die Bundesrepublik Deutschland zu einem Verfassungsverstoß gegen das im Grundgesetz enthaltene Gebot demokratischer Legitimation zwinge. Denn aus Gründen des Demokratieprinzips müssten Verwaltungsbehörden in einer ununterbrochenen Legitimationskette auf das Volk zurückführbar sein, was ihre Abhängigkeit von der ihrerseits dem Parlament gegenüber verantwortlichen und vom Parla-

[149] Zur Unterscheidung zwischen Herstellung der Entscheidung und Darstellung der Herstellung der Entscheidung *Luhmann*, Legitimation durch Verfahren, insb. S. 174 ff. für die Gesetzgebung.

ment gewählten Regierung erzwinge. Unabhängig davon, ob dieser Vortrag die in Deutschland vorherrschende parlamentszentrierte Lesart des Demokratieprinzips des Grundgesetzes zutreffend wiedergibt, fragt sich, ob er für die Pflicht zur Richtlinienumsetzung überhaupt bedeutsam ist und ob dies im Nichtigkeitsverfahren vor dem EuGH eine Rolle spielen kann.

Die Klagegründe der Nichtigkeitsklage und damit der Prüfungsmaßstab für den EuGH in diesem Verfahren werden durch Art. 263 Abs. 2 AEUV bestimmt. Neben Unzuständigkeit, Verletzung wesentlicher Formvorschriften und Ermessensmissbrauch, die für das Vorbringen im Rahmen des vierten Klagegrundes ohne Belang sind, nennt Art. 263 Abs. 2 AEUV eine mögliche Verletzung der Unionsverträge oder einer bei seiner Durchführung anzuwendenden Rechtsnorm. Nationales Verfassungsrecht ist demgegenüber in dieser Norm nicht als möglicher Klagegrund einer Nichtigkeitsklage benannt. **34**

2. Abstützung des Ergebnisses aus der Grundstruktur der EU als autonomer Rechtsordnung

Der EuGH versteht das Europarecht als autonome Rechtsordnung, die von der Gesetzgebung der Mitgliedstaaten unabhängig ist. In seinem grundlegenden Urteil *Costa/E.N.E.L.* statuierte der EuGH den Vorrang des EU-Rechts vor nationalem Recht. Denn mit dem Gemeinschaftsrecht sei eine autonome Rechtsordnung entstanden, welche wegen der Übertragung von Hoheitsrechten durch die Mitgliedstaaten auf die Gemeinschaft und der damit verbundenen Beschränkung ihrer Souveränitätsrechte für sie selbst verbindlich sei. Dies hat der EuGH teleologisch begründet: Die Vertragsziele könnten nur erreicht werden, wenn das Gemeinschaftsrecht in jedem Mitgliedstaat einheitlich gelte. Daher sei es den Mitgliedstaaten verwehrt, gegen die Gemeinschaftsrechtsordnung, die sie nach dem Prinzip der Gegenseitigkeit angenommen hätten, nachträglich einseitige Maßnahmen geltend zu machen.[150] **35**

Wenig später hat der EuGH in seinem grundlegenden Urteil *Internationale Handelsgesellschaft* ausdrücklich entschieden, dass aus den vorgenannten Gründen einziger Prüfungsmaßstab für das europäische Sekundärrecht das europäische Primärrecht sei. Die Gültigkeit eines Sekundärrechtsakts könne daher nicht mit der Begründung angezweifelt werden, dass die Norm des europäischen Sekundärrechts gegen nationale Grundrechte oder Strukturprinzipien der nationalen Verfassung verstoße.[151] Damit kommt nach Auffassung des EuGH dem gesamten europäischen Primär- und Sekundärrecht Vorrang gegenüber jeglichem nationalen Recht zu.[152] **36**

2004 war im Entwurf des Europäischen Verfassungsvertrags vorgesehen, diese in der EuGH-Judikatur entwickelte Doktrin primärrechtlich zu kodifizieren. Art. I-6 des Verfassungsvertrags sollte lauten: „Die [EU-] Verfassung und das von den Organen der Union in Ausübung der der Union übertragenen Zuständigkeiten gesetzte Recht haben Vorrang vor dem Recht der Mitgliedstaaten." Die Regierungskonferenz, die 2007 den (heute geltenden) Vertrag von Lissabon ausgehandelt hat, hat **37**

150 EuGH v. 15.7.1964, C-6/64, Slg. 1964, 1251 (1269ff.).

151 EuGH v. 17.12.1970, C-11/70, Slg. 1970, 1125 (1135).

152 *Ruffert* in: Calliess/Ruffert, EUV/AEUV, 6. Aufl. 2022, Art. 1 AEUV Rn. 19f.

dem Vertrag eine Erklärung beigefügt, nach der „die Verträge und das von der Union auf der Grundlage der Verträge gesetzte Recht im Einklang mit der ständigen Rechtsprechung des Gerichtshofs der Europäischen Union unter den in dieser Rechtsprechung festgelegten Bedingungen Vorrang vor dem Recht der Mitgliedstaaten haben."[153]

38 Unter Zugrundelegung dieser unionsrechtlichen Doktrin unterliegt der Richtlinienerlass der EU daher nicht dem Vorbehalt einer Vereinbarkeit des Richtlinieninhalts mit dem Verfassungsrecht einzelner Mitgliedstaaten. Einer entsprechenden Prüfung von Richtlinien durch den EuGH fehlt von daher von vorneherein jede Grundlage.

3. Übertragbarkeit des vom BVerfG beanspruchten Prüfungsmaßstabs auf den EuGH

39 **Hinweis:** Man könnte diesen Teil der Klausur bereits an dieser Stelle für abschließend gelöst erklären. Das Vorbringen der Bundesrepublik Deutschland und der Hinweis auf das BVerfG ganz am Ende des Sachverhalts zwingen aber (jedenfalls im Rahmen eines Hilfsgutachtens) zu einer Diskussion der nachfolgenden, weiterführenden Überlegungen. Soweit für die folgende Diskussion eine Kenntnis von Grundaussagen der Judikatur des BVerfG erforderlich ist, handelt es sich thematisch um Fragen des Integrationsverfassungsrechts des Grundgesetzes und damit um Staatsrecht, das ohne Beschränkung auf Überblickswissen in allen Bundesländern Pflichtfach ist. Die eigenständige Leistung wird in einer Diskussion der Frage liegen, ob sich die vom BVerfG für sich selbst in Anspruch genommene Prüfungskompetenz auf den EuGH übertragen lässt.

40 Das Bundesverfassungsgericht nimmt für sich selbst unter bestimmten Voraussetzungen eine Prüfungskompetenz in Bezug auf das Unionsrecht am Maßstab des Grundgesetzes in Anspruch. Denn nach dem in Art. 20 Abs. 2 S. 1 GG verankerten Grundsatz der Volkssouveränität müsse die Ausübung von Staatsgewalt immer im Sinne einer ununterbrochenen Legitimationskette auf das Volk zurückführbar sein. Diese Legitimation dürfe durch die Übertragung von Hoheitsrechten an die EU nicht entleert werden.[154] Die EU könne aus sich heraus die demokratische Legitimation nicht erbringen, sondern leite sie vor allem aus den Zustimmungsgesetzen der nationalen Gesetzgebungsorgane zu den Verträgen und dem darin enthaltenen Integrationsprogramm ab.[155] Die Anwendbarkeit und der Vorrang des Unionsrechts haben ihre Grundlage damit im deutschen Verfassungsrecht und sind von diesem abhängig.

41 Folge dieser Perspektive ist, dass das BVerfG eine eigene Kontrollkompetenz darüber beansprucht, ob der in Deutschland anzuwendende Rechtsakt des Unionsrechts verfassungsrechtliche Grenzen des nationalen Rechts einhält. In der Rechtsprechung des BVerfG standen zunächst materielle Grenzen des Unionsrechts im Mittelpunkt (Grundrechtsvorbehalt, nach der Solange-Rechtsprechung gegenwärtig nicht ausgeübt), später kompetenzielle Grenzen (Kompetenzvorbehalt im Sinne einer *ultra-vires*-Kontrolle) und Fragen der Vereinbarung der EU-Gesetzgebung mit den Grundsätzen des Art. 79 Abs. 3 GG (Verfassungsidentitätsvorbehalt).[156] Das Bundesverfassungsgericht würde vor diesem Hintergrund in der vorliegenden Konstella-

[153] Erklärung zum Vorrang (17. Erklärung zum Vertrag von Lissabon, ABl. 2007 Nr. C 306, S. 256).
[154] BVerfGE 123, 267 (330); 142, 123 (191 f.).
[155] BVerfGE 142, 123 (193).
[156] BVerfGE 134, 366 (384 f.); 142, 123 (195).

tion prüfen, ob die Umsetzung der von der EU erlassenen Richtlinie die Bundesrepublik Deutschland zu einer Gesetzgebung zwingt, die mit den in Deutschland aus dem Grundgesetz abzuleitenden Anforderungen an demokratische Legitimation nicht vereinbar ist und ob eine mögliche Unvereinbarkeit so schwer wiegt, dass dadurch die Verfassungsidentität der Bundesrepublik Deutschland bedroht wäre.

Es ist umstritten ist, ob diese Kontrollansprüche des BVerfG mit dem EU-Recht vereinbar sind. Denn nach Art. 344 AEUV haben sich die Mitgliedstaaten verpflichtet, Streitigkeiten über die Auslegung oder Anwendung der Verträge nicht anders als in den Unionsverträgen vorgesehen zu regeln. Eine Kontrollkompetenz staatlicher Verfassungsgerichte über das Unionsrechts ist in den Unionsverträgen aber gerade nicht vorgesehen. Unabhängig hiervon beansprucht das BVerfG dieses aus dem Grundgesetz abgeleitete Kontrollrecht nur für sich selbst. Angesichts des Herleitungszusammenhangs dieses Kontrollrechts aus dem Integrationsverfassungsrechts des Grundgesetzes besteht für eine entsprechende Kontrolle durch den EuGH jedenfalls kein Ansatzpunkt. Auch auf der Grundlage des Argumentationsansatzes des BVerfG können sich die Prüfungskompetenzen des EuGH nur aus den Unionsverträgen ergeben. Danach ist der EuGH allein dazu berufen, die Wahrung des Rechts bei der Auslegung und Anwendung der Verträge zu sichern, nicht aber die Verfassungsidentität der Mitgliedstaaten am Maßstab mitgliedstaatlichen Verfassungsrechts zu wahren. 42

Hinweis: Eine Auseinandersetzung mit der Judikatur des BVerfG zu den Grenzen des Anwendungsvorrangs ist in diesem Umfang nicht geboten, wenn zielsicher festgestellt wurde, dass es angesichts der Klagegründe des Art. 263 Abs. 2 AEUV und der institutionellen Stellung des EuGH keinen Ansatzpunkt dafür gibt, dass diese Rechtsprechung auf die Kontrollkompetenzen des EuGH übertragbar sein könnte.

4. Zwischenergebnis

Das nationale Verfassungsrecht von EU-Mitgliedstaaten kommt demnach als Prüfungsmaßstab für den EuGH unter keinem Gesichtspunkt in Betracht. Der geltend gemachte vierte Klagegrund kann daher im Nichtigkeitsverfahren durch den EuGH nicht geprüft werden. 43

Hinweis: Es ist denkbar, an dieser Stelle ein Hilfsgutachten für geboten zu erachten, in dem die Vereinbarkeit einer Unabhängigkeitsregelung für das KBA mit den Anforderungen des grundgesetzlichen Demokratieprinzips geprüft wird. Prüfungsmaßstab müsste dann Art. 20 Abs. 1, 2 GG sein. In diesem Fall könnte dargelegt werden, dass die in Deutschland herrschende, von der Judikatur des BVerfG geprägte Demokratiekonzeption demokratische Legitimation zentral über das Parlament, die parlamentsabhängige Regierung und sodann die ihr hierarchisch unterstehende Verwaltung konstruiert, zu der das KBA als Bundesoberbehörde nach Art. 87 Abs. 3 GG zählt. Da die Unabhängigkeit der Bundesbank vor Errichtung der EZB verfassungsrechtlich gewährleistet war, handelt es sich um einen nicht auf andere Behörden übertragbaren Sonderfall. Sofern dann diese herrschende deutsche Demokratiekonzeption nicht ihrerseits kritisiert, sondern der weiteren Falllösung zu Grunde gelegt wird und im Hilfsgutachten die europarechtlichen Bindungen der Bundesrepublik Deutschland außer Acht bleiben, dürfte das skizzierte Unabhängigkeitsregime für das KBA für grundgesetzwidrig zu erklären sein. 44

C. Ergebnis

Die zulässige Nichtigkeitsklage hat – nach der hier vertretenen Ansicht – keinen Erfolg. 45

Weitere Rechtsprechung zum Themenfeld der Klausur: EuGH v. 2.9.2021, C-718/18: fehlende Unabhängigkeit der Bundesnetzagentur wegen Verstoßes gegen EU-Richtlinien, die ebenfalls die Organisationsautonomie der Mitgliedstaaten beschränken; in diesem Urteil hat der EuGH explizit festgehalten, dass eine autonome Behördenorganisation nicht gegen das Demokratieprinzip verstößt. Siehe zu diesem Urteil auch die Anm. von *Hoppe/Laboch-Semku,* NVwZ 2021, 1441 ff.

Fall 10. Punzierung

Sachverhalt[157]

Teil 1:

Die in Deutschland ansässige X-GmbH stellt Schmuck, Uhren und andere Edelmetallerzeugnisse her, die sie überwiegend im Inland, teilweise aber auch weltweit vertreibt. Sie beachtet dabei die Regelungen des deutschen Feingehaltsgesetzes (FeinGehG) von 1884. Danach kann der Hersteller eines Edelmetallerzeugnisses auf dem Produkt eine Punze (Stempel) anbringen, die den Edelmetallgehalt angibt. Voraussetzung für die Verkehrsfähigkeit der Produkte in Deutschland ist eine solche Punze nach dem FeinGehG nicht. Die X-GmbH punziert aber alle ihre Produkte auf freiwilliger Basis zur Kundeninformation. Nach der Regelungskonzeption des deutschen Rechts wird die Verlässlichkeit der vom Hersteller selbst angebrachten Punze dadurch gewährleistet, dass er bei Fehlangaben zivilrechtlich haftet, eine Ordnungswidrigkeit begeht und sich bei vorsätzlichem Handeln auch strafbar machen kann.

Nach den Bestimmungen des EU-Mitgliedstaats A besteht für Edelmetallerzeugnisse eine Punzierungspflicht. Die Punze muss durch eine staatliche Punzierungsstelle gesetzt werden. Die Behörden des Staates A erkennen eine nach den Regelungen des deutschen Feingehaltsgesetzes vom Hersteller selbst angebrachte Punze im Gegensatz zu Punzen aus den EU-Mitgliedstaaten B und C nicht an. Denn in B und C werden Punzen wie in A durch staatliche Punzierungsstellen gesetzt. Die X-GmbH muss deshalb ihre Produkte, bevor sie sie in A vertreiben kann, zunächst von der staatlichen Punzierungsstelle in A punzieren lassen, die hierfür unabhängig vom Sitz des Herstellers Gebühren erhebt. Das Verfahren ist für die X-GmbH in der sprachlichen Kommunikation umständlich und führt dazu, dass die X-GmbH längere Lieferzeiten hat als Konkurrenzunternehmen mit Sitz in A, B oder C, die ihre Produkte standardmäßig durch die jeweilige staatliche Punzierungsstelle punzieren lassen und sie deshalb bei einer Kundenbestellung aus A sofort ausliefern können. In jüngerer Zeit sind mehrere Auslandsbestellungen bei der X-GmbH storniert worden, als die X-GmbH ihren Kunden im Staat A erklärt hat, dass sie die bestellte Ware erst nach Durchführung des staatlichen Punzierungsverfahrens in A ausliefern könne.

Die Europäische Kommission hält die ständige Verwaltungspraxis einer Nichtanerkennung deutscher Punzen durch den Mitgliedstaat A für einen Verstoß gegen die Warenverkehrsfreiheit und gibt nach Maßgabe des Art. 258 Abs. 1 AEUV eine mit Gründen versehene Stellungnahme ab. Der Staat A äußert sich der Kommission gegenüber dahingehend, dass er das Konzept selbst angebrachter Herstellerpunzen für betrugsanfällig halte. Dies gelte vor allem, weil – was zutrifft – schon eine geringe Veränderung des Feingehalts bei Edelmetallen die Gewinnspannen erheblich beeinflussen könne. Im Übrigen sei gar nicht erkennbar, wodurch sich deutsche

[157] Fall teilweise in Anlehnung an EuGH v. 22.9.2016, C-525/14; im Übrigen ist der Fall fiktiv.

Exporteure überhaupt im grenzüberschreitenden Wettbewerb benachteiligt fühlen: Sie müssten doch bei einem Export nach A nur dasselbe staatliche Punzierungsverfahren in A durchlaufen, was für die in A ansässigen Unternehmen ohnehin stets obligatorisch sei.

Die Bundesrepublik Deutschland verweist zutreffend darauf, dass die EU für technische Industrieprodukte mit der CE-Kennzeichnung sekundärrechtlich ein System entwickelt hat, nach dem der Hersteller selbst die Übereinstimmung seines Produktes mit dem Unionsrecht durch Anbringung der CE-Kennzeichnung auf dem Produkt bestätigt. Ein solches Regelungskonzept müsse dann konsequenterweise auch im Edelmetallbereich zulässig und für den grenzüberschreitenden Warenverkehr ausreichend sein. Die Kommission sieht dies ebenso und leitet formgemäß ein Vertragsverletzungsverfahren gegen A ein.

Aufgabe 1: Hat das Vertragsverletzungsverfahren gegen A Aussicht auf Erfolg?

Teil 2:

Unterstellt, der EuGH hat den Antrag im Vertragsverletzungsverfahren abgewiesen und Staat A hält an seiner Nichtanerkennungspraxis in Bezug auf deutsche Herstellerpunzen fest. Staat A erklärt, dass er *staatliche* deutsche Punzen demgegenüber anerkennen würde.

Die X-GmbH erwägt vor diesem Hintergrund, ob die Bundesrepublik Deutschland rechtlich verpflichtet sein könnte, die Rechtslage in Deutschland so zu modifizieren, dass die Benachteiligung deutscher Exporteure beim Export nach A beseitigt wird. Für die X-GmbH wäre es schon aus Sprachgründen eine Erleichterung, wenn in Deutschland auf freiwilliger Basis die Möglichkeit einer staatlichen Punzierung geschaffen würde. Die X-GmbH möchte wissen, ob sich aus Grundrechten oder den europäischen Grundfreiheiten Ansatzpunkte ableiten lassen, die für eine entsprechende Rechtspflicht der Bundesrepublik Deutschland zur Schaffung einer staatlichen Punzierungsstelle in der Bundesrepublik Deutschland sprechen. Sie stellt sich dabei die Frage, ob in ihrem Fall die Warenverkehrsfreiheit berührt ist und ein rechtlich relevanter Wettbewerbsnachteil besteht. Ähnliche Zweifel hat sie auch in Bezug auf die Funktionen der Grundrechte des Grundgesetzes.

Aufgabe 2: In einem Gutachten für die X-GmbH ist zu untersuchen, ob sich eine staatliche Handlungspflicht zur Schaffung einer staatlichen Punzierungsstelle aus Grundfreiheiten oder Grundrechten ergibt.

Teil 3:

Die Bundesregierung möchte – unabhängig von der Frage nach einer möglichen Rechtspflicht zu staatlichem Handeln – die Wettbewerbsnachteile deutscher Unternehmen dadurch beseitigen, dass in Deutschland die Möglichkeit einer staatlichen Punzierung geschaffen wird. Sie bringt deshalb folgenden Entwurf eines Bundesgesetzes in den Bundestag ein, der dort in einem ordnungsgemäßen Verfahren beschlossen und – nachdem der Bundesrat nach Zuleitung des Gesetzes eine Einberufung des Vermittlungsausschusses nicht verlangt – ordnungsgemäß verkündet wird:

„Gesetz über die Einführung einer fakultativen staatlichen Punzierung.
§ 1. Hersteller von Edelmetallerzeugnissen können ihre nach den Bestimmungen des Feingehaltsgesetzes von 1884 hergestellten Edelmetallerzeugnisse staatlich punzieren lassen.
§ 2. Als Punzierungsstelle wird das Staatliche Punzierungsamt als selbständige Bundesoberbehörde im Geschäftsbereich des Bundesministeriums für Wirtschaft und Energie mit Sitz in Bonn errichtet."

Die Landesregierung des deutschen Bundeslandes L ist der Auffassung, das Gesetz verstoße gegen die Kompetenznormen des Grundgesetzes. Verwaltung sei Landessache. Zumindest hätte der Bundesrat dem Gesetz zustimmen müssen. Die Europäische Kommission hält es demgegenüber für einen grundsätzlich verfehlten Weg, dass nun einzelne Mitgliedstaaten beginnen, nationale Vorschriften zu erlassen, mit denen sie auf Exportnachteile inländischer Hersteller durch unterschiedliche Punzierungsvorschriften in den verschiedenen EU-Staaten reagieren. Die Kommission beabsichtigt deshalb, die Punzierungsregelungen EU-weit durch Sekundärrecht zu vereinheitlichen.

Aufgabe 3: Beantworten Sie folgende Fragen:
a) Ist das Bundesgesetz über die Einführung einer fakultativen staatlichen Punzierung mit dem Grundgesetz vereinbar?
b) Besteht für die von der Kommission geplante EU-Gesetzgebung zur Vereinheitlichung der Punzierungsregelungen in den Mitgliedstaaten eine Kompetenz der EU? Welche Organe müssten dafür in welcher Verfahrensart und in welcher Handlungsform tätig werden?

Bearbeitungshinweise: Das Gesetz über den Feingehalt der Gold- und Silberwaren (FeinGehG) vom 16. Juli 1884 gilt als Bundesrecht fort. Seine einzelnen Bestimmungen sind für die Prüfung nur insoweit von Relevanz, als ihr Inhalt im Sachverhalt mitgeteilt ist. Die verschiedenen sekundärrechtlichen Normen des EU-Rechts über die CE-Kennzeichnung (für Industrieerzeugnisse, Maschinen, Medizinprodukte) und das Übereinkommen betreffend die Prüfung und Bezeichnung von Edelmetallgegenständen vom 15. November 1972 sind für die Prüfung außer Acht zu lassen. Sekundärrechtliche Bestimmungen des Unionsrechts für Edelmetallerzeugnisse bestehen gegenwärtig nicht. Alle drei Aufgaben sind zu bearbeiten. Dabei sind alle aufgeworfenen Rechtsfragen gutachtlich zu klären, ggfs. in Form eines Hilfsgutachtens.

Vorüberlegungen und Anforderungsprofil

Aufgabe 1 dieses Original-Staatsexamensfalls beinhaltet eine Standardkonstellation zur Prüfung der Grundfreiheiten von durchschnittlicher Schwierigkeit. Die Grundfreiheiten und ihre Durchsetzung sind bspw. nach § 11 Abs. 2 Nr. 11 JAG NRW „im Überblick" Prüfungsstoff, so dass eine Kenntnis der gesetzlichen Grundstrukturen ohne vertieftes Wissen der Rechtsprechung und Literatur ausreichend ist.[158] Zu erwarten sein dürfte, dass die zentralen Urteile *Dassonville* und (ggfs.) *Cassis de Di-*

[158] Zur Systematik der Prüfung der Grundfreiheiten im Allgemeinen: *Ruffert/Grischek/Schramm,* JuS 2021, 407 ff., *Sauer,* JuS 2017, 310 ff.; zur Übung: *Chatziathanasiou,* JuS 2020, 843 ff., *Safoklov,* JA 2018, 194 ff., *Ludwigs/Sikora,* JA 2016, 514 ff., *Otto/Hein,* JuS 2014, 529 ff.

jon in ihren Kernaussagen bekannt sind. Das reicht für die Lösung des Falles aus. Auf die Keck-Rechtsprechung kommt es für den vorliegenden Fall nicht an; weitere Rechtsprechungs- oder Literaturkenntnisse sind nicht erforderlich.

Aufgabe 2 stellt den anspruchsvollsten Teil der Klausur dar. Sie dient dazu, dass gute und sehr gute Studierende ihre Fähigkeiten zu eigenständigem juristischen Arbeiten in dieser Klausur angemessen unter Beweis stellen können. Für den europarechtlichen Teil von Aufgabe 2 gilt in besonderer Weise, dass die nachstehenden Hinweise keine Musterlösung sind. Eine feststehende Dogmatik, wie eine Konstellation wie die vorliegende gelöst werden müsste, ist nicht vorhanden. Positiv zu würdigen sind daher alle plausiblen eigenständigen Lösungsansätze, die sich um einen strukturierten Zugriff auf das Problem bemühen, insbesondere eine Prüfungsfrage formulieren und einen normbezogenen Prüfungsmaßstab entwickeln. Inhaltliche Argumente wird man dann vor allem in teleologischer Auslegung aus der Funktion der Grundfreiheiten ableiten können. Wenn diese Frage nach der Funktion der einschlägigen Norm (Art. 35 AEUV) erst einmal explizit formuliert ist, dürfte ihre Beantwortung letztlich nicht mehr sonderlich schwierig sein. Es wird daher vor allem auf entsprechenden methodischen Fähigkeiten der Studierenden ankommen, eine unbekannte Konstellation methodisch strukturiert anzugehen.

Aufgabe 3 bietet keine nennenswerten Schwierigkeiten. Sie können im Hinblick auf das deutsche Verfassungsrecht allenfalls bei denjenigen entstehen, die mit den grundgesetzlichen Bestimmungen zu den Verwaltungskompetenzen des Bundes (insbesondere Art. 87 III GG) nicht vertraut sind. Die europarechtlichen Fragen sind als Auffanglinie für all diejenigen konzipiert, die mit der Prüfung der Grundfreiheiten und Grundrechte scheitern, sei es bereits in Aufgabe 1 in einer Standardkonstellation, sei es in Aufgabe 2 in einer ungewöhnlichen, anspruchsvollen Konstellation. Diese Studierenden können in Aufgabe 3 zeigen, dass sie jedenfalls doch über grundlegende Kenntnisse des Verfassungs- und Europarechts verfügen.

Gliederung

Lösung

Aufgabe 1:

I. Zulässigkeit des Vertragsverletzungsverfahrens

Der Gerichtshof der Europäischen Union entscheidet nach Art. 258 Abs. 2 AEUV über Vertragsverletzungsverfahren gegen einen Mitgliedstaat auf Antrag der Kommission.[159] Verfahrensgegenstand kann nach Art. 258 Abs. 2 i. V. m. Art. 258 Abs. 1 AEUV nur der behauptete Verstoß eines Mitgliedstaates gegen eine seiner Verpflichtungen aus den Unionsverträgen sein. Die Norm konkretisiert diese Voraussetzung nicht weiter und schränkt somit nicht näher ein, in welcher Art von Handlung ein Verstoß liegen kann. Damit kommt auch eine Verwaltungspraxis eines Mitgliedstaates als Verstoß gegen unionsrechtliche Pflichten in Betracht, wenn es sich um eine in einem bestimmten Grad verfestigte und allgemeine Praxis handelt.[160] Die Nichtanerkennungspraxis durch den Staat A in Bezug auf im Ausland von Herstellern selbst angebrachte Punzen ist damit ein tauglicher Verfahrensgegenstand. Das in Art. 258 Abs. 1 AEUV vorgesehene Vorverfahren mit Stellungnahme 1

[159] Zu den Zulässigkeitsvoraussetzungen des Vertragsverletzungsverfahrens: *Sydow/Wittreck,* Dt. u. Eur. VerfR I, Rn. 17/74 ff., *Gurreck/Otto,* JuS 2015, 1079 ff.; zur Übung: *Bast,* JuS 2011, 1095 ff.

[160] St. Rspr., bspw. EuGH v. 22.9.2016, C-525/14, Rn. 14 mit weiteren Nachweisen.

der Kommission und Äußerungsmöglichkeit des betroffenen Staates hat stattgefunden. Der Antrag ist zulässig.

II. Begründetheit des Vertragsverletzungsverfahrens

2 Das Vertragsverletzungsverfahren ist begründet, wenn die Praxis des EU-Mitgliedstaates A, nicht von staatlichen Stellen gesetzte Punzen nicht als ausreichende Grundlage für die Verkehrsfähigkeit des Edelmetallprodukts in A anzuerkennen, einen Verstoß gegen eine unionsrechtliche Verpflichtung darstellt.

Aufbauhinweis: Die Dogmatik der Grundfreiheiten ist nicht in derselben Weise verfestigt wie die deutsche Grundrechtsdogmatik. Das ermöglicht auch Lösungswege, die vom Aufbau der nachfolgenden Hinweise abweichen oder Prüfungspunkte anders bezeichnen.

1. Anwendbarkeit der Warenverkehrsfreiheit

3 In Betracht kommt allein ein Verstoß gegen die Warenverkehrsfreiheit nach Art. 34 AEUV.[161] Mangels einschlägigen Sekundärrechts (siehe Bearbeitungshinweis) wird die Rechtslage allein und unmittelbar durch das Primärrecht bestimmt. Die Edelmetallerzeugnisse sind Waren i.S. d. Art. 28 Abs. 2 AEUV. Zudem liegt ein grenzüberschreitender Sachverhalt vor, so dass Kapitel 3 von Titel II AEUV (Art. 34ff. AEUV) anwendbar ist.

2. Nichtanerkennungspraxis als Maßnahme gleicher Wirkung nach Art. 34 AEUV

4 Ein Verstoß gegen die Warenverkehrsfreiheit läge vor, sofern die Nichtanerkennungspraxis eine Maßnahme gleicher Wirkung wie eine mengenmäßige Einfuhrbeschränkung darstellt. Dies kann jede Handelsregelung der Mitgliedstaaten sein, die geeignet ist, den Handel innerhalb der Union unmittelbar oder mittelbar, tatsächlich oder potenziell zu behindern (Beschränkungsverbot nach der *Dassonville*-Formel,[162] ohne dass dafür eine Diskriminierung erforderlich wäre). Auf die *Keck*-Rechtsprechung,[163] wonach von Art. 34 AEUV lediglich Marktzugangshindernisse erfasst werden, zu denen insbesondere nichtdiskriminierende Verkaufsmodalitäten nicht rechnen, kommt es hier nicht an: Das Erfordernis der Punzierung durch eine staatliche Stelle betrifft nicht lediglich Verkaufsmodalitäten,[164] sondern beeinträchtigt vielmehr den Marktzugang.

Hinweis: Ein Eingehen auf die *Keck*-Rechtsprechung dürfte nicht zwingend sein.

5 Hemmnisse für den freien Warenverkehr sind insbesondere dann verbotene Maßnahmen gleicher Wirkung, wenn ein Mitgliedstaat in Ermangelung einer – auch hier fehlenden – sekundärrechtlichen Harmonisierung der nationalen Rechtsvorschriften seine eigenen Verkehrsfähigkeitsvorschriften auf Waren aus anderen Mit-

[161] Zur Warenverkehrsfreiheit: *Petersen,* Dt.u.Eur. VerfR II, Rn. 7/7ff., *Schildhauer,* Ad Legendum 2022, 165ff.; zur Übung: *Chatziathanasiou,* JuS 2020, 843ff., *Safoklov,* JA 2018, 194ff., *Ludwigs/Sikora,* JA 2016, 514ff., *Behme/Jukić,* JA 2015, 923ff.; *Otto/Hein,* JuS 2014, 529ff.

[162] EuGH v. 11.7.1974, C-8/74 („Dassonville"), Rn. 5.

[163] EuGH v. 24.11.1993, C-267/91 u. 268/91 („Keck").

[164] Zur Abgrenzung *Schroeder,* in: Streinz, EUV/AEUV, 3. Aufl. 2018, Art. 34 AEUV Rn. 42ff.; *Petersen,* Dt.u.Eur. VerfR II, Rn. 7/11f.

gliedstaaten anwendet, die dort rechtmäßig hergestellt und in den Verkehr gebracht worden sind. Dies gilt auch dann, wenn diese nationalen Vorschriften unterschiedslos auf inländische wie ausländische Erzeugnisse angewandt werden.[165] Indem der Mitgliedstaat A die in Deutschland hergestellten und dort verkehrsfähigen Waren nur dann im Inland als verkehrsfähig betrachtet, wenn sie den eigenen inländischen Punzierungsvorschriften entsprechen, beschränkt er somit in rechtfertigungsbedürftiger Weise den freien Warenverkehr in der EU.

3. Rechtfertigung der Beschränkung des freien Warenverkehrs nach Art. 36 AEUV

Ausnahmsweise kann eine Maßnahme gleicher Wirkung nach Art. 36 AEUV zulässig sein, wenn ein Staat Wareneinfuhren aus den dort genannten Gründen (öffentliche Ordnung und Sicherheit etc.) in gerechtfertigter Weise beschränkt. Dies setzt voraus, dass die Beschränkung eines der in Art. 36 AEUV aufgezählten legitimen Ziele verfolgt und es zudem zur Erreichung dieses Ziels auch erforderlich ist. 6

Aufbauhinweis: Anders als das Bundesverfassungsgericht prüft der EuGH die Angemessenheit in der Regel nicht als eigenständigen Aspekt, sondern führt insbesondere die Güterabwägung bereits als Teil der Erforderlichkeitsprüfung durch.[166] Der Aufbau dieser Lösung verzichtet entsprechend auf einen separaten Prüfungspunkt der „Angemessenheit". Da jedoch in der Kommentarliteratur teils auch für eine Prüfung der Angemessenheit eingetreten wird,[167] dürfte ein entsprechender Aufbau ebenfalls vertretbar sein.

a) Legitimes Ziel

Mitgliedstaat A verfolgt Verbraucherschutzziele, indem er durch eine staatliche Punzierung dem Verbraucher eine Sicherheit über den Feinmetallgehalt von Edelmetallerzeugnissen und damit über dessen Wert verschaffen möchte, den ein durchschnittlicher Verbraucher oder eine durchschnittliche Verbraucherin ohne technische Ausstattung nicht eigenständig beurteilen kann. Daneben möchte der Mitgliedstaat A die Lauterkeit des Handelsverkehrs schützen. Dieses doppelte Ziel muss sich vor dem Maßstab des Art. 36 AEUV als legitimes Ziel darstellen. Art. 36 AEUV nennt den Verbraucherschutz – anders als etwa den Gesundheitsschutz – nicht explizit als Ziel.[168] Der Verbraucherschutz kann aber ebenso wie der darauf bezogene Schutz der Lauterkeit des Handelsverkehrs gegenüber Endverbrauchern unter den Begriff der öffentlichen Ordnung und Sicherheit subsumiert werden.[169] 7

Hinweis: Ebenso gut vertretbar ist es, den Begriff der öffentlichen Ordnung und Sicherheit im Einklang mit weiten Teilen der Kommentarliteratur wie auch des vom EuGH an anderer Stelle geäußerten Begriffsverständnisses enger zu verstehen und hierunter nur solche Regelungen fallen zu lassen, die 8

[165] St. Rspr., ausgehend von EuGH v. 20.2.1979, C-120/78 („Cassis de Dijon"), bestätigt durch EuGH v. 22.9.2016, C-525/14, Rn. 35 mit weiteren Nachweisen.

[166] *Schroeder*, in: Streinz, EUV/AEUV, 3. Aufl. 2018, Art. 36 AEUV Rn. 56.

[167] So wohl *Kotzur*, in: Geiger/Khan/ders., EUV/AEUV 6. Aufl. 2017, Art. 36 Rn. 15.

[168] Zu den Rechtfertigungsgründen des Art. 36 AEUV in der Fallbearbeitung: *Aust/Reglinski*, JuS 2021, 661 ff.

[169] Offen gelassen von EuGH v. 22.9.2016, Rs. C-525/14, Rn. 45 „Art. 36 AEUV […] oder zwingende Erfordernisse".

wesentliche Interessen des Staates betreffen bzw. die für dessen Existenz wesentlich sind.[170] Vertretbar kann angenommen werden, dass der Verbraucherschutz hierzu nicht zählt. Gegen eine Erfassung des Verbraucherschutzes durch Art. 36 AEUV lässt sich auch anführen, dass dieser den Gesundheitsschutz im Gegensatz zum Verbraucherschutz explizit nennt.
Schließt man sich dieser Ansicht an, müssten dann die vom EuGH zugelassenen ungeschriebenen Rechtfertigungsgründe für (nichtdiskriminierende) Einschränkungen der Warenverkehrsfreiheit geprüft werden, nämlich zwingende Erfordernisse des Allgemeininteresses i. S. d. sog. *Cassis-de-Dijon* Rechtsprechung.[171] Jedenfalls darüber wären dann der Verbraucherschutz und die Lauterkeit des Handelsverkehrs als Rechtfertigungsgründe zulässig, so dass sich für den Aufbau der weiteren Lösung kein Unterschied dadurch ergibt, ob man die verfolgten Ziele dem Art. 36 AEUV zurechnet oder dem ungeschriebenen Rechtfertigungsgrund des zwingenden Allgemeininteresses.

b) Eignung

9 Das Verlangen des Staates A nach einer staatlichen Punzierung muss zur Erreichung des danach legitimen Verbraucherschutzziels auch tatsächlich geeignet und erforderlich sein. Hierbei ist den Mitgliedstaaten ein gewisser Prognosespielraum zuzubilligen.[172] Dass eine vom Hersteller unabhängige, staatliche Punzierung eine hohe Gewähr für die inhaltliche Richtigkeit der Angabe bietet und die Maßnahme daher geeignet ist, steht außer Frage.

c) Erforderlichkeit

10 Erforderlich wäre die Punzierung zur Erreichung dieses Ziels, wenn dieses nicht durch Maßnahmen erreicht werden kann, die den innergemeinschaftlichen Handel weniger beschränken.[173] Dies könnte hier in Form der Herstellerpunzierung der Fall sein. Diese belastet den innerstaatlichen Handel insoweit weniger, als hierdurch das Erfordernis für Unternehmen aus Mitgliedsstaaten mit einer (bloßen) Herstellerpunzierung zur Durchführung einer staatlichen Punzierung im Aufnahmestaat entfallen würde.

11 Fraglich ist aber, ob dieses Regelungskonzept gleich verlässlich ist. Die Annahme, dass ein Hersteller, wenn er seinem eigenen Erzeugnis eine bestimmte Qualität attestiert, ein wirtschaftliches Interesse an einer Fehlangabe haben könnte, liegt nicht fern. Fraglich ist aber, ob die Berücksichtigung wirtschaftlicher Interessen bereits ausreicht, um die geringere Verlässlichkeit des deutschen Regelungskonzepts gegenüber dem Regelungskonzept des Staates A zu begründen. Zur Entkräftung der Annahme einer Betrugsneigung bei Herstellerpunzierung kann nämlich darauf verwiesen werden, dass das deutsche Recht mit zivilrechtlicher Haftung, Ordnungswidrigkeiten- und Strafbewehrung durchaus wirksame Instrumente einsetzt, um Hersteller zu wahrheitsgemäßen Angaben anzuhalten. Dem kann freilich entgegengehalten werden, dass Fehlangaben über den Feingehalt für Laien nicht erkennbar

[170] Vgl. etwa *Schroeder,* in: Streinz, EUV/AEUV, 3. Aufl. 2018, Art. 36 AEUV Rn. 10ff. mit weiteren Nachweisen. auch zur Rechtsprechung; dort zum Verbraucherschutz auch Rechtsprechung; ferner *Kotzur,* in: Geiger/Khan/ders., EUV/AEUV, 6. Aufl. 2017, Art. 36 AEUV Rn. 6.

[171] EuGH v. 20.2.1979, C-120/78 („Cassis de Dijon"); vgl. hierzu auch *Schroeder,* in: Streinz, EUV/AEUV 3. Aufl. 2018, Art. 36 AEUV Rn. 33ff., dort auch Rn. 36ff. zum Verbraucherschutz als Unterfall der Cassis-de-Dijon-Rechtsprechung; *Petersen,* Dt. u. Eur. VerfR II, Rn. 7/19f.

[172] *Schroeder,* in: Streinz, EUV/AEUV, 3. Aufl. 2018, Art. 36 AEUV Rn. 53.

[173] EuGH v. 11.5.1989, C-25/88 („Werner"), Rn. 13ff., EuGH v. 6.7.1995, C-470/93 („Mars"), Rn. 15, EuGH v. 3.12.1998, C-67/97 („Bluhme"), Rn. 35, jeweils zitiert nach *Schroeder,* in: Streinz, EUV/AEUV, 3. Aufl. 2018, Art. 36 Rn. 54.

sind, das Aufdeckungsrisiko für Betrugsversuche also eher gering ist. Zudem ist der wirtschaftliche Anreiz für Hersteller zu Fehlangaben groß, da – wie den Tatsachen entsprechend im Verfahren vorgetragen – bereits kleinere Abweichungen im Feingehalt die Gewinnspannen erheblich beeinflussen.

Vor diesem Hintergrund kann mit unterschiedlichem Ergebnis diskutiert werden, welche Bedeutung es hat, dass das europäische Sekundärrecht in anderen Rechtsbereichen (Industrieerzeugnisse mit CE-Kennzeichnung wie im Sachverhalt erwähnt) ein dem deutschen Punzierungssystem vergleichbares Selbstregulierungskonzept verfolgt. Man kann einerseits folgern, dass dem implizit eine europarechtliche Wertung über die Wirksamkeit von Selbstregulierungskonzepten mit Herstellerangaben zu Grunde liegt, die dann auch für die Auslegung des Primärrechts in Art. 36 AEUV Bedeutung haben muss. Man kann andererseits aber auch darauf verweisen, dass Edelmetallerzeugnisse durch die Marktbesonderheiten (fehlende Nachprüfbarkeit der Angaben zum Feinmetallgehalt für Laien, hohe Gewinnspannen bei geringfügigen Fehlangaben) eine besondere Produktgruppe bilden, für die ein eigenes Regelungskonzept geboten ist. Der EuGH billigt in Abwägung dieser Gesichtspunkte in ständiger Rechtsprechung nationale Regelungen, die eine staatliche Punzierung für besser geeignet halten und daher Herstellerpunzierungen aus anderen EU-Staaten die Anerkennung verweigern.[174] 12

Hinweis: Es wird hier nicht erwartet, dass die genannte EuGH-Rechtsprechung zur Punzierung bekannt ist. Ebenso wenig kommt es darauf an, ob man letztlich zum selben Ergebnis wie der EuGH kommt oder nicht. Entscheidend ist vielmehr die Fähigkeit, den Prüfungsmaßstab (gleiche Eignung verschiedener gesetzlicher Regelungskonzepte zur Zielerreichung?) präzise herauszuarbeiten und die pro und contra sprechenden Argumente differenziert darzustellen und gegeneinander abzuwägen.

III. Ergebnis für Aufgabe 1

Die Verwaltungspraxis des Staates A, Herstellerpunzierungen nach deutschem Recht nicht als Grundlage für die Verkehrsfähigkeit in A anzuerkennen, verstößt, wenn man dem EuGH folgt, nicht gegen die Warenverkehrsfreiheit. Das Vertragsverletzungsverfahren wird keinen Erfolg haben (a.A. ebenso vertretbar).[175] 13

Aufgabe 2:

I. Handlungspflicht aus den Grundfreiheiten (Warenverkehrsfreiheit)

1. Prüfungsfrage und Prüfungsmaßstab

Die Bundesrepublik Deutschland könnte durch die unmittelbar geltenden Grundfreiheiten, konkret durch die Warenverkehrsfreiheit der Art. 34ff. AEUV, verpflichtet sein, Wettbewerbsnachteile deutscher Exporteure zu beseitigen. Zu prüfen ist damit letztlich, ob aus der Warenverkehrsfreiheit ein Anspruch gegen den eigenen Sitzstaat auf Anpassung seiner Rechtsordnung als Reaktion auf eine europarechtlich 14

[174] Ausgehend von EuGH v. 15.9.1994, C-293/93, bestätigt durch EuGH v. 22.9.2016, C-525/14.

[175] Möglich ist ebenfalls eine Konstellation, in der ein privater Verein, der in Deutschland die für den Vertrieb notwendige Zertifizierung von Wurst vornimmt, nicht die Zertifizierung einer staatlichen Behörde aus Italien anerkennt. Siehe dafür den Fall „Jetzt geht's um die Wurst!" in: *Otto/Hein,* JuS 2014, S. 529ff.

zulässige Rechtslage in einem anderen Staat erwachsen kann. Da es um die Exportmöglichkeiten der X-GmbH geht, die faktisch durch die aktuelle Rechtslage in der Bundesrepublik Deutschland beschränkt sind, ist Prüfungsmaßstab die Ausfuhrfreiheit nach Art. 35 AEUV.

15 Dafür müsste das von der X-GmbH verfolgte Ziel – Schaffung einer staatlichen Punzierungsstelle – überhaupt als mögliche Rechtsfolge der Grundfreiheiten in Betracht kommen. Der Wortlaut des Art. 35 AEUV könnte dahin verstanden werden, dass sich aus diesen Normen nur Beschränkungsverbote, nicht aber aktive Handlungspflichten zur Einrichtung bestimmter staatlicher Verfahren oder Behörden ableiten lassen. Nach Art. 4 Abs. 3 EUV sind die Mitgliedstaaten aber verpflichtet, „alle geeigneten Maßnahmen allgemeiner oder besonderer Art" zur Erfüllung ihrer unionsvertraglichen Verpflichtungen zu ergreifen. Die Grundfreiheiten statuieren daher zwar häufig Unterlassungspflichten und sind im Übrigen typischerweise auf eine Realisierung im Wege der EU-Gesetzgebung angelegt, ohne dass sich ihre Funktion darauf beschränkt.[176] Mit Blick auf die Rechtsfolgenseite des Art. 35 AEUV ist es demnach möglich, dass sich das von der X-GmbH verfolgte Ziel aus dieser Norm ergeben kann. Daher sind die Tatbestandsvoraussetzungen der Norm zu prüfen. Sie sind gegeben, wenn sich etwaige gegenwärtig bestehenden Wettbewerbsnachteile deutscher Exporteure als Maßnahme gleicher Wirkung im Sinne von Art. 35 AEUV darstellen und daraus eine Handlungspflicht der Bundesrepublik Deutschland erwächst.

2. Existenz eines nach Art. 35 AEUV relevanten Wettbewerbsnachteils

16 **Hinweis:** Es ist denkbar, dass die Diskussion, ob überhaupt ein Wettbewerbsnachteil für deutsche Exporteure beim Export nach A besteht, bereits im Rahmen von Aufgabe 1 unter dem Aspekt, ob eine Maßnahme gleicher Wirkung vorliegt, erfolgt. Bei rechter Betrachtung stellt sich das Problem dort zwar noch nicht, weil bei unterschiedslos geltenden Maßnahmen wie der Handhabung durch den Staat A die rechtfertigungsbedürftige Beschränkung der Warenverkehrsfreiheit bereits darin liegt, dass der Staat A die in Deutschland verkehrsfähigen Produkte den eigenen Verkehrsfähigkeitsregelungen unterwirft. Entscheidend dürfte indes nicht sein, bei welcher Aufgabe das Problem verortet wird, sondern nur ob es überhaupt auf Grund der expliziten Sachverhaltshinweise erkannt und einer sinnvollen Diskussion zugeführt wird.

Eine Handlungspflicht der Bundesrepublik Deutschland setzt voraus, dass deutsche Exporteure von Edelmetallerzeugnissen überhaupt binnenmarktrelevante Wettbewerbsnachteile gegenüber ihren Konkurrenten haben, die in A oder in anderen Staaten ansässig sind, in denen staatliche Punzierungen durchgeführt werden. Gegen das Vorliegen von Wettbewerbsnachteilen könnte sprechen, dass die in A ansässigen Hersteller von Edelmetallerzeugnissen durchgängig durch die Pflicht zu einer (kostenpflichtigen) staatlichen Punzierung belastet werden, wenn sie ihre Produkte im Herstellungsstaat vermarkten wollen. Deutsche Produzentinnen und Produzenten unterliegen einer solchen Pflicht in der Regel nicht, sondern können eine Herstellerpunze anbringen oder auf die Punzierung auch gänzlich verzichten, solange sie ihre Produkte nur im Inland vermarkten wollen. Eine Verpflichtung zur staatlichen Punzierung erwächst ihnen erst dann, wenn sie ihre Produkte nach A exportieren wollen.

[176] Zu staatlichen Schutzpflichten bei den europäischen Grundfreiheiten: *Petersen,* Dt. u. Eur. VerfR II, Rn. 8/16ff.

Daher ist fraglich, worin überhaupt der Wettbewerbsnachteil für die X-GmbH im Vergleich zu ihren in A ansässigen Konkurrenten liegen soll. Denn im Falle eines Exports nach A muss die X-GmbH nur ein Verfahren nachholen, das die in A ansässigen Konkurrenten ebenso durchführen müssen. Ein relevanter Wettbewerbsnachteil für die X-GmbH, der sich auch konkret durch Stornierungen von Bestellungen aus A manifestiert hat, liegt allerdings im Zeitfaktor: Die X-GmbH hat, wenn sie eine staatliche Punzierung in A erst im Zeitpunkt einer Kundenbestellung aus A durchführen lässt, erkennbar längere Lieferzeiten als die in A ansässigen Konkurrenzunternehmen, die ihre Produkte standardmäßig unmittelbar nach Herstellung staatlich punzieren lassen. Da der Zeitfaktor für die Kundenpräferenzen offenbar eine nicht unerhebliche Rolle spielt, ist die X-GmbH tatsächlich in einem Wettbewerbsnachteil gegenüber ihren in A ansässigen Konkurrenten. **17**

Hiergegen könnte eingewandt werden, dass es auch der X-GmbH freisteht, ihre Produkte standardmäßig direkt nach Herstellung durch die staatliche Punzierungsstelle in A punzieren zu lassen. Dafür müsste sie zwar denselben Aufwand betreiben wie ihre in A ansässige Konkurrenz, doch würde sie dadurch dieselben Liefermöglichkeiten und Lieferzeiten wie diese Konkurrenzunternehmen erreichen. Eine solche Argumentation übersieht indes, dass ein solches Verhalten für die X-GmbH in der Mehrzahl der Fälle eine Fehlinvestition wäre, die für sie nur dann wirtschaftlich sinnvoll wird, wenn sie im Einzelfall einmal eine Bestellung aus A bedienen möchte. Die X-GmbH könnte daher ihren Wettbewerbsnachteil aus dem Zeitfaktor nur durch einen hohen, sich nur im Einzelfall einmal amortisierenden Aufwand vermeiden. Sie ist daher tatsächlich in einem Wettbewerbsnachteil. **18**

3. Wettbewerbsnachteil durch das Fehlen einer staatlichen Punzierungsstelle als Maßnahme gleicher Wirkung im Sinne von Art. 35 AEUV

Der Wettbewerbsnachteil für deutsche Exporteure wirkt sich beschränkend auf den grenzüberschreitenden Warenverkehr aus, wie sich in den Stornierungen von Bestellungen gezeigt hat, und kommt daher als Maßnahme gleicher Wirkung im Sinne von Art. 35 AEUV in Betracht. Dem steht nicht entgegen, dass die einzig in Betracht kommende „Maßnahme", die ursächlich für diese Marktauswirkung sein kann, ein staatliches Unterlassen ist, nämlich die Nichtbereitstellung einer staatlichen Punzierungsmöglichkeit durch die Bundesrepublik Deutschland. Bei entsprechender Handlungspflicht kann auch ein Unterlassen eine rechtlich relevante Maßnahme sein (s. o.). Das Problem liegt indes darin, dass die X-GmbH nach dem Gutachtenauftrag als Adressaten einer möglichen Handlungspflicht aus den europäischen Grundfreiheiten die Bundesrepublik Deutschland und damit ihren Sitzstaat in den Blick nehmen möchte, obwohl sich das Exportproblem für die sie erst durch die Punzierungspflichten im Zielstaat ergibt. Es ist fraglich, ob eine solche Konstellation von den Funktionen der Grundfreiheiten her erfasst sein kann. Dafür können zwei Argumentationsansätze verfolgt werden: **19**

Zum einen kann darauf verwiesen werden, dass die Warenverkehrsfreiheit nationale Maßnahmen verhindern soll, durch die die nationale Produktion des fraglichen Staates zum Nachteil der Produktion anderer Mitgliedstaaten einen besonderen Vorteil erlangt.[177] Es geht also darum, staatliche Protektionsmaßnahmen zu **20**

[177] *Schroeder,* in: Streinz, EUV/AEUV, 3. Aufl. 2018, Art. 35 AEUV Rn. 4 mit weiteren Nachweisen.

Gunsten inländischer Unternehmen durch eine Diskriminierung ausländischer Unternehmen oder Produkte zu verhindern.[178] Den umgekehrten Fall erfassen die Grundfreiheiten nicht: Sie stehen einer diskriminierenden Inländerbehandlung nicht entgegen. Aus den Grundfreiheiten kann sich daher keine Handlungspflicht der Bundesrepublik Deutschland ergeben, den aus dem Fehlen inländischer Möglichkeiten zur Vornahme einer staatlichen Punzierung resultierenden Wettbewerbsnachteil deutscher Exporteure gegenüber der im EU-Ausland ansässigen Konkurrenz zu beseitigen.

21 Zum anderen kann darauf verwiesen werden, dass die gegenwärtige Rechtslage in Deutschland für sich genommen bezüglich der Ausfuhr rechtlich wie faktisch neutral ist und sich zu ihr überhaupt nicht verhält. Die exportbeschränkende Wirkung ergibt sich erst aus dem Zusammenspiel mit der Regelung in A. Wollte man daraus eine Handlungspflicht der Bundesrepublik Deutschland ableiten, könnte das darauf hinauslaufen, dass sämtliche Mitgliedstaaten stets in Reaktion auf die Rechtslage in anderen Mitgliedstaaten ihre Rechtsordnung anpassen müssen. Eine solche Beobachtungs- und Anpassungspflicht in Bezug auf nationale Regelungen anderer Mitgliedstaaten kann sich aus dem Primärrecht der Union nicht ergeben. Das Unionsrecht verpflichtet die Mitgliedstaaten dazu, die eigene Rechtsordnung europarechtskonform zu gestalten, nicht aber sie mit den Rechtslagen in sämtlichen anderen Mitgliedstaaten abzustimmen.

II. Handlungspflicht zur Schaffung einer staatlichen Punzierungsstelle aus den Grundrechten des Grundgesetzes

1. In Betracht kommende Einzelgrundrechte

22 Eine staatliche Handlungspflicht zur Beseitigung der Wettbewerbsnachteile deutscher Edelmetallexporteure könnte sich aus den Grundrechten des Grundgesetzes ergeben. In Betracht kommen Art. 12 Abs. 1 GG (Berufsfreiheit) sowie ggfs.[179] Art. 14 Abs. 1 GG (Recht am eingerichteten und ausgeübten Gewerbebetrieb). Eine nach Art. 3 Abs. 1 GG relevante Ungleichbehandlung deutscher und ausländischer Hersteller kommt bereits vom Grundansatz her nicht in Betracht, da mögliche Ungleichbehandlungen durch unterschiedliche Rechtslagen in verschiedenen EU-Mitgliedstaaten ausgelöst werden, nicht aber durch ein differenzierendes Handeln ein- und derselben Rechtsetzungsebene.

2. Grundrechtsfunktionen

23 Mit Blick auf die Grundrechtsfunktionen ist allerdings fraglich, ob sich aus den genannten Normen überhaupt Handlungspflichten des Staates zum aktiven Tun in der vorliegenden Konstellation ableiten lassen. Grundrechte sind in ihrer Kernfunktion Abwehrrechte gegen staatliche Eingriffe.[180] Sie schützen eine freie Sphäre per-

[178] *Schroeder,* in: Streinz, EUV/AEUV, 3. Aufl. 2018, Art. 35 AEUV Rn. 4 mit weiteren Nachweisen.

[179] Zur Frage ob der eingerichtete und ausgeübte Gewerbebetrieb durch Art. 14 Abs. 1 GG erfasst wird: *Jarass,* in: ders./Pieroth, GG, 16. Aufl. 2020, Art. 14 Rn. 9, *Petersen,* Dt. u. Eur. VerfR II, Rn. 3/136, *Michl,* JuS 2019, 431 ff.

[180] Zu den verschiedenen Grundrechtsfunktionen: *Petersen,* Dt. u. Eur. VerfR II, Rn. 1/15 ff., *Voßkuhle/Kaiser,* JuS 2011, 411 ff.

sönlicher und wirtschaftlicher Gestaltung. Die von der X-GmbH beklagten Wettbewerbsnachteile resultieren indes nicht aus einer Maßnahme, die einer staatlichen Stelle der Bundesrepublik Deutschland zurechenbar wäre, sondern aus den Regelungen und der Verwaltungspraxis des Staates A. Er handelt dabei europarechtskonform und ist nicht durch Art. 1 Abs. 3 GG an die Grundrechte des Grundgesetzes gebunden.

Eine Handlungspflicht deutscher Staatsorgane kann sich aus den Grundrechten des Grundgesetzes demzufolge nicht unter abwehrrechtlichen Gesichtspunkten ergeben, sondern nur unter Schutzpflichtgesichtspunkten. In Erweiterung der klassischen, abwehrrechtlichen Konstruktion der Grundrechtsfunktionen hat das BVerfG anerkannt, dass den Grundrechten im Einzelfall auch eine Schutzpflichtdimension zukommen kann, aus der sich ggfs. ein Anspruch auf positives Handeln des Staates ableiten kann.[181] Die Voraussetzungen für die Auslösung solcher grundrechtlichen Schutzpflichten sind indes hoch. Sie dürften erst dann greifen, wenn eine Grundrechtsausübung ohne staatlichen Schutz oder staatliche Fördermaßnahmen nicht mehr möglich oder in gravierender Weise bedroht ist. Wettbewerbsnachteile für Edelmetallexporteure, die weder eine Ausübung des Berufs des Schmuck- oder Uhrenherstellers unmöglichen machen noch einen eingerichteten und ausgeübten Gewerbebetrieb in seiner Existenz bedrohen, reichen für die Auslösung einer grundrechtlichen Schutzpflicht nicht aus. Für andere tatsächliche Annahmen gibt der Sachverhalt nichts her. Die Grundrechte gewähren keinen Anspruch gegen den Staat auf Schaffung günstiger Exportbedingungen. 24

Hinweis: Es ist denkbar und nicht per se falsch, wenn die Grundrechtsprüfung an Hand des für abwehrrechtliche Konstellationen nützlichen und dafür üblichen Prüfungsschemas „Schutzbereich – Eingriff – Rechtfertigung" aufgebaut und dann mit Art. 12 oder Art. 14 GG begonnen wird. Für die durch den vorliegenden Sachverhalt und die Aufgabenstellung aufgeworfenen Rechtsprobleme ist dieses Prüfungsschema indes wenig hilfreich. Seine unreflektierte Abarbeitung birgt die Gefahr, dass die im vorliegenden Fall zentrale Frage nach den Grundrechtsfunktionen übersehen wird. Das gilt namentlich dann, wenn ohne weiteres angenommen wird, das hier aufgeworfene Problem mit dem sog. modernen Eingriffsbegriff lösen zu können, nach dem jede die Grundrechtsausübung erschwerende staatliche Maßnahme ein Grundrechtseingriff sein soll. Ein solches Vorgehen trägt grundrechtsdogmatisch nur bei aktivem Handeln des Staates, nicht hingegen, wenn der Staat nützliche und wünschenswerte Dinge (wie eine staatliche Punzierungsstelle) nicht zur Verfügung stellt. Wer die Grundrechtsprüfung ohne vorherige Reflexion über Grundrechtsfunktionen unmittelbar nach dem Dreischrittschema aufbaut, muss die Diskussion über die Schutzpflichtendimension der Grundrechte und deren Voraussetzungen beim Prüfungspunkt „Eingriff" führen, um nicht auf die Abwege einer Rechtfertigungsprüfung für einen angeblichen Grundrechtseingriff zu gelangen. Das schematische Durchprüfen eines bekannten Prüfschemas ohne Reflexion über die aufgeworfenen Rechtsfragen und die Adäquanz des gewählten Prüfschemas für deren Lösung kann keine ausreichende Leistung darstellen. 25

III. Ergebnis für Aufgabe 2

Verfassungs- oder europarechtliche Ansatzpunkte für eine rechtliche Handlungspflicht der Bundesrepublik Deutschland zur Beseitigung der Wettbewerbsnachteile deutscher Exporteure sind nicht ersichtlich. Es steht den staatlichen Stellen frei, über ein etwaiges Vorgehen auf politischer Ebene zu entscheiden. 26

[181] Vgl. im Einzelnen die Nachweise bei *Jarass,* in: ders./Pieroth, GG, 16. Aufl. 2020, Vorb. vor Art. 1 Rn. 8 ff.

Aufgabe 3:

I. Verfassungsmäßigkeit des Punzierungsgesetzes

1. Formelle Verfassungsmäßigkeit

a) Gesetzgebungskompetenz des Bundes

27 Das Punzierungsgesetz regelt Möglichkeiten zur Herstellung der Verkehrsfähigkeit von Erzeugnissen der gewerblichen Wirtschaft, so dass für die geregelten Sachfragen eine konkurrierende Gesetzgebungskompetenz nach Art. 74 Abs. 1 Nr. 11 GG (Recht der Wirtschaft) besteht.[182] Es geht demgegenüber nicht um die staatliche Festlegung von Maßen oder Gewichten (Art. 73 Abs. 1 Nr. 4 GG) und auch nicht um den Warenverkehr mit dem Ausland (Art. 73 Abs. 1 Nr. 5 GG), weil entsprechende Erleichterungen für deutsche Exporteure zwar Motiv des Gesetzgebers sein dürften, nicht aber Regelungsinhalt des Gesetzes sind. Die Erforderlichkeit einer bundesgesetzlichen Regelung nach Art. 72 Abs. 2 GG lässt sich mit der Zielsetzung des Bundesgesetzgebers begründen, deutschen Exporteuren einen einfachen Zugang zu einer staatlichen, im Ausland anerkannten Punzierung zu ermöglichen. Dies würde erschwert, wenn die Bundesländer divergierende Regelungen erlassen könnten. Zudem besteht ein enger Regelungszusammenhang zu den materiell-rechtlichen Bestimmungen des als Bundesrecht fortgeltenden Feingehaltsgesetzes. Er würde aufgebrochen, wenn die Möglichkeiten zum Nachweis der Erfüllung der materiell-rechtlichen Anforderungen aus dem Feingehaltsgesetz zwischen den Bundesländern differieren würden.

b) Erfordernis der Bundesratszustimmung im Gesetzgebungsverfahren

28 Der Bundesrat als Vertretung der Länder ist im Verfahren der Bundesgesetzgebung zu beteiligen, soweit das Grundgesetz dies vorschreibt.[183] Das Erfordernis einer Bundesratszustimmung bedarf dabei einer ausdrücklichen Normierung. Art. 87 Abs. 3 GG sieht ein Zustimmungserfordernis des Bundesrates nur bei der Errichtung bundeseigener Mittel- und Unterbehörden vor (Art. 87 Abs. 3 S. 2 GG), nicht hingegen, wenn – wie hier – lediglich eine Bundesoberbehörde nach Art. 87 Abs. 3 S. 1 GG errichtet wird. Zustimmungserfordernisse aus anderen Normen sind nicht ersichtlich. Da der Bundesrat nach Zuleitung des Gesetzes eine Einberufung des Vermittlungsausschusses nicht verlangt hat, ist das Punzierungsgesetz gemäß Art. 78 Var. 2 GG ordnungsgemäß zustande gekommen.

2. Materielle Verfassungsmäßigkeit des Punzierungsgesetzes

29 **Aufbauhinweis:** Zu überprüfen bleibt die verfassungsrechtliche Zulässigkeit der durch § 2 Punzierungsgesetz begründeten Verwaltungskompetenz des Bundes. Das betrifft eine Kompetenzfrage, ist aber gleichwohl nicht ein Problem der formellen, sondern der materiellen Verfassungsmäßigkeit dieses Gesetzes. Denn es geht ja nicht darum, ob die Kompetenznormen des Grundgesetzes dem Bund für das zu regelnde Sachgebiet eine Regelungszuständigkeit eröffnen (das ist bereits oben – unter I. 1. a) – unter Verweis auf Art. 74 Abs. 1 Nr. 11, 72 Abs. 2 GG bejaht worden), sondern ob der Bund inhaltlich re-

182 Zu den verschiedenen Kompetenzkategorien: *Sydow/Wittreck,* Dt. u. Eur. VerfR I, Rn. 15/80 ff.

183 Zur Mitwirkung des Bundesrats an der Bundesgesetzgebung: *Sydow/Wittreck,* Dt. u. Eur. VerfR I, Rn. 10/22 ff.

geln durfte, was er geregelt hat. Während unter I. 1. a) die Gesetzgebungskompetenz *für* das Punzierungsgesetz als Teilprüfung seiner formellen Verfassungsmäßigkeit geprüft worden ist, geht es unter 2. jetzt um die *im* Punzierungsgesetz getroffene Regelung für die Vollzugszuständigkeit als Frage der inhaltlichen Zulässigkeit, also der materiellen Verfassungsmäßigkeit der getroffenen Regelung.

§ 2 Punzierungsgesetz begründet eine Verwaltungskompetenz des Bundes,[184] die einer eigenständigen Kompetenzgrundlage im Grundgesetz bedarf. Erforderlich ist eine Kompetenznorm, die eine von der Grundregel des Landesvollzugs für Bundesgesetze (Art. 83 GG) abweichende Regelung zulässt. In Betracht kommt ausschließlich Art. 87 Abs. 3 S. 1 GG. Danach kann der Bund für Angelegenheiten, für die ihm die Gesetzgebung zusteht, selbständige Bundesoberbehörden durch Bundesgesetz errichten. Eine entsprechende Gesetzgebungskompetenz des Bundes ist gegeben, die Form des Bundesgesetzes gewahrt.[185] Weitere tatbestandliche Voraussetzungen enthält Art. 87 Abs. 3 S. 1 GG im Gegensatz zu Art. 87 Abs. 3 S. 2 GG nicht. Das neu errichtete „Staatliche Punzierungsamt" ist demnach eine nach Art. 87 Abs. 3 S. 1 GG zulässige Bundesoberbehörde. **30**

3. Ergebnis zum Punzierungsgesetz

Das Gesetz ist verfassungsgemäß. **31**

II. Anforderungen an die geplante EU-Gesetzgebung

1. Kompetenzgrundlage

Die EU würde mit einer sekundärrechtlichen Angleichung der nationalen Rechtsvorschriften über die Verkehrsfähigkeit und Punzierung von Edelmetallprodukten einen Raum ohne Binnengrenzen für diese Produkte schaffen, in dem der freie Warenverkehr gewährleistet ist (Binnenmarkt nach Art. 26 AEUV). Zur Verwirklichung dieser Ziele verfügt die EU über eine Gesetzgebungskompetenz nach Art. 114 Abs. 1 AEUV.[186] Bei der Ausübung dieser Kompetenz (zwischen EU und Mitgliedstaaten geteilte Zuständigkeit nach Art. 4 Abs. 1, 2 lit a) AEUV) sind die Prinzipien der Subsidiarität und Verhältnismäßigkeit gemäß Art. 5 Abs. 3, 4 EUV zu beachten.[187] **32**

2. Verfahrensart und Organkompetenzen

Für den Erlass von Sekundärrecht nach Art. 114 Abs. 1 AEUV gilt das ordentliche Gesetzgebungsverfahren (Art. 114 Abs. 1 S. 2 AEUV). Demzufolge liegt das Initiativmonopol bei der Kommission, die Beschlusszuständigkeit gemeinsam bei Rat und Parlament (Art. 289 Abs. 1, 294 AEUV).[188] Der Wirtschafts- und Sozialausschuss ist anzuhören (Art. 114 Abs. 1 S. 2 AEUV). **33**

---

[184] Zu den Verwaltungskompetenzen im Verhältnis von Bund und Ländern: *Sydow/Wittreck,* Dt. u. Eur. VerfR I, Rn. 16/23 ff.

[185] Siehe oben → Rn. 41.

[186] Zur Rechtssetzung im Unionsrecht: *Sydow/Wittreck,* Dt. u. Eur. VerfR I, Rn. 15/161 ff.; *Lorenzen,* JURA 2021, 745 ff., *Ruffert/Grischek/Schramm,* JuS 2020, 413 ff., *Otto,* JA 2018, 447 ff., *Pernice-Warnke,* JuS 2018, 666 ff.

[187] Näher zu den Kompetenzausübungsregeln: *Sydow/Wittreck,* Dt. u. Eur. VerfR I, Rn. 15/115 ff.

[188] Zum Gesetzesinitiativrecht für die EU-Gesetzgebung: *Sydow/Wittreck,* Dt. u. Eur. VerfR I, Rn. 15/149 ff.; zum gesetzgebungsverfahren allgemein: *Otto,* JA 2018, S. 447 ff.

3. Handlungsform

34 Art. 114 Abs. 1 AEUV spricht allgemein von „Maßnahmen", ermöglicht also sowohl den Erlass von unmittelbar geltenden Verordnungen (Art. 288 Abs. 2 AEUV) als auch von umsetzungsbedürftigen Richtlinien (Art. 288 Abs. 3 AEUV). Die Auswahl zwischen beiden grundsätzlich möglichen Maßnahmen ist von den Organen von Fall zu Fall zu treffen. Dafür gilt nach Art. 296 Abs. 1 AEUV der Grundsatz der Verhältnismäßigkeit (Art. 5 Abs. 4 EUV).[189]

35 Bei der Wahl der Maßnahme ist daher im Hinblick auf das Verhältnismäßigkeitsprinzip zu beachten, dass der Erlass einer Verordnung durch ihre unmittelbare Wirkung eine weiterreichende Maßnahme als eine Richtlinie ist. Das schränkt das Auswahlermessen der Rechtsetzungsorgane nicht zwingend dahingehend ein, dass nur eine Richtlinie zulässig wäre. Es löst aber im Falle der Wahl einer Verordnung erhöhte Rechtfertigungsanforderungen aus, warum diese Handlungsform zur Erreichung des Harmonisierungsziels erforderlich ist.

4. Ergebnis

36 Auf der Kompetenzgrundlage von Art. 114 Abs. 1 AEUV können Rat und Parlament der EU auf Initiative der Kommission im ordentlichen Gesetzgebungsverfahren eine Verordnung oder – unter Verhältnismäßigkeitsaspekten ggfs. vorzugswürdig – eine Richtlinie zur Rechtsangleichung erlassen.

[189] Zum Grundsatz der Verhältnismäßigkeit und weiteren Kompetenzausübungsregeln: *Sydow/Wittreck*, Dt. u. Eur. VerfR I, Rn. 15/120 ff.

Fall 11. Preisdiskriminierung

Sachverhalt[190]

K ist niederländischer Staatsangehöriger mit Wohnsitz in den Niederlanden. Im September 2020 besuchte er ein im grenznahen nordrhein-westfälischen Landkreis L gelegenes Freizeitbad, das für sein Angebot überregional und grenzüberschreitend wirbt. Das Bad wird von der F-GmbH betrieben, deren Alleingesellschafter ein Fremdenverkehrsverband ist. Dieser Zweckverband ist eine Körperschaft des öffentlichen Rechts. Mitglieder des Fremdenverkehrsverbands sind der Landkreis L sowie fünf Gemeinden des Landkreises. Einwohnern dieser fünf Gemeinden gewährt die F-GmbH einen Nachlass auf den regulären Eintrittspreis von etwa einem Drittel. Da K nicht Einwohner dieser Gemeinden war, entrichtete er den regulären Eintrittspreis. K sieht in dieser Preisgestaltung eine unzulässige Benachteiligung. Nachdem sich die F-GmbH weigert, die Preisdifferenz zurückzuzahlen, erhebt K Zahlungsklage beim zuständigen Amtsgericht.

Das Amtsgericht weist die Klage ab. Ein Anspruch aus § 812 BGB scheide aus. Der K habe den Differenzbetrag nicht ohne rechtlichen Grund bezahlt. Der dieser Zahlung zugrundeliegende Vertrag sei insbesondere nicht gemäß § 134 BGB nichtig oder teilnichtig. Zwar komme als gesetzliches Verbot im Sinne des § 134 BGB das Diskriminierungsverbot aus Art. 56 AEUV in Betracht. Dies richte sich aber nicht an die F-GmbH. Denn unabhängig von der privaten Rechtsform der Beklagten seien deren Leistungen nicht dem Bereich der Daseinsvorsorge zuzurechnen. Vielmehr handele es sich um eine rein wirtschaftliche Tätigkeit. In diesem Bereich der Fiskaltätigkeit mangele es an der notwendigen Horizontalwirkung. Nichts anderes ergebe sich aus dem Diskriminierungsverbot des Art. 18 AEUV. Auch diese Bestimmung richte sich nicht an private Rechtsteilnehmer. Auch die Grundrechte seien keine Verbotsgesetze im Sinne des § 134 BGB, da sie nur mittelbar über materiell-rechtliche Generalklauseln in das Privatrecht wirkten. Ein Verstoß gegen derartige Generalklauseln sei aber nicht ersichtlich.

Auch das letztinstanzlich entscheidende Zivilgericht weist die Klage ab. Der Vertrag sei nicht gemäß § 134 BGB nichtig. Gemäß § 134 BGB seien Rechtsgeschäfte nur dann nichtig, wenn sich aus dem verletzten Verbotsgesetz nicht etwas anderes ergebe. In der Regel könne Nichtigkeit nur angenommen werden, wenn sich das Verbot gegen beide Vertragsteile richte. Sei das Rechtsgeschäft dagegen nur für einen Vertragsteil verboten, sei es in der Regel gültig. Das in Art. 56 AEUV enthaltene Diskriminierungsverbot richte sich nur gegen den Diskriminierenden, nicht gegen den Diskriminierten. Es könne deshalb dahinstehen, ob die Beklagte Adressatin des in Art. 56 AEUV enthaltenen Diskriminierungsverbots sei und ob eine Diskriminierung im Sinne dieser Vorschrift überhaupt vorliege.

K rügt, das letztinstanzlich entscheidende Zivilgericht müsse jedenfalls den EuGH mit diesen – aus seiner Sicht unhaltbaren – Annahmen zur Bedeutung der Grund-

[190] Fall nach BVerfG v. 19.7.2016, 2 BvR 470/08; vertiefende Darstellung und Analyse des Urteils: *Waldhoff*, JuS 2017, 286ff.; zur Übung bei vergleichbarem Sachverhalt: *Saurer/Rothfuß*, JuS 2017, 1099ff.

freiheiten befassen. Das Gericht führt dazu aus, es habe den Vortrag des K umfassend zur Kenntnis genommen und sei nur dessen Rechtsauffassung nicht gefolgt. Daraus ergebe sich weder eine Gehörsverletzung noch eine Notwendigkeit zur Vorlage des entscheidungsreifen Verfahrens an den EuGH. K erhebt form- und fristgerecht Verfassungsbeschwerde zum Bundesverfassungsgericht. Er ist der Ansicht, die Gerichtsentscheidung verletze durch Missachtung der Grundfreiheiten das Willkürverbot und zudem das Recht auf den gesetzlichen Richter und sei deshalb aufzuheben.

Hat die Verfassungsbeschwerde Erfolg?

Vorüberlegungen und Anforderungsprofil

Der Fall kombiniert eine größere Zahl klassischer (Examens-)Probleme aus dem deutschen Verfassungs- und dem Europarecht. Für das deutsche Verfassungsrecht geht es vor allem um die Grundrechtsbindung öffentlich beherrschter Unternehmen. Damit sollten Studierende seit dem *Fraport*-Urteil des Bundesverfassungsgerichts[191] vertraut sein. Dessen Kenntnis ist dennoch keine Voraussetzung für eine passable Falllösung, jedoch hingegen eine ausführliche und differenzierte Argumentation in Bezug auf die Abhängigkeit der Grundrechtsbindung von der Organisationsform, der Handlungsform und dem Zweck des Tätigwerdens. Ein Parallelproblem besteht für die Bindung öffentlich beherrschter Unternehmen an die europäischen Grundfreiheiten; für die Falllösung können dafür die Überlegungen zum deutschen Verfassungsrecht übertragen werden.

Im Übrigen betreffen die europarechtlichen Schwerpunkte des Falles einerseits die Vorlagepflicht aus Art. 267 Abs. 3 AEUV und die Wertung ihrer Verletzung als Entzug des gesetzlichen Richters (Art. 101 Abs. 1 S. 2 GG), andererseits eine mögliche Verletzung der Dienstleistungsfreiheit (Art. 56 AEUV). Wie eine Verletzung einer Grundfreiheit im Rahmen einer Verfassungsbeschwerde geltend gemacht werden kann, ist ein anspruchsvolles Problem der Verknüpfung von deutschem und europäischem Verfassungsrecht.

Die Zulässigkeit der Verfassungsbeschwerde weist (jenseits der dort oder in der Begründetheit prüfbaren Fragen nach Grundrechtsbindung der F-GmbH) keine Probleme auf, deren Bewältigung mit mehr als einem Punkt bewertet werden könnte. Ausführliche Ausführungen zu anderen Zulässigkeitsfragen als der Grundrechtsbindung sind als verfehlte Schwerpunktsetzung eher negativ zu werten als zu honorieren.

Gliederung

[191] BVerfGE 128, 226.

Lösung

Die Verfassungsbeschwerde des K hat Erfolg, wenn sie zulässig und begründet ist. **1**

A. Zulässigkeit der Verfassungsbeschwerde

I. Zuständigkeit des BVerfG

Das Bundesverfassungsgericht ist gemäß Art. 93 Abs. 1 Nr. 4a GG, § 13 Nr. 8a BVerfGG für Individualverfassungsbeschwerden zuständig.[192] **2**

[192] Zu den Zulässigkeitsvoraussetzungen der Verfassungsbeschwerde vor dem Bundesverfassungsgericht: *Petersen,* Dt. u. Eur. VerfR II, Rn. 9/4 ff., *Geis/Thirmeyer,* JuS 2021, 311 ff.

II. Beschwerdefähigkeit

3 Gemäß Art. 93 Abs. 1 Nr. 4a, § 90 Abs. 1 BVerfGG ist jedermann beschwerdefähig. „Jedermann" ist derjenige, der Träger von Grundrechten oder grundrechtsgleichen Rechten sein kann. K ist als natürliche Person grundrechtsfähig und daher auch beschwerdefähig. Die Staatsangehörigkeit des K ist für diese Frage irrelevant.

III. Beschwerdegegenstand

4 Zulässiger Beschwerdegegenstand ist gemäß § 90 Abs. 1 BVerfGG jeder Akt öffentlicher Gewalt. Dies können Akte der Legislative, der Judikative und der Exekutive sein. Vorliegend richtet sich K gegen das letztinstanzliche Urteil, folglich einen Akt der Judikative.

IV. Beschwerdebefugnis

5 Der K ist beschwerdebefugt, soweit die Möglichkeit der Verletzung von Grundrechten oder grundrechtsgleichen Rechten besteht und er selbst, gegenwärtig und unmittelbare betroffen ist, § 90 Abs. 1 BVerfGG.

1. Anwendbarkeit der Grundrechte im Verhältnis zwischen den Beteiligten

6 **Hinweis:** Es ist auch vertretbar, an dieser Stelle noch keine vertieften Ausführungen zur Anwendbarkeit der Grundrechte zu machen. Das BVerfG hat entsprechende Ausführungen erst im Rahmen der Begründetheit vorgenommen.

Eine Grundrechtsverletzung ist nur möglich, sofern im Verhältnis zwischen den Beteiligten des Rechtsstreits Grundrechte überhaupt anwendbar sind, die F-GmbH also gegenüber dem K grundrechtsverpflichtet und der K seinerseits gegenüber der F-GmbH grundrechtsberechtigt ist. Die von Art. 1 Abs. 3 GG normierte Grundrechtsbindung trifft alle staatliche Gewalt, also Exekutive, Legislative und Judikative, nicht aber Private. Die F-GmbH als juristische Person des Privatrechts ist damit grundsätzlich nicht von der unmittelbaren Grundrechtsbindung aus Art. 1 Abs. 3 GG umfasst, so dass allenfalls eine mittelbare Grundrechtsbindung im Wege der Ausstrahlungswirkung zivilrechtlicher Generalklauseln in Betracht käme.[193] Allerdings steht hinter der F-GmbH als ihr Alleingesellschafter der Fremdenverkehrsverband, der seinerseits als Körperschaft des öffentlichen Rechts organisiert ist. Kraft seiner Alleingesellschafterstellung beherrscht dieser Verband die unternehmerischen Geschicke der F-GmbH, so dass in ihr letztlich ein Träger öffentlicher Gewalt handelt, was eine Grundrechtsbindung aus Art. 1 Abs. 3 GG nach sich ziehen könnte.[194]

a) Organisationsform und Grundrechtsbindung

7 Einer auf diese Weise hergeleiteten Grundrechtsbindung könnte jedoch die privatrechtliche Organisationsform der F-GmbH entgegenstehen. Die Wahl der Organisationsform hat jedoch keine Auswirkungen auf die Grundrechtsbindung des Staates oder anderer Träger öffentlicher Gewalt. Das gilt nicht nur dann, wenn sie ihre

193 Zur Diskussion um die Privatrechtswirkung der Grundrechte: *Ruffert,* JuS 2020, 1 ff.

194 Zur Grundrechtsbindung der öffentlichen Gewalt: *Petersen,* Dt. u. Eur. VerfR II, Rn. 2/29 ff., *Muckel,* JA 2020, 411 ff.

Aufgaben unmittelbar selbst oder mittelbar durch juristische Personen des öffentlichen Rechts erfüllen, sondern auch dann, wenn sie auf privatrechtliche Organisationsformen zurückgreifen. Das gilt auch für gemischt-wirtschaftliche Unternehmen des Privatrechts, solange diese von Hoheitsträgern beherrscht werden. In diesen Fällen trifft die Grundrechtsbindung nicht nur die dahinterstehende Körperschaft des öffentlichen Rechts, sondern auch unmittelbar die juristische Person des Privatrechts selbst.[195] Die privatrechtliche Organisationsform der F-GmbH steht ihrer Grundrechtsbindung kraft hoheitlicher Beherrschung nicht entgegen.

b) Handlungsform und Grundrechtsbindung

Einer auf diese Weise hergeleiteten Grundrechtsbindung könnte jedoch die privatrechtliche Handlungsform des Vertrags entgegenstehen, der sich die F-GmbH gegenüber dem K bedient. Die Grundrechtsbindung der öffentlichen Gewalt gilt allerdings unabhängig von den gewählten Handlungsformen und den Zwecken, zu denen sie tätig wird. Sobald der Staat oder andere Träger öffentlicher Gewalt eine Aufgabe an sich ziehen, sind sie bei deren Wahrnehmung an die Grundrechte gebunden. Dies gilt auch, wenn sie insoweit auf das Zivilrecht zurückgreifen. Eine Flucht aus der Grundrechtsbindung in das Privatrecht mit der Folge, dass der Staat unter Freistellung von Art. 1 Abs. 3 GG als Privatrechtssubjekt zu begreifen wäre, ist ihm verstellt.[196] Dass die F-GmbH gegenüber dem K mittels privatrechtlichen Vertrags handelt, steht ihrer Grundrechtsbindung kraft hoheitlicher Beherrschung ebenfalls nicht entgegen. 8

c) Handlungszweck und Grundrechtsbindung

Einer auf diese Weise hergeleiteten Grundrechtsbindung könnte jedoch der erwerbswirtschaftliche Zweck entgegenstehen, den die F-GmbH mit der Erhebung eines Nutzungsentgelts für das Schwimmbad verfolgt. Allerdings ist für die hoheitliche Grundrechtsbindung unerheblich, ob die für einen Träger öffentlicher Gewalt handelnde Einheit „spezifische“ Verwaltungsaufgaben wahrnimmt, ob sie erwerbswirtschaftlich oder zur reinen Bedarfsdeckung tätig wird („fiskalisches“ Handeln) und welchen sonstigen Zweck sie verfolgt. Der Vorstellung, die Grundrechtsbindung sei von der Natur des verfolgten Zwecks abhängig, liegt eine Dichotomie zwischen öffentlichem Recht und Privatrecht zugrunde, die mit der verfassungsrechtlichen Grundentscheidung für eine umfassende Grundrechtsbindung aller staatlichen Gewalt (Art. 1 Abs. 3 GG) nicht vereinbar ist. Diese Bindung steht nicht unter einem Nützlichkeits- oder Funktionsvorbehalt. Sie macht die wirtschaftliche Betätigung der öffentlichen Hand nicht unmöglich, verwehrt ihr jedoch, sich auf die allein dem Einzelnen zustehende Berechtigung zu gewillkürter Freiheit zu berufen.[197] Auch der erwerbswirtschaftliche Zweck des Handelns der F-GmbH steht ihrer Grundrechtsbindung kraft hoheitlicher Beherrschung nicht entgegen. 9

d) Zwischenergebnis

In privatrechtlichen Organisationsformen geführte Unternehmen, die vollständig oder überwiegend im Eigentum des Staates stehen (öffentliche Unternehmen), 10

[195] BVerfG v. 19.7.2016, 2 BvR 470/08, Rn. 27.
[196] BVerfG v. 19.7.2016, 2 BvR 470/08, Rn. 29.
[197] BVerfG v. 19.7.2016, 2 BvR 470/08, Rn. 30.

müssen von der unmittelbaren Grundrechtsbindung aus Art. 1 Abs. 3 GG umfasst sein, damit Hoheitsträgern keine „Flucht ins Privatrecht" möglich ist. Dies gilt unabhängig von der konkreten Organisations- und Handlungsform sowie dem jeweils verfolgten Handlungszweck. Die F-GmbH ist damit im Verhältnis zu K nach Art. 1 Abs. 3 GG als von der öffentlichen Hand beherrschte Privatrechtsorganisation grundrechtsverpflichtet.

2. Möglichkeit einer Grundrechtsverletzung

11 Die F-GmbH erhebt unterschiedliche Eintrittspreise für einheimische Besucher des Freizeitbades einerseits und für solche außerhalb der dem Fremdenverkehrsverband zugehörigen Gemeinden andererseits. Es liegt daher eine Ungleichbehandlung vor. Daher ist eine Verletzung von Art. 3 Abs. 1 GG nicht offensichtlich ausgeschlossen.

3. Eigene, gegenwärtige und unmittelbare Betroffenheit

12 K ist durch das Urteil selbst, gegenwärtig und unmittelbar betroffen und demzufolge insgesamt beschwerdebefugt.

V. Rechtswegerschöpfung, Subsidiarität, Form und Frist

13 Durch die letztinstanzliche Entscheidung ist der Rechtsweg erschöpft, vgl. § 90 Abs. 2 BVerfGG. Durch den Versuch der Gehörsrüge i. S. d. § 321a ZPO ist auch der Grundsatz der Subsidiarität der Verfassungsbeschwerde gewahrt. K hat die Verfassungsbeschwerde form- und fristgerecht erhoben (§§ 23 Abs. 1, 92, 93 BVerfGG), so dass sie insgesamt zulässig ist.

B. Begründetheit der Verfassungsbeschwerde

I. Prüfungsmaßstab

14 Die Verfassungsbeschwerde ist begründet, soweit das zivilgerichtliche Urteil den K in seinen Grundrechten oder grundrechtsgleichen Rechten verletzt.[198] Das Bundesverfassungsgericht ist keine Superrevisionsinstanz. Es prüft im Verfahren der Urteilsverfassungsbeschwerde die ihr zugrundeliegenden gerichtlichen Entscheidungen nicht auf die Vereinbarkeit mit einfachem Recht, sondern nur auf Vereinbarkeit mit spezifischem Verfassungsrecht. Die fachgerichtliche Auslegung und Anwendung des einfachen Rechts ist deshalb im Rahmen der verfassungsgerichtlichen Prüfung nur zu beanstanden, wenn diese willkürlich ist und damit gegen das in Art. 3 Abs. 1 GG niedergelegte Willkürverbot verstößt, die Bedeutung und Tragweite eines Grundrechts grundlegend verkennt oder mit sonstigen verfassungsgerichtlichen Vorgaben unvereinbar ist.

II. Verletzung von Art. 3 Abs. 1 GG

15 Das Urteil könnte gegen das Willkürverbot aus Art. 3 Abs. 1 GG verstoßen.[199] Dies ist der Fall, wenn die fachgerichtliche Anwendung und Auslegung der einschlägigen

[198] Zum Aufbau der Begründetheit: *Petersen,* Dt. u. Eur. VerfR II, Rn. 9/28 ff.

[199] Zum allgemeinen Gleichheitssatz in Art. 3 Abs. 1 GG: *Petersen,* Dt. u. Eur. VerfR II, Rn. 5/6 ff., *Kempny/Lämmle,* JuS 2020, 215 ff., *Sachs/Jasper,* JuS 2016, 769 ff.

Bestimmungen unvertretbar sind oder sich der Schluss aufdrängt, dass sich das Gericht bei seiner Entscheidung von sachfremden und damit willkürlichen Erwägungen hat leiten lassen. Diese Voraussetzungen sind wegen der eingeschränkten Prüfungsdichte im Rahmen der Urteilsverfassungsbeschwerde nicht bereits dann erfüllt, wenn das Fachgericht das einfache Recht unzutreffend anwendet. Stattdessen ist erforderlich, dass das Fachgericht eine offensichtlich einschlägige Norm übersehen hat, den Inhalt und Zweck einer Norm grundlegend missverstanden hat oder eine Norm in methodisch nicht mehr nachvollziehbarer Weise angewendet hat.[200]

1. Verletzung durch die Annahme, Grundrechte seien nicht verletzt

Das Urteil könnte insofern gegen das Willkürverbot aus Art. 3 Abs. 1 GG verstoßen, als es annimmt, Grundrechte seien durch die F-GmbH gegenüber dem K nicht verletzt worden. Denn ein privatrechtlicher Vertrag, der gegen Grundrechte verstößt, ist grundsätzlich nichtig. Hier könnte in der unterschiedlichen Preisgestaltung seinerseits ein Verstoß gegen das Gleichbehandlungsgebot aus Art. 3 Abs. 1 GG liegen. **16**

Hinweis: Da die zivilgerichtliche Entscheidung eine mögliche Grundrechtsverletzung durch die F-GmbH bestätigt, wird das Verhalten der F-GmbH selbst zum mittelbaren Beschwerdegegenstand. Man fragt daher mittelbar, ob das, was das Urteil inhaltlich bestätigt, gegen Grundrechte verstößt. Unmittelbarer Beschwerdegegenstand bleibt das Urteil. Das ist anspruchsvoll und nur von besseren Kandidaten zu erwarten.

a) Grundrechtsbindung der F-GmbH

Hinweis: Sollte dieses Problem schon in der Zulässigkeit erläutert worden sein, braucht die Grundrechtsbindung der F-GmbH hier nur kurz festgestellt werden. Andernfalls müssten hier diejenigen Ausführungen erfolgen, die hier bereits oben in der Zulässigkeit (siehe → Rn. 14) getätigt worden sind. **17**

Die F-GmbH ist als von einem Träger öffentlicher Gewalt beherrschtes Privatunternehmen unmittelbar an die Grundrechte gebunden, Art. 1 Abs. 3 GG.

b) Vorliegen einer Ungleichbehandlung

Es müsste eine ungleiche Behandlung von wesentlich Gleichem durch die F-GmbH erfolgt sein. Die zu betrachtende Vergleichsgruppe sind Freizeitbadbesucherinnen und -besucher. Einheimische Freizeitbadbesucherinnen und -besucher zahlen ein geringeres Nutzungsentgelt als Nutzerinnen und Nutzer des Freizeitbades, die aus Gemeinden außerhalb des Fremdenverkehrsverbandes stammen. Eine Ungleichbehandlung von wesentlich Gleichem liegt daher vor. **18**

c) Rechtfertigung der Ungleichbehandlung

Die Ungleichbehandlung durch die F-GmbH könnte jedoch gerechtfertigt sein. Dies ist dann der Fall, wenn für die Ungleichbehandlung ein sachlicher Grund gegeben ist. Gemeinden und gemeindlich beherrschte Einrichtungen und Unternehmen sind grundsätzlich berechtigt, die Einwohnerinnen und Einwohner ihres eigenen Gemeindegebiets bevorzugt zu behandeln. Allein der unterschiedliche Wohnsitz ist jedoch noch kein ausreichender Sachgrund, um eine Ungleichbehandlung zu rechtfertigen, sondern es müssen Gründe hinzutreten, die mit dem Wohn- **19**

[200] St. Rspr. seit BVerfGE 18, 85.

ort untrennbar zusammenhängen. Solche Sachgründe können insbesondere dann einschlägig sein, wenn es darum geht, die knappen Haushaltsmittel einer Kommune primär der Aufgabenerfüllung gegenüber den eigenen Gemeindeeinwohnern (vgl. Art. 28 Abs. 2 S. 1 GG) zukommen zu lassen und hierdurch die kulturellen und sozialen Belange der Gemeindeeinwohner zu fördern und den Zusammenhalt der Gemeindeeinwohner untereinander zu stärken.[201]

20 Das unternehmerische Handeln der F-GmbH lässt jedoch keine Anhaltspunkte erkennen, dass ihre zwischen Einwohnerinnen und Einwohnern und Auswärtigen differenzierenden Preispolitik solche Zwecke und Absichten verfolgt. Stattdessen ist das Vermarktungskonzept der F-GmbH gerade auch darauf angelegt, auswärtige Besucherinnen und Besucher anzuziehen. Zudem ist es satzungsmäßige Aufgabe des Fremdenverkehrsverbands als Alleingesellschafter, den Tourismus durch den Betrieb von Unterhaltungsstätten zu fördern. Diese Umstände sprechen dafür, dass die F-GmbH nicht bezweckt, ihre knappen finanziellen Mittel zur Förderung des kulturellen und sozialen Wohls der Gemeindeeinwohner und hierdurch zur Förderung der kommunalen Gemeinschaft einzusetzen, indem sie den Nutzerkreis auf Gemeindeeinwohner zu beschränken versucht. Stattdessen unterbreitet die F-GmbH ein überregionales Angebot, das damit keine bloße Daseinsvorsorge für das Gemeindegebiet mehr darstellt, die eine Ungleichbehandlung Auswärtiger rechtfertigen könnte.

d) Zwischenergebnis

21 Die Preispolitik der F-GmbH stellt eine nicht gerechtfertigte Ungleichbehandlung dar, die damit gegen Art. 3 Abs. 1 GG verstößt. Indem das zivilgerichtliche Urteil dies verkennt, ist es seinerseits willkürlich und verletzt daher ebenfalls Art. 3 Abs. 1 GG.

2. Verletzung von Art. 3 Abs. 1 GG durch Nichtbeachtung des Diskriminierungsverbotes aus Art. 56 AEUV als Verbotsgesetz i.S.d. § 134 BGB

22 Das Willkürverbot aus Art. 3 Abs. 1 GG könnte außerdem durch das letztinstanzliche Urteil selbstständig dadurch verletzt sein, dass das Gericht Art. 56 AEUV mit Blick auf das darin enthaltene Diskriminierungsverbot nicht als Verbotsgesetz i.S.d. § 134 BGB ansieht.[202]

a) Art. 56 AEUV als Verbotsgesetz i.S.d. § 134 BGB

23 **Hinweis:** Die Anwendbarkeit des Art. 56 AEUV – wie hier – über § 134 BGB/Art. 3 Abs. 1 GG zu prüfen ist anspruchsvoll, wenn auch entsprechende Hinweise im Sachverhalt gegeben waren. Es ist vor diesem Hintergrund nicht als schwerwiegender Fehler zu werten, wenn eine unmittelbare Bindung der GmbH an die Grundfreiheiten geprüft und damit sogleich die hier folgende Prüfung eines Verstoßes gegen Art. 56 AEUV vorgenommen worden ist.

Gemäß § 134 BGB ist ein Rechtsgeschäft grundsätzlich nichtig, das gegen ein gesetzliches Verbot verstößt, wenn sich nicht aus dem Rechtsgeschäft etwas anderes ergibt. In der Regel führen daher Verstöße gegen Verbotsnormen, die sich nur an

[201] Vertiefte Auseinandersetzung mit dieser Frage durch BVerfG v. 19.7.2016, 2 BvR 470/08, Rn. 38ff.
[202] Zur Funktion der Grundfreiheiten als Gleichbehandlungsrechte: *Sauer*, JuS 2017, S. 310ff.

eine Vertragspartei richten, noch nicht zur Nichtigkeit des Rechtsgeschäfts. Diese Auffassung hat auch das letztinstanzliche Zivilgericht seiner Entscheidung zutreffend zugrunde gelegt.

Fraglich ist aber, ob das in Art. 56 AEUV in Bezug auf den Dienstleistungsverkehr normierte Diskriminierungsverbot tatsächlich ein einseitiges Verbot ist und allein daher eine Nichtigkeit des Rechtsgeschäfts nach § 134 BGB ausscheidet. Zwar richtet sich das in Art. 56 AEUV normierte Verbot tatsächlich nur an den Hoheitsträger, indes soll es gerade den vom Hoheitsträger betroffenen Wirtschaftsteilnehmer schützen, so dass fraglich ist, ob ein solch restriktives Verständnis des § 134 BGB hier methodisch überzeugend ist und nicht vielmehr Sinn und Zweck dieser Norm verkennt. Um zu verhindern, dass sich der Schutzzweck von Verbotsnormen in sein Gegenteil verkehrt, erscheint es vielmehr – in Übereinstimmung mit dem Bundesgerichtshof – überzeugend, auch ein einseitig adressiertes Verbot die Rechtsfolge des § 134 BGB auslösen zu lassen, wenn es mit Sinn und Zweck des Verbotsgesetzes unvereinbar wäre, das Rechtsgeschäft fortgelten zu lassen. **24**

Auf der Grundlage dieser Interpretation des § 134 BGB ist es methodisch nicht nachvollziehbar, dass das letztinstanzliche Zivilgericht hier die Anwendbarkeit von Art. 56 AEUV verneint. Art. 56 AEUV dient der erleichterten und in Bezug auf die Staatsangehörigkeit diskriminierungsfreien grenzüberschreitenden Dienstleistungserbringung in der Europäischen Union. Der durch Art. 56 AEUV intendierte Schutz von Wirtschaftsteilnehmerinnen und -teilnehmern vor staatlicher Diskriminierung würde in der deutschen Zivilrechtsordnung nur unzureichend umgesetzt, beließe man gegen Art. 56 AEUV verstoßenden Rechtsgeschäften die Wirksamkeit, nur weil Art. 56 AEUV ein allein an den jeweiligen Hoheitsträger adressiertes Verbot ist. Art. 56 AEUV ist daher ein Verbotsgesetz i. S. d. § 134 BGB. **25**

b) Verstoß gegen die Dienstleistungsfreiheit aus Art. 56 AEUV

Aufbauhinweis: Für den Aufbau einer Prüfung der Grundfreiheiten bietet sich eine Anlehnung an den üblichen Grundrechtsaufbau an. Eine zwingende Reihenfolge oder ein zwingend zu beachtendes Prüfungsschema gibt es indes nicht. Beispielsweise wäre es auch möglich, zunächst den sachlichen Anwendungsbereich des Art. 56 AEUV festzustellen und erst danach nach der Bindung der F-GmbH an die Grundfreiten zu fragen. Unterschiedliche Aufbauten sind gleichermaßen zu würdigen, solange sie eine Prüfung aller aufgeworfenen Aspekte ermöglichen. **26**

aa) Bindung der F-GmbH an die Grundfreiheiten

Die europäischen Grundfreiheiten binden zunächst die EU-Mitgliedstaaten, die ihre innerstaatliche Rechtsordnung so einzurichten haben, dass ein Verstoß gegen das Europarecht durch Ausübung von Hoheitsgewalt insgesamt unterbleibt. Für öffentliche Unternehmen ist dies durch Art. 106 AEUV explizit angeordnet. Die F-GmbH ist ein durch die öffentliche Hand beherrschtes, in Zivilrechtsform geführtes Unternehmen. Es spricht daher sehr viel dafür, dass es ebenso an die Grundfreiheiten wie an die Grundrechte gebunden ist. Die Maßstäbe dürften sich entsprechen, um die Bindung der Mitgliedstaaten an die Grundfreiheiten nicht durch die Wahl bestimmter Organisations- oder Handlungsformen unterlaufen zu können. Weder eine Organisationsprivatisierung noch die privatrechtliche Handlungsform lassen daher eine Bindung an spezifisch öffentlich-rechtliche Vorgaben wie die **27**

Grundfreiheiten entfallen. Insofern kann auf die Ausführungen zur Grundrechtsbindung der F-GmbH verwiesen werden.[203]

bb) Sachlicher Anwendungsbereich: Nutzung des Freizeitbades als Dienstleistung

28 Das Anbieten der Nutzungsmöglichkeit eines Freizeitbades stellt eine Dienstleistung i.S.d. Art. 56 AEUV dar und K ist als Niederländer Unionsbürger.[204] Der Wortlaut des AEUV regelt zwar explizit nur die aktive Dienstleistungsfreiheit. Der Schutz der Grundfreiheiten kann indes nicht von der zufälligen Frage abhängig gemacht werden, ob sich Erbringerinnen und Erbringer oder Empfängerinnen und Empfänger der Dienstleistung über die Grenze bewegen. Der Schutzbereich der Dienstleistungsfreiheit (als passive Dienstleistungsfreiheit) ist daher sowohl in sachlicher als auch in persönlicher Hinsicht eröffnet. Die Ausnahmevorschrift des Art. 62 i.V.m. Art. 51 AEUV (Ausübung öffentlicher Gewalt) ist eng auszulegen und erfasst nicht den Betrieb eines Freizeitbades.

cc) Beeinträchtigung der Dienstleistungsfreiheit

29 Die unterschiedliche Preisgestaltung verletzt das Diskriminierungsverbot insofern, als K gegenüber den Einwohnern der Gemeinden des Fremdenverkehrsverbandes ein höheres Entgelt für den Eintritt zu entrichten hat und damit aufgrund seiner Herkunft unterschiedlich behandelt wird.

dd) Rechtfertigende Sachgründe

30 Eine Rechtfertigung der Diskriminierung könnte über Art. 62 i.V.m. Art. 52 Abs. 1 AEUV in Betracht kommen, also aus Gründen der öffentlichen Ordnung, Sicherheit oder Gesundheit oder – nach der konstanten Rechtsprechung des EuGH bei unterschiedslos anwendbaren Regelungen – auch aus sonstigen zwingenden Erfordernissen des Allgemeinwohls. Nur letzteres kommt ernsthaft in Betracht, dürfte aber in paralleler Wertung zum Scheitern einer Rechtfertigung der Ungleichbehandlung nach Art. 3 GG (s.o.) letztlich abzulehnen sein. Auch die Annahme, dass Art. 56 AEUV kein Verbotsgesetz i.S.d. § 134 BGB sei, verletzt das Willkürverbot aus Art. 3 Abs. 1 GG.

III. Verletzung von Art. 101 Abs. 1 S. 2 GG (Recht auf rechtliches Gehör)

31 Schließlich könnte K in seinem Recht auf rechtliches Gehör aus Art. 101 Abs. 1 S. 2 GG dadurch verletzt sein, dass das letztinstanzliche Gericht seiner Vorlagepflicht aus Art. 267 Abs. 3 AEUV nicht nachgekommen ist.[205]

1. Anwendungsbereich

32 Damit K sich auf das Recht auf rechtliches Gehör aus Art. 101 Abs. 1 S. 2 GG berufen kann, müsste dessen Anwendungsbereich eröffnet sein.[206]Berechtigte des

[203] Siehe dazu oben → Rn. 14. Zur Diskussion über die Drittwirkung europäischer Grundfreiheiten: *Kingreen,* JURA 2019, S. 1221, *Sauer,* JURA 2021, S. 387ff.

[204] Zur Dienstleistungsfreiheit einführend: *Petersen,* Dt.u.Eur. VerfR II, Rn. 7/47ff., *Ruffert/Grischek/Schramm,* JuS 2021, 407ff.; zur Übung: *Jukić,* JA 2021, 660ff.

[205] Zur Übung: *Lange,* JuS 2016, 50ff.

[206] Zum Recht auf den gesetzlichen Richter: *Petersen,* Dt.u.Eur. VerfR II, Rn. 6/27ff., *Kuch,* JURA 2020, 228ff., *Payandeh,* JuS 2019, 917ff.

Rechts auf rechtliches Gehör aus Art. 101 Abs. 1 S. 2 GG sind alle Verfahrensbeteiligte, die von dem jeweiligen Verfahren unmittelbar und konkret betroffen sind K fällt als Kläger vor Amts- und Landgericht damit in den persönlichen Schutzbereich.

Gesetzlicher Richter ist jeder durch staatlichen Akt zum Richter oder zur Richterin ernannte oder bestellte Amtsträger, soweit er oder sie spezifisch richterliche Tätigkeiten (wie Spruchtätigkeit und die damit unmittelbar zusammenhängenden Handlungen, wie etwa Maßnahmen zur Vorbereitung der Verhandlung, die Verhandlungsführung und das Abfassen der Entscheidungsgründe) ausübt. 33

Fraglich ist hier, ob der EuGH als europäisches Gericht überhaupt gesetzlicher Richter i.S.d. Art. 101 Abs. 1 S. 2 GG sein kann. Nach Art. 267 Abs. 1 lit. a AEUV entscheidet der EuGH im Wege der Vorabentscheidung über die Auslegung der Verträge. Nach Art. 267 Abs. 3 AEUV ist ein Gericht zur Anrufung des Gerichtshofs verpflichtet, wenn eine derartige Frage in einem schwebenden Verfahren bei einem einzelstaatlichen Gericht gestellt wird, dessen Entscheidungen selbst nicht mehr mit Rechtsmitteln des innerstaatlichen Rechts angefochten werden können. Verletzt ein Gericht seine Vorlagepflicht zum EuGH, kann dies ein Verstoß gegen Art. 101 Abs. 1 Satz 2 GG sein. Somit ist der EuGH gesetzlicher Richter im Sinne des Art. 101 Abs. 1 Satz 2 GG. Der Anwendungsbereich der Norm ist damit eröffnet. 34

2. Beeinträchtigung

Das Recht auf den gesetzlichen Richter müsste beeinträchtigt sein. Weil das Zivilgericht, dass den Rechtsstreit zwischen K und der F-GmbH entschieden hat, im konkreten Fall das letztinstanzliche Gericht war, war es nach Art. 267 Abs. 3 AEUV zur Vorlage an den Gerichtshof der Europäischen Union verpflichtet. 35

Ein Verstoß gegen Art. 101 Abs. 1 S. 2 GG erfordert darüber hinaus, dass die Auslegung und Anwendung des Art. 267 Abs. 3 AEUV nicht mehr verständlich erscheint und offensichtlich unhaltbar ist.[207] Eine offensichtlich unhaltbare Auslegung des Art. 267 Abs. 3 AEUV dürfte unter anderem dann anzunehmen sein, wenn das vorlageverpflichtete Gericht keine dokumentierten Bemühungen unternimmt, sich in Bezug auf die europarechtliche Dimension seines Rechtsstreits die nötige Fachkenntnis anzueignen. In diesem Fall kann es nämlich nicht sinnhaft beurteilen, inwieweit sich eine europarechtliche Auslegungsfrage stellt und ob diese eine Vorlage zum EuGH erfordert. Hier ist im Urteil des Gerichts deutlich geworden, dass es der Frage, ob die F-GmbH als öffentliches Unternehmen unmittelbar an die Grundfreiheiten gebunden ist, nicht hinreichend nachgespürt hat. Denn aus der bisherigen Rechtsprechung des Gerichtshofs ergibt sich eine solche Bindung recht eindeutig. Zudem machen die Ausführungen im Urteil des Gerichts zur Preisgestaltung der F-GmbH deutlich, dass sich das letztinstanzliche nationale Gericht nicht hinreichend mit der einschlägigen Rechtsprechung des Gerichtshofs zu Rechtfertigungsanforderungen für grundsätzlich verbotene Diskriminierungen nach Art. 56 AEUV auseinandergesetzt hat. Das Recht auf richterliches Gehör aus Art. 101 36

[207] BVerfG v. 19.7.2016, 2 BvR 470/08, Rn. 54.

Abs. 1 S. 2 GG ist beeinträchtigt, ohne dass eine Rechtfertigung für diesen Grundrechtsverstoß ersichtlich wäre.

C. Ergebnis

37 Die Verfassungsbeschwerde ist zulässig und begründet. Sie hat Erfolg.

Fall 12. Wildtierzirkus

Sachverhalt[208]

In der Gemeinde G befindet sich eine im kommunalen Eigentum stehende Wiese, die seit jeher für Zirkusvorstellungen und ähnliche Veranstaltungen genutzt wird. G schließt mit dem jeweiligen Veranstalter einen privatrechtlichen Nutzungsvertrag ab. Irgendwelche schriftlichen Regelungen über die Vergabe und Nutzung der Wiese bestehen nicht und wurden bislang von G auch nicht für nötig erachtet, weil es in den Nachbargemeinden verschiedene Plätze für vergleichbare Veranstaltungen gibt und die Nachfrage nach der gemeindlichen Wiese in G daher begrenzt ist. Vergabeprobleme, Nutzungskonflikte oder Verteilungsfragen haben sich bisher nicht gestellt.

Für das kommende Jahr liegen Voranfragen mehrerer professioneller Zirkusse vor, ob sie die gemeindliche Wiese für Zirkusvorstellungen nutzen können. Es handelt sich um zwei deutsche Zirkusse sowie um ein in den Niederlanden ansässiges Zirkusunternehmen. Die beiden deutschen Zirkusse sind gesellschaftsrechtlich jeweils in der Rechtsform einer GmbH verfasst, der niederländische Zirkus ist als rechtsfähige juristische Person in einer Gesellschaftsrechtsform nach niederländischem Recht organisiert. Der niederländische und einer der deutschen Zirkusse bestreiten ihr Programm überwiegend mit Wildtiernummern (Lamas, Zebras, Kängurus). Für die Haltung und Zurschaustellung der Tiere im Zirkus verfügen die beiden Zirkusse jeweils über eine Genehmigung nach § 11 Abs. 1 S. 1 Nr. 8 lit. d), S. 2 TierSchG, das niederländische Unternehmen zusätzlich über die notwendigen Genehmigungen nach niederländischem Recht. Der zweite deutsche Zirkus verzichtet auf Tiernummern.

Bürgermeisterin B und die Gemeinderatsmitglieder der F-Fraktion, die im Gemeinderat von G die Mehrheit bildet, sind übereinstimmend der Auffassung, dass Wildtiere in die Wildnis und nicht in den Zirkus gehören. Eine artgerechte Haltung von Wildtieren in einem Zirkus sei ausgeschlossen. Die Wertung des Bundesgesetzgebers, dies unter den Voraussetzungen des § 11 Abs. 1, Abs. 4 TierschutzG zu erlauben, sei nicht nachvollziehbar. Ebenso unverständlich sei, dass – was zutrifft – Zirkusse mit Wildtiernummern ohne jede Einschränkung auf den Plätzen der Nachbargemeinden auftreten könnten. B berät daraufhin mit den Gemeinderatsmitgliedern der F-Fraktion, was getan werden könne. Einigkeit besteht in diesem Kreis über das Ziel, dass die Wiese in G nicht mehr an Zirkusse vergeben werden

[208] Fall teilweise nach OVG Niedersachsen v. 2.3.2017 – 10 ME 4/17; der zweite Teil der Klausuraufgabe ist fiktiv. Für die Klausurlösung ist im zweiten Teil beim Nutzungsanspruch für kommunale Einrichtungen auf Landesrecht abzustellen. Die vorliegende Lösung ist für diese Passage der Klausur anhand der nordrhein-westfälischen Gemeindeordnung erarbeitet. § 8 Abs. 2, Abs. 3 GO NRW normiert folgendes: „(2) Alle Einwohner einer Gemeinde sind im Rahmen des geltenden Rechts berechtigt, die öffentlichen Einrichtungen der Gemeinde zu benutzen … (3) Grundbesitzer und Gewerbetreibende, die nicht in der Gemeinde wohnen, sind in gleicher Weise berechtigt, die öffentlichen Einrichtungen zu benutzen, die in der Gemeinde für Grundbesitzer und Gewerbetreibende bestehen …“ Die Gemeindeordnungen der anderen Bundesländer enthalten sachlich weitgehend, teilweise sogar wörtlich übereinstimmende Regelungen.

soll, die Wildtiernummern im Programm haben. Von den Beteiligten wird dazu erwogen, die Wiese entweder Dritten überhaupt nicht mehr für Veranstaltungen zu überlassen oder speziell nur die Nutzung durch Wildtierzirkusse zu unterbinden. Unsicherheiten bestehen bei B und den Mitgliedern der F-Fraktion über die rechtliche Form, in der die Zielsetzung erreicht werden könnte.

Falls man sich am Ende für eine generelle Beendigung die Wiesenvergabe an Dritte entscheiden sollte, wird von B und den Mitgliedern der F-Fraktion diskutiert, ob die Gemeinde G in diesem Fall
- den Abschluss von Nutzungsverträgen einfach verweigern könnte oder
- dafür zunächst eine Grundsatzregelung, etwa durch einen Verwaltungsakt, treffen müsste.

Falls man sich am Ende auf ein Verbot von Wildtierzirkussen beschränken sollte, wird erwogen, ob die Gemeinde dies
- in Allgemeinen Geschäftsbedingungen festschreiben oder
- in internen Verwaltungsvorschriften niederlegen oder
- durch einen Verwaltungsakt oder
- in einer Nutzungssatzung regeln sollte.

Die Überlegungen sprechen sich schnell herum. Die beiden Zirkusse mit Tiernummern tragen vor, es sei für sie auf keinen Fall möglich, die Wildtiernummern als zentrale und umfangreiche Kernelemente ihrer künstlerischen Konzeption aus ihren Programmen herauszunehmen. Die deutschen Zirkusse sehen sich durch die Pläne in ihrer Berufs- und Kunstfreiheit bedroht; der deutsche Tierzirkus würde sich im Falle eines isolierten Wildtierverbots zudem in ungerechtfertigter Weise für benachteiligt halten. Der niederländische Zirkus ist sich nicht sicher, ob er sich ebenfalls auf die genannten Grundrechte berufen kann, hält aber im Falle einer Umsetzung der Pläne in jedem Fall europäische Grundfreiheiten für verletzt. Verschiedene Mitglieder der F-Fraktion meinen, auf Grundrechte und Grundfreiheiten könne es insgesamt nicht ankommen, weil die Gemeinde ja zivilrechtliche Nutzungsverträge über ihre eigene Wiese abschließe und sie auf Grund ihrer Eigentums- und Vertragsfreiheit in dieser Hinsicht so verfahren könne, wie sie es für richtig hält. Sollten die Grundrechte doch anwendbar sein, so könne sich aus ihnen jedenfalls kein Leistungsanspruch auf Fortführung einer kommunalen Einrichtung ergeben.

Erstellen Sie für die Gemeinde G ein Rechtsgutachten, das
1. die verfassungs- und europarechtliche Zulässigkeit der beiden alternativ diskutierten Maßnahmen (generelle Beendigung der Vergabe der Wiese an Dritte oder isoliertes Verbot von Wildtierzirkussen auf der gemeindlichen Wiese) in Würdigung der Rechtspositionen der für das kommende Jahr anfragenden Zirkusunternehmen klärt und
2. aufzeigt, durch welche rechtlichen Handlungsformen (Verwaltungsakt, Verwaltungsvorschrift etc.) die beiden alternativ diskutierten Maßnahmen jeweils am besten realisiert werden können, und dazu in knapper Form rechtlich begründete Handlungsempfehlungen formuliert.

Bearbeitungshinweis: Alle durch den Gutachtenauftrag aufgeworfenen Fragen sind umfassend – ggfs. hilfsgutachterlich – zu klären. Insbesondere ist Teil 2 des Gutachtens auch dann in Bezug auf beide Maßnahmen auszuarbeiten, wenn eine oder beide Maßnahmen in Teil 1 des Gutachtens für verfassungs- oder europarechtswidrig und daher materiell-rechtlich für nicht umsetzbar gehalten werden. Gehen Sie davon aus, dass weder Normen des europäischen Sekundärrechts für grenzüberschreitende Zirkusdarbietungen noch eine Rechtsverordnung nach § 11 Abs. 4 TierSchG für die von den Zirkussen gehaltenen Wildtiere existieren.

Vorüberlegungen und Anforderungsprofil

Dieser Original-Examensfall kombiniert Fragen der Grundrechte des Grundgesetzes, der europäischen Grundfreiheiten und des Verwaltungsrechts (Widmung von und Zugangsanspruch zu kommunalen Einrichtungen, verwaltungsrechtliche Handlungsformen). Der Fall hat seinen Schwerpunkt im deutschen Recht; die europarechtlichen Passagen betreffen die Dienstleistungsfreiheit und thematisieren die Doppelfunktion der Grundfreiheiten einerseits als Beschränkungs-, andererseits als Diskriminierungsverbote.

Im zweiten Teil des zu erstellenden Gutachtens soll nicht die Rechtmäßigkeit einer bestimmten Maßnahme beurteilt, sondern ein Vorschlag für das weitere Vorgehen erarbeitet werden. Eine solche Aufgabe rechtlicher Gestaltung entspricht der Berufspraxis vieler Juristinnen und Juristen viel eher als die Beurteilung abgeschlossener Sachverhalte aus richterlicher Perspektive. In den Klausuren des 1. Staatsexamens sind solche Aufgabenstellungen allerdings selten, weil die Klausurfälle vielfach Rechtsprechungsfällen nachgebildet sind und sich auch fiktive Klausurfälle an dieser Konstellation orientieren. Für Gestaltungsaufgaben muss man die rechtliche Zulässigkeit und die Vor- und Nachteile verschiedener Handlungsoptionen abschätzen und miteinander vergleichen. Die üblichen Prüfschemata, auswendig gelernte Definitionen und die Orientierung an bekannten Fällen helfen dafür nicht. Wer gerade dies für den zentralen Schlüssel zu einem guten Examen hält, wird diesen Teil der Aufgabenstellung kaum bewältigen können. Auf der Grundlage abstrakter Kenntnisse zu den Voraussetzungen und Wirkungen der verschiedenen Handlungsformen der Verwaltung ist die Aufgabenstellung allerdings recht einfach zu lösen. Die Aufgabenstellung begünstigt daher Studierende, die in der Examensvorbereitung auf Strukturwissen und Verständnis statt auf Auswendiglernen und Routinen setzen.

Gliederung

Lösung

Teil 1:

1 **Aufbauhinweis:** Es ist ohne weiteres möglich, sich für den Aufbau von Teil 1 des Gutachtens an der Prioritätensetzung der B und der F-Fraktion zu orientieren und zunächst deren unmittelbares Hand-

lungsziel (isoliertes Wildtierverbot) zu prüfen. Der hier vorgeschlagene Gutachtenaufbau orientiert sich demgegenüber für die Prüfungsreihenfolge an der Eingriffsstärke der Maßnahme und prüft daher die weiterreichende Maßnahme (generelle Beendigung der Wiesenvergabe) als erstes. Dieser Aufbau hat einen Vorteil: Es sprechen die besseren Gründe dafür, in der weiterreichenden Maßnahme keinen Grundrechtseingriff zu sehen. Die schwächere Maßnahme (isoliertes Wildtierverbot) kann dann unter freiheitsrechtlichen Aspekten keine weiteren Probleme mehr aufwerfen, weil es für sie dann erst recht an einem Eingriff fehlen muss. Es kann für sie also sogleich mit der sich dann ausschließlich stellenden Gleichbehandlungsproblematik begonnen werden. Prüft man das isolierte Wildtierverbot als erstes, wird diese Abschichtung der Prüfungsebenen schwieriger. Die Aufgabenstellung legt den Klausurbearbeiterinnen und -bearbeitern daher zur Erleichterung der Prüfung nahe, wie hier vorgeschlagen mit der weiterreichenden Maßnahme zu beginnen.

A. Verfassungs- und europarechtliche Zulässigkeit einer generellen Beendigung der Wiesenvergabe an Dritte

Eine generelle Beendigung der Vergabe der Wiese an Dritte könnte Freiheitsgrundrechte von Zirkusunternehmen verletzen, bei grenzüberschreitend tätigen Zirkusunternehmen wie dem niederländischen Zirkus auch europäische Grundfreiheiten. In Betracht kommen Verstöße gegen Art. 12 GG, Art. 5 Abs. 3 GG sowie gegen Art. 56 AEUV, soweit die Norm als Beschränkungsverbot wirkt. Eine gleichheitsrechtliche Problematik wird bei einer generellen Entscheidung nicht aufgeworfen, so dass eine Prüfung des Art. 3 GG und des Art. 56 AEUV unter Diskriminierungsaspekten in Bezug auf diese Maßnahme nicht angezeigt ist. 2

I. Vereinbarkeit mit Art. 12 Abs. 1 GG

1. Grundrechtsberechtigung der Zirkusunternehmen aus Art. 12 Abs. 1 GG

Die beiden deutschen Zirkusunternehmen können sich als juristische Personen des Privatrechts nach Art. 19 Abs. 3 GG auf die Grundrechte des Grundgesetzes berufen. Das Grundrecht der Berufsfreiheit ist auf juristische Personen auch wesensmäßig anwendbar.[209] Für das niederländische Zirkusunternehmen ist die Möglichkeit einer Berufung auf Art. 12 Abs. 1 GG aus zwei Gründen fraglich: Einerseits ist Art. 12 Abs. 1 GG seinem Wortlaut nach ein Deutschengrundrecht;[210] andererseits gelten die Grundrechte des Grundgesetzes nach dem Wortlaut des Art. 19 Abs. 3 GG nur für inländische juristische Personen.[211] Ohne Berücksichtigung des Europarechts würde der Charakter der Berufsfreiheit als Deutschengrundrecht grundsätzlich zu einem Rückgriff auf das subsidiäre Grundrecht der allgemeinen Handlungsfreiheit aus Art. 2 Abs. 1 GG führen, auf das sich der niederländische Zirkus auf Grund seiner Rechtsform als ausländische juristische Person wegen Art. 19 Abs. 3 GG indes ebenfalls nicht berufen kann. Eine Grundrechtsberechtigung wäre ausgeschlossen. 3

Zu klären ist, inwieweit sich gegenüber dieser verfassungsrechtlichen Ausgangslage unter dem Einfluss des Europarechts Veränderungen ergeben. Die unionsrechtlichen Grundfreiheiten und insbesondere das unionsrechtliche Diskriminierungsver- 4

[209] *Scholz,* in: Dürig/Herzog/ders., GG, 95. EL Juli 2021, Art. 12 Rn. 106f.
[210] Zum persönlichen Schutzbereich der Berufsfreiheit: *Petersen,* Dt. u. Eur. VerfR II, Rn. 3/117.
[211] *Jarass,* in: ders./Pieroth, GG, 16. Aufl. 2020, Art. 19 Rn. 21ff.

bot des Art. 18 AEUV müssen auf Grund des Anwendungsvorrangs des Europarechts, der grundsätzlich auch gegenüber nationalem Verfassungsrecht greift, im Ergebnis zu einer Gleichberechtigung von juristischen Personen mit Sitz in einem anderen EU-Staat mit deutschen juristischen Personen führen.[212] Teilweise wird versucht, dieses europarechtlich zwingende Ergebnis durch ein Wortlautverständnis des Art. 19 Abs. 3 GG zu erreichen, nach dem „inländisch" auch die Staatsgebiete der übrigen EU-Mitgliedstaaten umfassen soll.[213] Diesem Versuch zur methodischen Begründung des Ergebnisses dürfte indes die Wortlautgrenze entgegenstehen. Das BVerfG rekurriert statt dessen allein auf den Anwendungsvorrang des Europarechts und erweitert damit in unionsrechtskonformer Auslegung den Anwendungsbereich des Art. 19 Abs. 3 GG auf juristische Personen mit Sitz in anderen EU-Mitgliedstaaten, soweit sie – wie vorliegend das niederländische Unternehmen – im Anwendungsbereich des AEUV tätig werden.[214]

5 Art. 19 Abs. 3 GG hat damit, ohne dass eine Textänderung nach Art. 79 Abs. 1 GG erforderlich gewesen wäre, unter dem Einfluss des Europarechts einen veränderten Regelungsinhalt erhalten. Verfassungsrechtlich gerechtfertigt ist diese Inhaltsänderung des Grundgesetzes ohne Textänderung durch Art. 23 Abs. 1 GG, der im Wege der Übertragung von Hoheitsrechten auf die EU entsprechende materielle Verfassungsänderungen ermöglicht. Ihnen werden erst durch Art. 79 Abs. 3 GG äußerste Grenzen gezogen,[215] für dessen Verletzung keine Anhaltspunkte vorliegen.

6 Damit ist die prinzipielle Grundrechtsberechtigung des niederländischen Zirkus als juristischer Person aus einem anderen EU-Mitgliedstaat geklärt. Noch nicht geklärt ist die weitere Frage, ob dieses identische Schutzniveau durch eine unmittelbare Berufung auf das Deutschengrundrecht der Berufsfreiheit oder durch eine Berufung auf Art. 2 Abs. 1 GG erreicht wird, der dann EU-Bürgern eine qualifizierte, dem Schutzniveau des Art. 12 Abs. 1 GG gleichwertige Grundrechtsposition gewähren müsste.[216] Letzteres führt zu einer faktischen Gleichstellung von EU-Bürgern bzw. Unternehmen aus EU-Staaten im Bereich der Deutschengrundrechte, die erste Position zu einer vollständigen Gleichstellung auch in den anwendbaren Normen. Es spricht vieles dafür, dem europarechtlichen Diskriminierungsverbot nicht nur ein Gebot zur faktischen Gleichstellung von In- und Ausländerinnen und -ländern im praktischen Ergebnis zu entnehmen, sondern auch ein Gebot, diese Gleichstellung in einer rechtssicheren und transparenten Weise zu gewährleisten. Dies wird durch eine faktische Gleichstellung über den Umweg des Art. 2 Abs. 1 GG nicht erreicht, so dass Art. 12 Abs. 1 GG unmittelbar auch auf den niederländischen Zirkus anwendbar ist (a.A. ebenso vertretbar).

---

[212] So schon 2011 das BVerfG in BVerfGE 129, 78 (91), in der das Gericht in Abweichung von seiner vorherigen Rechtsprechung die Möglichkeit einer juristischen Person mit Sitz in Italien, Trägerin des Grundrechts auf Eigentum gem. Art. 14 Abs. 1 GG zu sein, „angesichts der unionsrechtlichen Diskriminierungsverbote in ihrer Auslegung durch den Europäischen Gerichtshof" anerkannt hat; *Petersen,* Dt. u. Eur. VerfR II, Rn. 2/14; zur Übung: *Ludwigs/Friedmann,* JA 2018, 807 ff.

[213] Dafür plädiert u. a. *Huber,* in: v. Mangoldt/Klein/Starck, GG, 7. Aufl. 2018, Art. 19 Rn. 307.

[214] BVerfG 129, 78 (79); ausführliche Darstellung der methodischen Diskussion bei *Dreier,* in: ders., Grundgesetzkommentar, Band 1, 3. Aufl. 2013, Art. 19 III Rn. 83 ff.

[215] *Dreier,* in: ders., Grundgesetzkommentar, Band 1, 3. Aufl. 2013, Art. 19 III Rn. 22, Rn. 83.

[216] Zum Diskussionsstand *Dreier,* in: ders., Grundgesetzkommentar, Band 1, 3. Aufl. 2013, Vorb. Rn. 115 f.

Hinweis: Die Klausurbearbeiterinnen und -bearbeiter sollten in der Lage sein zu erkennen, dass im Grundgesetz durch das hier einschlägige Deutschengrundrecht und durch Art. 19 Abs. 3 GG ein doppeltes Problem angelegt ist und dass für beide Probleme im Ergebnis eine Gleichstellung des niederländischen Zirkus auf Grund des europarechtlichen Diskriminierungsverbots zwingend ist. Ausführungen dazu, wie dieses Ergebnis methodisch im Einzelnen angesichts der Fassung der fraglichen Grundgesetznormen herzustellen ist, dürften nur von besonders herausragenden Klausuren zu erwarten sein.

2. Grundrechtsverpflichtung der Gemeinde G

Voraussetzung für eine Verletzung der Berufsfreiheit ist zudem, dass die Gemeinde **7** G bei der Wiesenvergabe, für die sie sich eines zivilrechtlichen Nutzungsvertrags bedient, an die Grundrechte gebunden ist. Die Gemeinde G ist als Teil der öffentlichen Gewalt stets unmittelbar grundrechtsgebunden, Art. 1 Abs. 3 GG.[217] Die Wiese ist von der Gemeinde für Nutzungen zur kulturellen Betreuung ihrer Einwohnerinnen und Einwohner bestimmt worden (§ 8 Abs. 1 Var. 3 GO NRW). Dafür reicht es aus, dass die Wiese diese Zweckbestimmung vor langer Zeit faktisch erhalten hat. Auch hierin liegt eine entsprechende Widmung der Wiese, die nicht explizit durch einen Rechtsakt erfolgen muss, sondern auch konkludent möglich ist.[218] Durch die Überlassung ihrer Wiese an andere nimmt G daher nicht ihre privatrechtlichen Eigentümerpositionen wahr, sondern betreibt eine öffentliche Einrichtung nach § 8 Abs. 1 GO NRW.[219]

Dies gilt auch dann, wenn sie sich beim Betrieb dieser öffentlichen Einrichtung **8** zulässigerweise einer privatrechtlichen Handlungsform (Abschluss von Nutzungsverträgen unter Anwendung von AGBs) bedient. In Frage steht bei einem Verbot von Wildtierzirkussen die Frage nach dem „Ob" der Zulassung zur öffentlichen Einrichtung der G. Diese Fragen richten sich als Fragen nach dem Zugangsrecht zu einer öffentlichen Einrichtung der Gemeinde in Sinne von § 8 Abs. 1 GO NRW ausschließlich nach öffentlichem Recht, so dass die Grundrechtsbindung hier gegeben ist.[220] Die Gemeinde G kann sich in dieser Konstellation als grundrechtsverpflichtete öffentliche Gewalt daher nicht selbst auf Eigentums- oder Vertragsfreiheit berufen. Ihre Grundrechtsbindung schließt eine gleichzeitige Grundrechtsberechtigung aus.[221] Aus diesem Grund sind etwaige Grundrechtspositionen der G, die an ihr zivilrechtliches Eigentum anknüpfen könnten, weder zu prüfen noch in eine Abwägung mit den Grundrechten der Zirkusunternehmen einzustellen.

3. Schutzbereich der Berufsfreiheit

Beruf ist jede auf Dauer angelegte Tätigkeit zur Schaffung oder Erhaltung einer **9** Lebensgrundlage.[222] Das professionelle Betreiben eines Zirkus wie im Falle der drei anfragenden Zirkusunternehmen stellt daher einen Beruf dar.

217 Zur Grundrechtsbindung der öffentlichen Gewalt: *Petersen,* Dt. u. Eur. VerfR II, Rn. 2/29.

218 Die konkludente Widmung erfolgt durch faktische Indienststellung, vgl. *Peters,* in: Dietlein/Heusch, BeckOK Kommunalrecht NRW, 19. Edition 2022, § 8 GO NRW Rn. 8.

219 Zu den Rechtsfragen der Widmung öffentlicher Einrichtungen *Helbich,* JuS 2017, 507 ff.

220 Gemäß der Zwei-Stufen-Lehre richtet die Frage nach dem „Ob" der Zulassung zu einer öffentlichen Einrichtung stets nach dem öffentlichen Recht, vgl. *Alemann/Scheffczyk,* in: Bader/Ronellenfitsch, BeckOK VwVfG, 54. Edition, § 35 Rn. 213; zur Übung: *Ludwigs/Zentgraf,* JuS 2020, 1188 ff.

221 Zum sog. Konfusionsargument: *Merten,* DÖV 2019, 41 ff.

222 Einführend zur Berufsfreiheit nach Art. 12 Abs. 1 GG: *Petersen,* Dt. u. Eur. VerfR II, Rn. 3/117; zur Übung des Umgangs mit der Berufsfreiheit in der Fallarbeit *Nolte/Tams,* JuS 2006, 31 ff.

4. Gewährleistungsgehalt der Berufsfreiheit bzw. Eingriff in den Schutzbereich

10 Zu klären ist, ob eine generelle Beendigung der Wiesenvergabe für Veranstaltungen Dritter einen Eingriff in den sachlichen Schutzbereich der Berufsfreiheit darstellt. Die Gemeinde G betreibt die Wiese als öffentliche Einrichtung nach § 8 Abs. 1 GO NRW. Daraus ergeben sich Nutzungsrechte der Einwohner von G nach § 8 Abs. 2 GO NRW, die nach § 8 Abs. 3 GO NRW auch für auswärtige Gewerbetreibende und nach § 8 Abs. 4 GO NRW auch für juristische Personen gelten. Die fraglichen Zirkusunternehmen würden bei einer Schließung der Wiese als öffentlicher Einrichtung diese Nutzungsmöglichkeit verlieren. Sie könnten indes auf Plätze in den Nachbargemeinden ausweichen. Ob eine solche Konstellation als Eingriff in das Freiheitsgrundrecht der Berufsfreiheit zu qualifizieren ist, ist umstritten.

11 Nach dem sog. neuen Eingriffsbegriff ist Eingriff jede staatliche Maßnahme, die ein Verhalten im Schutzbereich eines Grundrechts unmöglich macht oder erschwert.[223] Nach diesem – weiten – Eingriffsbegriff könnte in der Schließung des Platzes als öffentlicher Einrichtung ein Eingriff in die Berufsfreiheit von Nutzungswilligen erblickt werden. Das würde die üblichen Anforderungen an eine verfassungsrechtliche Rechtfertigung von Grundrechtseingriffen auslösen, nämlich den grundrechtlichen Vorbehalt eines förmlichen Gesetzes als Eingriffsgrundlage, ein legitimes Ziel für den Eingriff und die Verhältnismäßigkeit der Maßnahme in Bezug auf dieses Ziel.[224] Die unbestimmte Weite dieses Eingriffsbegriffs würde indes dazu führen, dass nahezu jede beliebige, unspezifische Maßnahme als Eingriff in die Berufsfreiheit zu qualifizieren und diesen Rechtfertigungsanforderungen zu unterwerfen wäre. Es besteht daher Einigkeit darüber, dass der Eingriffsbegriff jedenfalls bei der Berufsfreiheit einer Einschränkung bedarf, die einen Berufsbezug der staatlichen Maßnahme sicherstellt. Das ist der Fall bei Regelungen mit unmittelbarem Berufsbezug, bei Regelungen mit objektiv berufsregelnder Tendenz sowie bei sonstigen Regelungen mit erheblichen mittelbaren oder tatsächlichen Auswirkungen auf die Berufsfreiheit.[225]

Hinweis: Das OVG Lüneburg hat unter Zugrundelegung dieses Eingriffsbegriffs eine objektiv berufsregelnde Tendenz sowie spürbare tatsächliche Auswirkungen auf Zirkusunternehmen und damit einen Grundrechtseingriff für gut begründbar gehalten, freilich ohne dass es für das Ergebnis des konkret zu entscheidenden Falls auf diese Frage letztlich noch angekommen wäre.[226] Das OVG Lüneburg hat sich in seiner Argumentation auf die nicht näher begründete Vermutung gestützt, dass das Angebot an alternativen Flächen, auf denen Wildtierzirkusse auftreten können, eng begrenzt sein dürfte. Dies ist vorliegend anders, da in den Nachbargemeinden von G mehrere alternative Standorte für reisende Wildtierzirkusse vorhanden sind. Dieser Umstand spricht dafür, dass es vorliegend an spürbaren berufsregelnden Auswirkungen fehlt, wenn die Gemeinde G ihre Wiese als öffentliche Einrichtung schließt.

12 Zudem ist der zu Grunde gelegte Eingriffsbegriff der wohl herrschenden Meinung auch grundsätzlich umstritten, weil er nahezu sämtliche verfassungsrechtlich relevanten Rechtsfragen auf die Rechtfertigungsebene verschiebt und in zahlreichen

[223] Zum Eingriffsbegriff: *Petersen,* Dt. u. Eur. VerfR II, Rn. 2/23 ff.

[224] Zu den Voraussetzungen einer Rechtfertigung: *Petersen,* Dt. u. Eur. VerfR II, Rn. 2/40 ff.

[225] Zum Eingriffsbegriff bei Art. 12 GG vgl. *Jarass,* in: ders./Pieroth, GG, 14. Aufl. 2016, Art. 12 Rn. 14 ff.

[226] OVG Lüneburg, NVwZ 2017, 728 (729 f.): Der entsprechenden Auffassung der Vorinstanz „dürfte … zu folgen sein".

Fällen letztlich einer Abwägung im engeren Sinne unterwirft. Während dieser weite Eingriffsbegriff teilweise gerade aus diesem Grund für sinnvoll erachtet wird, weil man sich von einem möglichst weiten Eingriffsbegriff einen möglichst weiten Grundrechtsschutz verspricht, entzündet sich gerade an dieser Verlagerung der Grundrechtsprüfung auf die Rechtfertigungs- und speziell auf die Abwägungsebene Kritik. Die auf Rechtfertigungsebene vorzunehmenden Wertungen seien nämlich willküranfällig, abhängig von subjektiven Präferenzen des jeweils zur Entscheidung berufenen Entscheidungsträgers und damit schwer prognostizierbar. Die Grundrechtsdogmatik würde auf diese Weise ihre Kernaufgabe einer rationalen Abschichtung und Anleitung der verfassungsrechtlichen Diskussion verfehlen.[227]

Vorzugswürdig sei es deshalb, an Stelle einer vorschnellen Bejahung eines Grund- **13**
rechtseingriffs zunächst einmal den Gewährleistungsgehalt eines Grundrechts präziser zu bestimmen, als das unter Anwendung der sog. Neuen Formel üblicherweise geschieht. Nach diesem Ansatz ist zu fragen, ob die Freiheitsrechte dazu dienen, Gemeinden zum Vorhalten von öffentlichen Einrichtungen zwecks Grundrechtausübung anzuleiten. Auf die Schaffung öffentlicher Einrichtungen besteht nämlich kein Anspruch.[228] Wollte man dies anders sehen, müsste man den Grundrechten die Funktion als Leistungsrechte zuschreiben, die eine Gemeinde zur Schaffung einer öffentlichen Einrichtung und damit zur Grundrechtsförderung verpflichten. Damit ergäbe sich aus den Grundrechten mittelbar eine Infrastrukturverpflichtung der Kommunen.

Leistungsrechte sind den Grundrechten indes nur in besonderen Ausnahmekonstella- **14**
tionen zu entnehmen, etwa dann, wenn ein Grundrechtsträger zur Verwirklichung seiner Grundrechte existentiell auf eine staatliche Leistung angewiesen ist.[229] Das ist bei den anfragenden Zirkusunternehmen nicht der Fall, die ihren Beruf auch auf Plätzen in den Nachbargemeinden ausüben können. Dementsprechend bestimmt § 8 Abs. 1 GO NRW auch nur, dass die Gemeinden öffentliche Einrichtungen „innerhalb der Grenzen ihrer Leistungsfähigkeit" schaffen. Auch einen derivativen Leistungsanspruch (Art. 12 Abs. 1 i. V. m. Art. 3 Abs. 1 GG) könnte es in der vorliegenden Konstellation nicht geben, wenn die Gemeinde sich entschließt, die Wiese komplett zu schließen und damit für die Zukunft keinerlei Konstellationen mehr zu schaffen, die Anknüpfungspunkt für einen Anspruch auf gleichen Zugang sein könnten.

Würde man in einer kommunalen Entscheidung, eine öffentliche Einrichtung nicht **15**
zu schaffen oder fortzuführen, zugleich einen verfassungsrechtlich rechtfertigungsbedürftigen, typischerweise dann aber kaum rechtfertigungsfähigen Grundrechtseingriff sehen, würde die Entscheidungsbefugnis der Gemeinde, wofür sie ihre Ressourcen einsetzt, unterlaufen. Eine verfassungsrechtliche Beurteilung durch Gerichte würde in diesem Fall an die Stelle der gemeindlichen Entscheidung treten. Für eine vergleichbare Konstellation, die Nutzung öffentlicher Wege und Straßen, bestimmt § 14 Abs. 1 S. 2 StrWG, dass auf die Aufrechterhaltung des Gemeingebrauchs kein Anspruch besteht. Auch diese gesetzliche Wertung kann nicht dadurch unterlaufen werden, dass man die Beendigung des Gemeingebrauchs an Straßen

[227] Grundlegend *Böckenförde,* Schutzbereich, Eingriff, verfassungsimmanente Schranken: zur Kritik gegenwärtiger Grundrechtsdogmatik, in: Der Staat 42 (2003), S. 165 ff.

[228] *Peters,* in: Dietlein/Heusch, BeckOK Kommunalrecht NRW, 19. Edition 2022, § 8 GO NRW Rn. 11 ff.

[229] Zur Leistungsdimension der Grundrechte: *Petersen,* Dt. u. Eur. VerfR II, Rn. 7/2.

und Wegen schon immer dann als Grundrechtseingriff qualifiziert, wenn die Straße zur Grundrechtsausübung genutzt werden könnte. Dies spricht dafür, einen Anspruch auf Fortbestand einer öffentlichen Einrichtung nicht durch die Berufsfreiheit der Nutzungswilligen als gewährleistet anzusehen und folglich einen Grundrechtseingriff in die Berufsfreiheit zu verneinen.

16 **Hinweis:** Es ist im Ergebnis vertretbar, einen Eingriff mit berufsregelnder Tendenz zu bejahen. Gute Klausuren müssten sich aber an dieser Stelle jedenfalls dadurch auszeichnen, dass sie die Problematik der Weite des sog. neuen Eingriffsbegriffs erkennen und diskutieren, ob sich daraus eine leistungsrechtliche Dimension im Sinne eines Anspruchs auf Fortführung öffentlicher Einrichtungen, die der Ausübung eines Berufs dienen, ergeben kann. Für die weitere Prüfung der Rechtfertigung des Grundrechtseingriffs wäre bei Annahme eines Grundrechtseingriffs sodann zunächst die Stufe des Grundrechtseingriffs zu klären (sog. Drei-Stufen-Lehre bei der Berufsfreiheit).[230] Es dürfte sich um eine subjektive Zulassungsschranke für Zirkusse mit Wildtieren mit entsprechend gesteigerten Anforderungen an die Rechtfertigungsprüfung handeln, nicht um eine bloße Berufsausübungsregelung, die Wildtierzirkussen die Ausübung ihres Berufs nur noch ohne Wildtiernummern ermöglicht. Denn nach dem Selbstverständnis der anfragenden Wildtierzirkusse handelt es sich bei den Wildtiernummern gerade um den zentralen Programmbestandteil, ohne den ein Wildtierzirkus nicht denkbar ist.
In jedem Fall müsste der Eingriff eine Rechtsgrundlage in einem formellen Gesetz haben, das nicht vorhanden ist. Das TierSchutzG ermöglicht es der G nicht, Wildtierzirkusse zu verbieten. Die Ermächtigung zum Erlass einer Rechtsverordnung nach § 11 Abs. 4 TierSchG ist nur dem zuständigen Bundesministerium übertragen. Sollten Bearbeiter einen Eingriff bejahen, ist die geplante Maßnahme demzufolge mangels gesetzlicher Grundlage verfassungsrechtlich unzulässig. Hieran könnte hilfsgutachterlich eine Verhältnismäßigkeitsprüfung angeschlossen werden (Tierschutz als legitimes Ziel, Eignung und Erforderlichkeit des Wildtierverbots, Angemessenheit). Wer so vorgeht, wird die Überlegungen zur Legitimität des Tierschutzziels, die nach dem hier gewählten Aufbau erst im Rahmen von Art. 3 GG relevant werden – s. u. –, bereits an dieser Stelle erörtern und kann dann im Rahmen der Prüfung des Art. 3 GG hierauf verweisen. Die Verhältnismäßigkeitsprüfung wird sodann auf Abwägungsebene eine Dezision für das Verhältnis von Tierschutz und Berufsfreiheit erfordern und damit den Rationalitätsdefiziten unterliegen, die bereits im Ansatz gegen diesen Lösungsweg sprechen.

II. Vereinbarkeit mit Art. 5 Abs. 3 GG

17 In Betracht kommt zudem eine Verletzung der in Art. 5 Abs. 3 GG gewährleisteten Kunstfreiheit. Die Gemeinde G ist grundrechtsverpflichtet,[231] die Zirkusunternehmen können sich als juristische Personen nach Art. 19 Abs. 3 GG auf die Grundrechte berufen,[232] auch wenn sie nach dem Recht eines anderen EU-Staats gegründet und dort ansässig sind. Da Art. 5 Abs. 3 GG kein Deutschengrundrecht ist, entfällt die bei Art. 12 Abs. 1 GG in dieser Hinsicht erörterte Problematik.

1. Schutzbereich der Kunstfreiheit

18 Eine Definition des Begriffs der Kunst unterliegt Schwierigkeiten, ist aber gleichwohl in Bezug auf den verfassungsrechtlichen Begriff unverzichtbar. Diskutiert worden sind ein materialer, ein formaler, ein offener und ein relationaler Kunstbegriff, als Hilfskriterium auch das Selbstverständnis der Künstlerin oder des Künstlers.[233] Wäh-

---

230 Näheres hierzu: *Petersen,* Dt. u. Eur. VerfR II, Rn. 3/128 ff.

231 Siehe oben → Rn. 18 f.

232 Siehe oben → Rn. 14 ff.

233 Zum Schutzbereich der Kunstfreiheit: *Petersen,* Dt. u. Eur. VerfR II, Rn. 3/108 ff.; *Wittreck,* in: Dreier, Grundgesetzkommentar, Band 1, 3. Aufl. 2013, Art. 5 III, Rn. 37 ff.; zur Übung: *Müller/Roth,* JA 2022, 307 ff.

rend als typische Beispiele für klassische Kunstformen meist Musik und Theater, für moderne Kunst in der Regel Ausdrucksformen wie Aktionskunst, Happenings oder Performances benannt werden, deren Qualifizierung als Kunst außer Frage steht, wird der Kunstcharakter von Zirkussen selten explizit herausgestellt. Dies mag darauf beruhen, dass in Bezug auf Zirkusse traditionell eher dem Französischen entlehnte Bezeichnungen wie Artisten statt Künstler verwendet werden, was indes als reine Bezeichnungsfrage auf die rechtliche Qualifizierung keinen Einfluss haben kann. Der Sache nach fügt sich eine Zirkusdarstellung sowohl formal als auch vom Selbstverständnis der Artisten her ohne weiteres in die Reihe der unbestritten durch Art. 5 Abs. 3 GG geschützten Kunstformen ein und ist deshalb als Ausübung von Kunst durch Art. 5 Abs. 3 GG geschützt.

2. Gewährleistungsgehalt bzw. Eingriff

Für die Frage des Eingriffs in den Schutzbereich des Art. 5 Abs. 3 GG ist zu klären, 19
ob die Kunstfreiheit auch den Fortbestand einer öffentlichen Einrichtung gewährleistet, wenn diese für eine künstlerische Betätigung genutzt werden kann. Auf die entsprechenden Ausführungen zur Berufsfreiheit kann verwiesen werden, so dass ein Eingriff abzulehnen ist (a. A. vertretbar).

Hinweis: Wenn ein Eingriff bejaht wird, stellen sich im Anschluss im wesentlichen dieselben Fragen wie für die Rechtfertigung eines Eingriffs in die Berufsfreiheit. Da Art. 5 Abs. 3 GG allerdings nicht unter Gesetzesvorbehalt steht, ist eine Rechtfertigung nur über kollidierendes Verfassungsrecht denkbar.[234] In Betracht kommt der Tierschutz, der gemäß Art. 20a GG als Verfassungsprinzip Verfassungsrang hat. Auch eine Rechtfertigung von Grundrechtseingriffen, die materiell einem Wert von Verfassungsrang dienen sollen, setzt indes auf Grund des grundgesetzlichen Gesetzesvorbehalts eine Grundlage in einem formellen Gesetz voraus. Hieran fehlt es, so dass der Eingriff – sofern man sein Vorliegen bejaht – verfassungsrechtlich mangels gesetzlicher Grundlage nicht zu rechtfertigen ist. Auch hier könnte wie bei Art. 12 GG hilfsgutachterlich eine Verhältnismäßigkeitsprüfung angefügt werden, die nicht als falsch zu werten ist, von der aber keine wesentlichen neuen Erkenntnisse zu erwarten sind.

III. Vereinbarkeit mit Art. 56 AEUV als Beschränkungsverbot[235]

Eine generelle Beendigung der Vergabe des Platzes an Dritte könnte Anbieter von 20
Dienstleistungen aus anderen EU-Mitgliedsstaaten in ihrer Dienstleistungsfreiheit beeinträchtigen.[236]

1. Unmittelbare Bindung der Gemeinde G an die Grundfreiheiten

Die Gemeinde G müsste an die europäischen Grundfreiheiten gebunden sein. Die- 21
se richten sich als unmittelbar geltendes Europarecht nicht nur an die EU-Mitgliedstaaten als solche, sondern binden unmittelbar alle innerstaatlichen Träger öffentlicher Gewalt, also auch die Gemeinde G.[237] Dass G privatrechtlich handelt, steht dieser Bindung nicht entgegen; insofern ist auf die Ausführungen zur Grundrechtsbindung beim Betrieb öffentlicher Einrichtungen zu verweisen (s. o.).

[234] Zur Frage der Rechtfertigung: *Petersen,* Dt. u. Eur. VerfR II, Rn. 3/115.

[235] Bzgl. des Beschränkungsverbots der Grundfreiheiten vgl. *Ohler,* JA 2006, 839 ff.

[236] Zur Dienstleistungsfreiheit: *Petersen,* Dt. u. Eur. VerfR II, Rn. 7/47 ff.; zur Übung: *Kingreen,* JURA 2021, 460 ff.

[237] *Sauer,* JuS 2017, 310 ff. (314).

2. Berechtigung von Zirkusunternehmen aus dem EU-Ausland durch Art. 56 AEUV

22 Nach Art. 56 Abs. 1 AEUV sind Beschränkungen des freien Dienstleistungsverkehrs innerhalb der Europäischen Union für Angehörige der Mitgliedstaaten grundsätzlich verboten, die in einem anderen Mitgliedstaat als demjenigen des Leistungsempfängers ansässig sind. Dies gilt für den niederländischen Zirkus in Bezug auf Zirkusbesucher in der Gemeinde G, von denen die große Mehrzahl in G oder der näheren Umgebung, damit in Deutschland und somit in einem anderen Mitgliedstaat als der Zirkus ansässig sind. Auf Gesellschaften mit Sitz innerhalb der Union wie den niederländischen Zirkus ist diese Norm gemäß Art. 54 AEUV anwendbar, der durch den in Art. 62 AEUV angeordneten Verweis auch für die Dienstleistungsfreiheit gilt.

3. Gewährleistungsgehalt der Dienstleistungsfreiheit

23 Der europarechtliche Begriff der Dienstleistung ist in Art. 57 AEUV legaldefiniert. Entscheidend ist nach Art. 57 S. 1 AEUV die Erbringung von Leistungen gegen Entgelt, während die Aufzählung in Art. 57 Abs. 2 AEUV nur beispielhaften Charakter hat („insbesondere"). Auch kulturelle Tätigkeiten werden von Art. 56, 57 AEUV erfasst.[238] Unabhängig von der Frage, ob ein Zirkus dem europarechtlichen Verständnis von gewerblicher oder freiberuflicher Tätigkeit zuzuordnen ist, handelt es sich um die entgeltliche Erbringung von Leistungen, die nicht den anderen Grundfreiheiten unterfällt. Art. 56 AEUV schützt bereits nach seinem Wortlaut eindeutig die Dienstleistungserbringungsfreiheit (aktive Dienstleistungsfreiheit), also Konstellationen, in denen sich – wie hier beim niederländischen Zirkus – der Dienstleistungserbringer in einen anderen Mitgliedstaat begibt. Die von der Gemeinde G erwogenen Maßnahmen sind daher an Art. 56 AEUV zu messen.

4. Beschränkung

24 Die Dienstleistungsfreiheit verbietet Diskriminierungen von Dienstleistungserbringern auf Grund der Ansässigkeit in einem anderen EU-Mitgliedstaat. Davon kann indes keine Rede sein, wenn die G die Vergabe der Wiese an Dritte insgesamt beendet. Darüber hinaus sind die Grundfreiheiten in der Rechtsprechung des EuGH von reinen Diskriminierungsverboten zu allgemeinen Beschränkungsverboten weiterentwickelt worden.[239] Dass eine generelle Beendigung der Platzvergabe inländische und ausländische Zirkusse unterschiedslos trifft, schließt daher das Vorliegen einer rechtfertigungsbedürftigen Beschränkung der Dienstleistungsfreiheit nicht aus.

25 Es stellt sich indes dasselbe Problem wie in Bezug auf die Grundrechte des Grundgesetzes, nämlich die Frage, ob sich aus der Dienstleistungsfreiheit über ihren abwehrrechtlichen Charakter hinaus ein Anspruch auf Schaffung oder Fortbestand einer öffentlichen Einrichtung ableiten lässt, wenn diese für die Ausübung der Dienstleistungsfreiheit genutzt werden kann. Es handelt sich um ein Parallelprob-

---

238 *Kluth,* in: Calliess/Ruffert, EUV/AEUV, 6. Aufl. 2022, Art. 56, 57 AEUV Rn. 11.

239 Zum Verständnis der Dienstleistungsfreiheit als allgemeines Beschränkungsverbot: *Kluth,* in: Calliess/Ruffert, EUV/AEUV, 6. Aufl. 2022, Art. 56, 57 AEUV Rn. 59ff.

lem zum Gewährleistungs- bzw. Eingriffsbegriff bei den Grundrechten, ohne dass dieses Problem in der Dogmatik der Grundfreiheiten in ähnlich intensiver Weise diskutiert worden wäre wie der grundrechtliche Eingriffsbegriff. Die denkbaren Positionen entsprechen den zum grundrechtlichen Eingriffsbegriff vertretenen Auffassungen: Ein denkbar weiter Beschränkungsbegriff muss in einer Schließung der öffentlichen Einrichtung eine Beschränkung der Dienstleistungsfreiheit erblicken, weil es dann nicht mehr möglich ist, die Dienstleistung auf dieser Wiese anzubieten. Das würde das Erfordernis einer Rechtfertigung auslösen, deren Maßstäbe sich aus Art. 62 i.V.m. Art. 52 AEUV ergeben.[240]

Mit denselben Argumenten wie beim grundrechtlichen Eingriffsbegriff ist indes zu verneinen, dass den Grundfreiheiten auf diese Weise eine leistungsrechtliche Dimension beigelegt werden kann, die letztlich auf einen Anspruch auf Fortbestand öffentlicher Einrichtungen hinausläuft, sobald diese der Ausübung von Grundfreiheiten dienlich sein können. Das entspricht nicht dem Sinn und Zweck der Grundfreiheiten. Eine Beschränkung der Dienstleistungsfreiheit ist nicht gegeben (a.A. vertretbar). 26

Hinweis: Wer hier eine Beschränkung für gegeben erachtet, muss in die Rechtfertigungsprüfung einsteigen, deren Prüfungsmaßstab sich aus Art. 62 i.V.m. 52 AEUV ergibt. Danach können nur Gründe der öffentlichen Ordnung, Sicherheit oder Gesundheit Beschränkungen der Dienstleistungsfreiheit rechtfertigen. Tierschutzgesichtspunkte sind danach kein taugliches Beschränkungsziel. Eine Rechtfertigung scheidet daher bei Annahme einer Beschränkung aus. Im Übrigen könnte argumentiert werden, dass Art. 52 Abs. 1 AEUV eine Beschränkung nur durch mitgliedstaatliche Rechts- und Verwaltungsvorschriften vorsieht und daher eine gemeindliche Einzelfallentscheidung zur Schließung einer öffentlichen Einrichtung auch den formellen Anforderungen des Art. 52 AEUV nicht entspricht.

B. Zulässigkeit eines isolierten Verbots von Wildtierzirkussen auf der gemeindlichen Wiese

Ein isoliertes Verbot von Wildtierzirkussen auf der Wiese der Gemeinde G bei gleichzeitiger Vergabe der Wiese an Dritte für andere Nutzungen könnte Gleichheitsrechte verletzen, nämlich das Grundrecht des Art. 3 Abs. 1 GG und die Grundfreiheit des Art. 56 AEUV als Diskriminierungsverbot.[241] Da Freiheitsrechte bereits durch die weitergehende Maßnahme einer generellen Beendigung der Vergabe der Wiese nicht beeinträchtigt sind (s.o.), kann die schwächere, einen kleineren Kreis treffende Maßnahme keine Freiheitsprobleme, sondern nur gleichheitsrechtliche Frage aufwerfen. 27

I. Vereinbarkeit eines isolierten Verbots von Wildtierzirkussen mit Art. 3 Abs. 1 GG

1. Verfassungsrechtlich relevante Ungleichbehandlung von wesentlich Gleichem

Fraglich ist, ob ein Ausschluss der Vergabe der Wiese an Zirkusse mit Wildtieren wesensmäßig gleiche Sachverhalte in verfassungsrechtlich relevanter Weise ungleich 28

[240] Zur Rechtfertigung einer Beschränkung der Dienstleistungsfreiheit: *Petersen,* Dt.u.Eur. VerfR II, Rn. 7/54ff.

[241] Zum Verständnis des Art. 56 AEUV als Diskriminierungsverbot: *Müller-Graff,* in: Streinz, EUV/AEUV, 3. Auflage 2018, Art. 56 Rn. 71 ff.

behandelt. Eine solche Handhabung differenziert innerhalb der gemeinsamen Obergruppe der Zirkusse zwischen Zirkussen mit und ohne Wildtiere. Diese Ungleichbehandlung von wesensmäßig gleichen Sachverhalten bedarf der verfassungsrechtlichen Rechtfertigung.[242]

2. Verfassungsrechtliche Rechtfertigung der Ungleichbehandlung: Prüfungsmaßstab

29 Der Prüfungsmaßstab für die Rechtfertigung von Ungleichbehandlungen richtet sich nach deren Intensität: Bei Ungleichbehandlungen geringer Intensität genügt nach der Rechtsprechung des BVerfG ein sachlicher Grund („Willkürformel"), während bei gesteigerter Intensität der Ungleichbehandlung rechtfertigende Unterschiede von einer Art und einem Gewicht gegeben sein müssen, dass sie im Rahmen einer Verhältnismäßigkeitsprüfung die Ungleichbehandlung rechtfertigen können („Neue Formel"). Kriterien für die Beurteilung der Intensität der Ungleichbehandlung und damit für die Bestimmung des Rechtfertigungsmaßstabs können die Verfügbarkeit des Differenzierungskriteriums für den Betroffenen, im Übrigen die Auswirkungen der Differenzierung auf ihn sein.[243]

30 Die Frage, ob ein Zirkus Wildtiernummern im Programm hat oder nicht, beruht grundsätzlich auf einer freien künstlerischen und/oder wirtschaftlichen Entscheidung des Zirkusunternehmens. Sie ist indes kurzfristig nicht beliebig änderbar, ohne das Gesamtprogramm in Frage zu stellen. Ein Wildtierverbot trifft einen Zirkus, der sein Programm wesentlich auf Wildtiernummern stützt, in einem Kernbereich der künstlerischen Gestaltungsfreiheit für sein Programm. Es bedeutet für ihn faktisch ein Auftrittsverbot. Wegen dieser Auswirkungen auf einen zentralen Gestaltungspunkt hat ein Wildtierverbot ein gesteigertes Gewicht, auch wenn es an ein grundsätzlich für den Betroffenen verfügbares Kriterium anknüpft. Die Ungleichbehandlung ist deshalb an der sog. Neuen Formel zu messen und einer Verhältnismäßigkeitsprüfung zu unterwerfen.

3. Legitimität des für die Ungleichbehandlung angeführten Tierschutzzieles

31 Die Ungleichbehandlung bedarf eines legitimen Zieles. Es soll nach der Vorstellung und Zielsetzung der B und der F-Fraktion in Tierschutzgesichtspunkten liegen, weil ihrer Auffassung nach eine artgerechte Haltung von Wildtieren in Zirkussen nicht möglich sei. Es fragt sich, ob diese subjektive Überzeugung kommunaler Funktionsträger ein verfassungsrechtlich legitimer Grund für eine Ungleichbehandlung angesichts der Wertung des Bundesgesetzgebers in § 11 Abs. 1, Abs. 4 TierSchG sein kann. Denn danach sind Wildtierhaltungen in Zirkussen zwar Restriktionen unterworfen, bei Beachtung dieser Restriktionen aber zulässig und gerade nicht tierschutzwidrig. Da die beiden Zirkusse, die eine Voranfrage an G gestellt haben, über die notwendigen tierschutzrechtlichen Genehmigungen verfügen, ist ihr Verhalten nach der bundesrechtlichen Wertung als tierschutzgerecht zu qualifizieren. Es könnte sein, dass B und die F-Fraktion damit eine Wertung vornehmen möchten, die verfassungsrechtlich in die Kompetenz des Bundesgesetzgebers fällt und

[242] Siehe hierzu *Petersen,* Dt. u. Eur. VerfR II, Rn. 5/6 ff.; zur Übung: *Schwarz,* JuS 2009, 417 ff.

[243] Zu den Formeln: *Petersen,* Dt. u. Eur. VerfR II, Rn. 5/10 ff.; *Wollenschläger,* in: v. Mangoldt/Klein/Starck, GG, 7. Aufl. 2018, Art. 3 Rn. 89 ff. m. w. N.

ihnen daher aus Kompetenzgründen verwehrt ist. Soweit der Bund eine Materie abschließend geregelt hat, steht der Gemeinde kein Regelungsspielraum zu.[244] Auf dieser Basis hat etwa das BVerwG ein kommunales Verbot von aus Kinderarbeit stammenden Grabsteinen auf Friedhöfen für unzulässig erklärt.[245]

Der Bund könnte von seiner nach Art. 74 Abs. 1 Nr. 20 GG eröffneten konkurrierenden Gesetzgebungskompetenz für den Tierschutz abschließend Gebrauch gemacht haben, soweit es um die Voraussetzung für das Verbot des gewerbsmäßigen Zurschaustellens wildlebender Tiere geht.[246] In diesem Fall könnte eine Gemeinde nur aus anderen, hier nicht gegebenen Gründen – etwa gefahrenabwehrrechtlicher oder baurechtlicher Natur oder eines Verstoßes gegen Tierschutzgesichtspunkte im Einzelfall – gegen eine Veranstaltung mit Wildtiernummern in ihrem Gemeindegebiet vorgehen, nicht aber aus generellen Tierschutzgesichtspunkten, die sie im Ergebnis anders und höher gewichtet als der Bundesgesetzgeber. Voraussetzung für diese Argumentation ist die Annahme, der Bundesgesetzgeber habe eine in jeder Hinsicht abschließende Regelung für den Tierschutz in entsprechenden Konstellationen getroffen, die sich nicht nur als Mindest-, sondern zugleich als Höchstgrenze für den Tierschutz zu verstehen ist. 32

Zweifellos sperrt eine zulässige Bundesgesetzgebung im Bereich der konkurrierenden Gesetzgebung eine abweichende landesrechtliche Regelung derselben Frage (Art. 72 Abs. 1 GG, soweit nicht die Möglichkeit einer Abweichungsgesetzgebung nach Art. 72 Abs. 3 S. 1 GG eröffnet ist, die aber für den Bereich des Tierschutzes nicht zulässig ist).[247] Fraglich ist indes, ob jenseits des Verbots widersprüchlicher Normsetzung auf Bundes- und Landesebene auch ein Gleichklang der Wertungen kommunaler Einzelfallentscheidungen mit den Wertungen des Bundesrechts verfassungsrechtlich geboten ist. Wenn eine Kommune über das vom Bundesrecht gesetzlich gesicherte Tierschutzniveau hinausgehen möchte, würde sie sich damit nur dann in einen unzulässigen Wertungswiderspruch zum Bundesrecht setzen, wenn sie implizit ausdrücken wollte, dass ein bundesrechtlich erlaubtes Verhalten als rechtswidrig zu qualifizieren sei. Eine solche eigenständige Wertung über die Rechtmäßigkeit oder Rechtswidrigkeit eines bundesrechtlich für rechtmäßig erklärten Verhaltens steht einer Gemeinde nicht zu. 33

Die G kann aber, ohne sich in einen Widerspruch zum Bundesrecht setzen, der Auffassung sein, dass das Bundesrecht ein aus kommunaler Sicht wichtiges Ziel nicht in optimaler Weise verwirkliche. Damit setzt sie nicht ihre Wertung an die Stelle der Wertung des Bundesgesetzgebers, sondern möchte über das bundesrecht- 34

[244] Zur Kompetenzverteilung zwischen Bund und Land: *Sydow/Wittreck,* Dt. u. Eur. VerfR I, Rn. 15/80 ff.

[245] BVerwG NVwZ 2014, 527 ff., freilich in einer Konstellation, in der die Kommune über ein Monopol verfügte, woran es im vorliegenden Fall angesichts der in der Umgebung vorhandenen Flächen gerade fehlen dürfte (so auch *Marco Penz,* NVwZ 2017, 730 (731)).

[246] So OVG Lüneburg, NVwZ 2017, 728 (729), indes nur im Verfahren des einstweiligen Rechtsschutzes und zudem als obiter dictum, weil die Beschwerde zum OVG bereits unzulässig war, so dass der Begründungsaufwand des OVG im Rahmen der Begründetheitsprüfung und dementsprechend auch das Gewicht seiner Argumentation begrenzt ist; gleiches Ergebnis bei VG Hannover, Beschluss vom 12. Januar 2017, 1 B 7215/16 mit Nachweis weiterer untergesetzlicher Rechtsprechung; a. A. VG München, Urteil vom 6. August 2014, M 7 K 13.2449, Rn. 32, juris.

[247] Zur konkurrierenden Gesetzgebungskompetenz: *Sydow/Wittreck,* Dt. u. Eur. VerfR I, Rn. 15/89.

lich gewährleistete Schutzniveau hinausgehen. Warum das Bundesrecht mit der Festlegung tierschutzrechtlicher Mindeststandards zugleich ein Verbot an die Kommunen ausgesprochen haben sollte, weitergehende Anstrengungen für den Tierschutz zu unternehmen, ist nicht ersichtlich.[248] Das von B und der F-Fraktion verfolgte Tierschutzziel ist deshalb ein verfassungsrechtlich legitimer Grund für die Ungleichbehandlung von Wildtierzirkussen im Vergleich zu Zirkussen ohne Tiernummern (a.A. ebenso gut vertretbar).

4. Angemessenheit der Abwägung

35 Es ist demzufolge zu prüfen, ob die angeführten Tierschutzgesichtspunkte ein solches Gewicht haben, dass sie die Benachteiligung von Wildtierzirkussen rechtfertigen können. Es stehen sich zwei Positionen mit Verfassungsrang gegenüber (Art. 20a GG bzw. Art. 12 Abs. 1 GG). Der Tierschutz soll nach Vorstellung der B und der F-Fraktion über das vom Bundesgesetzgeber gewährleistete Maß hinaus optimiert werden. Das spricht dafür, dass der Zusatzgewinn für den Tierschutz begrenzt ist, weil auch ohne ein entsprechendes Wildtierzirkusverbot durch G ein tierschutzrechtlicher Mindeststandard durch das TierSchG gewährleistet ist.

36 Demgegenüber wird die Berufsfreiheit der Wildtierzirkusse tangiert, freilich nicht in einer Weise, die als Eingriff in die Berufsfreiheit zu qualifizieren ist. Den Wildtierzirkussen wird lediglich eine Möglichkeit genommen, eine für ihre Berufsausübung nützliche öffentliche Einrichtung der G in Anspruch zu nehmen, auf deren Fortbestand ein grundrechtlicher Anspruch nicht besteht.[249] Zudem haben sie die Möglichkeit, ihren Beruf auf Plätzen in den Nachbargemeinden uneingeschränkt auszuüben. Die Ungleichbehandlung ist deshalb – wenn man den Tierschutz als legitimen, der Gemeinde nicht durch die bundesrechtliche Regelung verschlossenen Differenzierungsgrund ansieht – verfassungsrechtlich gerechtfertigt.

II. Vereinbarkeit mit Art. 56 AEUV als Diskriminierungsverbot

37 Durch ein isoliertes Verbot von Wildtierzirkussen könnte Art. 56 AEUV als Diskriminierungsverbot betroffen sein. Der niederländische Zirkus würde in diesem Falle nämlich schlechter als der deutsche Zirkus gestellt, der kein Tiernummern im Programm hat. Anknüpfungspunkt dieser Diskriminierung ist indes nicht der Sitz des Zirkus in einem anderen EU-Mitgliedstaat (unmittelbare Diskriminierung) und auch kein sonstiges Kriterium, das typischerweise häufiger von ausländischen als von inländischen Dienstleistern erfüllt wird (mittelbare Diskriminierung).[250] Anknüpfungspunkt der Differenzierung ist ausschließlich das Halten von Wildtieren und damit ein Kriterium, das inländische wie ausländische Wildtierzirkusse unterschiedslos trifft. Für die Dienstleistungsfreiheit des Art. 56 AEUV handelt es sich daher um eine unterschiedslos geltende Maßnahme, die europarechtliche nicht un-

248 *Penz,* Anmerkung zu OVG Lüneburg vom 2.3.2017, NVwZ 2017, 730 (731).

249 *Peters,* in: Dietlein/Heusch, BeckOK Kommunalrecht NRW, 19. Edition 2022, § 8 GO NRW Rn. 14.

250 Zum Prüfungsmaßstab offener und verdeckter Diskriminierungen im Bereich der Dienstleistungsfreiheit: *Kluth,* in: Calliess/Ruffert, EUV/AEUV, 6. Aufl. 2022, Art. 56, 57 AEUV Rn. 56ff.; allgemein zu den Schranken der Grundfreiheiten *Ruffert/Grischek/Schramm,* JuS 2021, 407ff. (410); zur Übung: *Kingreen,* JURA 2019, 1222ff.

ter Diskriminierungsaspekten, sondern unter dem Blickwinkel des Art. 56 AEUV als Beschränkungsverbot zu prüfen ist. Insofern kann auf die obigen Ausführungen zu diesem Gewährleistungsgehalt des Art. 56 AEUV verwiesen werden.

Teil 2:

A. Rechtliche Handlungsformen für eine generelle Beendigung die Wiesenvergabe

I. Schlichte Beendigung des Abschlusses von Nutzungsverträgen

Eine schlichte Beendigung des Abschlusses von Nutzungsverträgen mit Dritten **38** könnte das Ziel der G, dass auf der Wiese keine Veranstaltungen mehr stattfinden, ohne weiteres erreichen, wenn Dritte ohne vertragliche Grundlage das Eigentum der G für eigene Zwecke nicht nutzen könnten (Abwehranspruch der G als Eigentümerin aus §§ 903, 1004 BGB). Fraglich ist indes, ob eine solche eigentumsrechtliche Betrachtung rechtlich zulässig ist oder ob die G nicht vielmehr bei der Wiesenvergabe öffentlich-rechtlichen Bindungen unterliegt.

Bei der Wiese handelt es sich um eine öffentliche Einrichtung der G nach § 8 GO **39** NRW. Daraus resultieren gesetzliche Nutzungsrechte aus § 8 Abs. 2, Abs. 3 GO NRW. Die Nutzung öffentlicher Einrichtungen unterliegt dabei Bindungen, die sich nach der sog. Zwei-Stufen-Lehre bestimmen: Danach ist die Vergabeentscheidung (das „Ob" der Nutzung) stets eine öffentlich-rechtliche Entscheidung mit entsprechenden Bindungen aus dem öffentlichen Recht, während die Ausgestaltung des Nutzungsverhältnisses (das „Wie" der Nutzung) in öffentlich-rechtlicher oder – wie hier in G – in privatrechtlicher Form erfolgen kann.[251] Damit kann sich G den öffentlich-rechtlichen Zugangsansprüchen Dritter nicht einfach dadurch entziehen, dass sie sich künftig weigert, Nutzungsverträge über die Nutzung ihrer öffentlichen Einrichtung abzuschließen. Dritte könnten gerichtlich mit Erfolg gegen G auf Überlassung der Wiese klagen.

II. Komplette Entwidmung der Wiese als öffentlicher Einrichtung durch Verwaltungsakt

Wenn die Wiese gar nicht mehr an Dritte überlassen werden soll, muss die Gemeinde daher erreichen, dass der Wiese der Charakter als öffentliche Einrichtung entzogen wird, um fortan keinem öffentlich-rechtlichen Zugangsanspruch aus § 8 GO NRW mehr ausgesetzt zu sein. Dies ist nur durch eine entsprechende Entwidmung der Wiese möglich. Eine Entwidmung kann wie eine Widmung grundsätzlich in verschiedenen Handlungsformen erfolgen (Verwaltungsakt, Satzung, Gewohnheit).[252] Eine gewohnheitsrechtliche Entwidmung der Wiese wird für G in absehbarer Zeit indes nicht erreichbar sein, weil mehrere Interessenten eine Wiesennutzung im Rahmen der bisherigen Widmung begehren. Für eine Satzung ist ein möglicher Satzungsinhalt, der über den Ausschluss der Nutzung der Wiese für **40**

[251] Zur Zwei-Stufen-Lehre: *Alemann/Scheffczyk,* in: Bader/Ronellenfitsch, BeckOK VwVfG, 54. Edition 2022, § 35 Rn. 213; zur Übung: *Ludwigs/Zentgraf,* JuS 2020, 1188 ff.

[252] *Gern/Brüning,* in: dies., Dt. Kommunalrecht, 4. Auflage 2019, Rn. 945.

Veranstaltungen hinausgeht, nicht erkennbar.[253] Verbleibende denkbare Nutzungen der Wiese bedürfen keiner Nutzungssatzung. Soweit keine weiteren positiven Vorstellungen der Gemeinde über die Nutzungsmöglichkeiten für die Wiese entstehen, wird daher der Erlass eines Verwaltungsakts als Allgemeinverfügung i.S.v. § 35 VwVfG zur Entwidmung der Wiese als öffentlicher Einrichtung der zielführende und einfachste Weg für G sein.[254]

B. Rechtliche Handlungsformen für ein isoliertes Verbot von Wildtierzirkussen auf der gemeindlichen Wiese

41 Sofern G sich entscheiden sollte, – ggfs. unter Zurückstellung der verfassungsrechtlichen Bedenken gegen diese Lösung – die Wiese weiterhin als öffentliche Einrichtung, allerdings unter Ausschluss von Wildtierzirkussen zu nutzen, könnte dieses isolierte Wildtierverbot durch Allgemeine Geschäftsbedingungen, durch interne Verwaltungsvorschriften, durch einen Verwaltungsakt oder durch eine Nutzungssatzung geregelt werden.

I. Erarbeitung von Allgemeinen Geschäftsbedingungen

42 Es ist nicht zielführend, den Abschluss von Nutzungsverträgen mit Wildtierzirkussen ohne jede weitere Maßnahme einfach auf der Ebene des Vertragsschlusses zu verweigern (s.o.). Die Gemeinde G könnte die Nutzung der Wiese durch Wildtierzirkusse aber dadurch auszuschließen versuchen, dass sie Allgemeine Geschäftsbedingungen mit einer entsprechenden Verbotsklausel ausarbeitet und in ihre privatrechtlichen Nutzungsverträge über die Wiese einbezieht. AGBs dienen der näheren inhaltlichen Konkretisierung des Vertragsinhalts eines zwischen den Vertragsparteien abgeschlossenen Vertrags. Ihre Geltung erlangen sie erst durch Einbeziehung in den Vertrag durch die Vertragsparteien bei Vertragsschluss.[255] Vor diesem Hintergrund ist fraglich, ob das Instrument Allgemeiner Geschäftsbedingungen zur Erreichung des Ziels der G geeignet ist.

43 Die Nutzung öffentlicher Einrichtungen unterliegt nach der oben bereits eingeführten Zwei-Stufen-Lehre auf der Ebene des „Ob" der Nutzung stets Bindungen aus dem öffentlichen Recht, während die Ausgestaltung des Nutzungsverhältnisses, wenn es sich in diesen Bindungen bewegt, sodann in öffentlich-rechtlicher oder – wie hier in G – in privatrechtlicher Form erfolgen kann. Indem B bzw. die Ratsmitglieder der F-Fraktion beabsichtigen, Wildtierzirkusse von der Nutzung der Wiese auszuschließen, möchten sie eine Entscheidung über das „Ob" ihrer Zulassung treffen. Wirksam in einen Nutzungsvertrag einbezogene AGBs wirken demgegenüber erst auf der zweiten Stufe des „Wie" der Nutzung, weil sie überhaupt erst durch den Vertragsschluss Wirksamkeit erhalten. AGBs setzen daher gemessen an der Zielsetzung der B bzw. der F-Fraktion erst auf einer nachgelagerten Ebene an.

44 Man könnte freilich erwägen, ob entsprechend ausgestaltete AGBs, die die Gemeinde potentiellen Vertragspartnern vor Vertragsschluss zur Kenntnis gibt, Wild-

253 Zu den Rechtsproblemen kommunaler Satzungen siehe *Funke/Papp*, JuS 2010, 395ff.

254 Zur sachbezogenen Allgemeinverfügung siehe *Stelkens*, in: ders./Bonk/Sachs, VwVfG, 9. Aufl. 2018, § 35 Rn. 308ff.

255 § 305 BGB.

tierzirkusse von vorneherein veranlassen werden, einen Vertragsschluss mit G erst gar nicht in Betracht zu ziehen. In diesem Falle könnte das Ziel der G daher indirekt auch durch abschreckende AGBs erreicht werden. Dem steht indes entgegen, dass derartige AGBs den Zulassungsanspruch von Wildtierzirkussen auf der Ebene des „Ob" nicht ausschließen können. Wildtierzirkusse könnten daher mit Erfolg auf Zulassung klagen und die Gemeinde gerichtlich zur Überlassung der Wiese zwingen. Da AGBs mit einer Wildtierverbotsklausel daher zwar ggfs. faktisch eine abschreckende Wirkung entfalten mögen, den Zugangsanspruch von Wildtierzirkussen aber rechtlich nicht auszuschließen vermögen, sind sie für ein rechtssicheres Vorgehen der G ein ungeeignetes Instrument.

Hinweis: Man könnte noch auf den Gedanken kommen zu problematisieren, ob entsprechende AGBs nicht nur nicht rechtssicher sind, sondern der Gemeinde auch rechtlich verwehrt sind: Denn die Gemeinde würde auf diese Weise darüber hinwegzutäuschen versuchen, dass ein Zugangsanspruch aus § 8 GO NRW besteht und durch AGBs auch nicht ausgeschlossen werden kann. Jedenfalls eine bewusste Täuschung über bestehende Ansprüche dürfte der öffentlich-rechtlich gebundenen Gemeinde aus Gründen des Rechtsstaatsprinzips verwehrt sein. Entsprechende Ausführungen sind positiv zu honorieren und zeichnen besonders gute Bearbeitung aus. Sie übersteigen aber den Erwartungshorizont dieser Examensklausur, so dass ihr Fehlen nicht negativ gewertet werden kann.

II. Erarbeitung von Verwaltungsvorschriften zur Handhabung des Vertragsschlusses mit Wildtierzirkussen

Verwaltungsvorschriften binden nur verwaltungsintern. Rechtswirkungen nach außen können sie allenfalls mittelbar über das Gleichbehandlungsgebot entfalten. Bestehende Ansprüche Dritter – hier den Zugangsanspruch zu einer öffentlichen Einrichtung aus § 8 Abs. 2, Abs. 3 GO NRW – lassen sich durch Verwaltungsvorschriften nicht außer Kraft setzen. Nach außen kommunizierte Verwaltungsvorschriften mögen daher zwar ähnlich wie kommunizierte AGBs faktisch eine gewisse abschreckende Wirkung haben. Sie schließen aber den gesetzlichen Zugangsanspruch zur Wiese nicht aus und sind daher für ein rechtssicheres Vorgehen der G ein ungeeignetes Instrument. 45

III. Umwidmung der Wiese nur für Nutzungen ohne Wildtiere durch Allgemeinverfügung

Die Gemeinde muss daher, wenn sie den Zugangsanspruch von Wildtierzirkussen ausschließen will, auf der Ebene der Widmung der Wiese als öffentlicher Einrichtung agieren und die Weise partiell entwidmen bzw. nur noch für Nutzungen ohne Wildtiere umwidmen. Dazu ist das Instrument des Verwaltungsakts in Form der Allgemeinverfügung nach § 35 S. 2 VwVfG NRW ein geeignetes Instrument. In Kombination mit einer solchen partiellen Entwidmung kann die Gemeinde dann auch Allgemeine Geschäftsbedingungen für die Nutzungsverträge oder Verwaltungsvorschriften für die Vergabe der Wiese erarbeiten. 46

IV. Erlass einer Nutzungssatzung mit Verbotsklausel für Wildtierzirkusse

Für eine Umwidmung bzw. partielle Entwidmung einer öffentlichen Sache besteht keine zwingende Festlegung auf eine bestimmte Handlungsform, weder auf den Verwaltungsakt noch als *actus contrarius* auf die Form, in der die Widmung ursprünglich erfolgt war (hier konkludent). Es ist deshalb ebenso gut möglich, die 47 partielle Entwidmung der Wiese und ihre Umwidmung nur noch für Nutzungen ohne Wildtiere in Form einer kommunalen Satzung zu beschließen, die dann neben der Widmungsentscheidung zugleich weitere Regelungen über die künftige Nutzung der Wiese enthalten könnte.

C. Handlungsempfehlungen

48 **Hinweis:** Die Formulierung von Empfehlungen zur Auswahl zwischen verschiedenen Möglichkeiten muss sich konsequent aus dem jeweils erarbeiteten Gutachten ergeben. Bewertungsgesichtspunkt ist Folgerichtigkeit, nicht Übereinstimmung mit den nachfolgend formulierten Handlungsempfehlungen. Gute Bearbeitungen zeigen auf, welche Handlungsoptionen rechtlich verschlossen sind, zwischen welchen Handlungsoptionen eine rechtlich nicht abschließend determinierte Entscheidung zu treffen ist und ob für diese politischen Entscheidungen ggfs. unterhalb der Ebene des Rechtswidrigkeitsverdikts rechtliche Empfehlungen abgegeben werden können. Auf der Basis des vorstehend entwickelten Lösungsvorschlags ergeben sich folgende Handlungsempfehlungen:

49 1. Die Gemeinde G ist rechtlich frei, die Nutzung der Wiese für Veranstaltungen Dritter gänzlich zu beenden oder nur die Nutzung durch Wildtierzirkusse auszuschließen (a. A. mit entsprechender Begründung ebenso gut vertretbar, siehe Korrekturhinweise). Diese Entscheidung ist durch G nach außerjuristischen Kriterien selbst zu treffen. Dabei kann die Gemeinde in ihre Entscheidung einstellen, dass gegen ein isoliertes Wildtierzirkusverbot rechtliche Bedenken unter Gleichheitsgesichtspunkten erhoben werden können, die bei einer generellen Beendigung der Vergabe der Wiese nicht bestehen. Sofern die Gemeinde daher in dieser Hinsicht ein rechtliches Risiko verhindern will, spricht dies für eine generelle Beendigung der Platzvergabe.
2. Sofern sich die Gemeinde für eine generelle Beendigung der Wiesenvergabe entscheidet, muss sie die bestehende konkludente Widmung der Wiese als öffentliche Einrichtung außer Kraft setzen, um dem einfachrechtlichen Zugangsanspruch aus § 8 GO NRW die Grundlage zu entziehen. Geeignetes Instrument dazu ist der Erlass eines Verwaltungsakts in Form der Allgemeinverfügung.
3. Sofern sich die Gemeinde trotz der bestehenden gleichheitsrechtlichen Bedenken für ein isoliertes Wildtierzirkusverbot entscheidet, kann sie dieses Verbot in einer Nutzungssatzung für die Wiese festschreiben, die dann zugleich implizit eine entsprechende Umwidmung der Wiese beinhaltet, oder die Wiese durch einen Verwaltungsakt in Form der Allgemeinverfügung ausschließlich für Nutzungen ohne Wildtiere widmen. Auf dieser Basis können anschließend auch entsprechende AGBs für die Nutzungsverträge oder Verwaltungsvorschriften für die Wiesenvergabe erarbeitet werden. Ein durchschlagendes rechtliches Argument für den einen (Nutzungssatzung) oder den anderen Weg (Verwaltungsakt) besteht nicht. Durch eine bloße Erarbeitung Allgemeiner Geschäftsbedingungen oder von Verwaltungsvorschriften ohne vorherige partielle Entwidmung der Wiese für Tierzirkusse erreicht G das Ziel einer Verhinderung von Wildtierzirkussen zwar ggfs. faktisch auf Grund der abschreckenden Wirkung derartiger AGBs/Verwaltungsvorschriften, nicht aber auf rechtssichere und rechtsstaatlich unbedenkliche Weise. Davon ist aus juristischer Sicht daher abzuraten.

Sachverzeichnis